FRANKFURTER WIRTSCHAFTS- UND SOZIALWISSENSCHAFTLICHE STUDIEN

Heft 2

Herausgegeben von der
wirtschafts- und sozialwissenschaftlichen Fakultät
der Johann Wolfgang Goethe-Universität
Frankfurt am Main

Untersuchungen über die Theorie des dynamischen makroökonomischen Kernprozesses

Von

Dr. Herbert Geyer

DUNCKER & HUMBLOT / BERLIN

Gedruckt 1958 bei Richard Schröter, Berlin SW 29
Printed in Germany

Inhalt

Zweiter Teil

Die Grundzüge einer Theorie des dynamischen makroökonomischen Kernprozesses

Abkürzungsverzeichnis

J.f.N.St.	=	Jahrbücher für Nationalökonomie und Statistik
Schm.J.	=	Schmollers Jahrbuch für Gesetzgebung, Verwaltung und Volkswirtschaft
Ww.A.	=	Weltwirtschaftliches Archiv
Z.f.g.Stw.	=	Zeitschrift für die gesamte Staatswissenschaft
Z.f.h.F.	=	Zeitschrift für handelswissenschaftliche Forschungen
Z.f.N.	=	Zeitschrift für Nationalökonomie
Schw.Z.f.V.St.	=	Schweizerische Zeitschrift für Volkswirtschaft und Statistik
A.E.R.	=	The American Economic Review
Ec.	=	Econometrica
Eca.	=	Economica
E.J.	=	The Economic Journal
J.P.E.	=	The Journal of Political Economy
O.E.P.	=	Oxford Economic Papers
Q.J.E.	=	The Quarterly Journal of Economics
R.E.St.	=	The Review of Economic Studies
R.E.Stat.	=	The Review of Economics and Statistics
S.R.	=	Social Research

Vorbemerkungen

Die vorliegende Arbeit ist Fragen der volkswirtschaftlichen Dynamik gewidmet. In ihr wird also untersucht, wie eine betrachtete makroökonomische Situation aus der und/oder den vorausgegangenen Situationen entsteht. Ursprünglich sollte dabei eine Besprechung der verschiedenen Theorien des Sparens und Investierens im Vordergrund stehen. Es erwies sich jedoch, daß vorab die Frage geklärt werden mußte, wie die volkswirtschaftlichen Größen im Zeitverlauf aufeinander einwirken oder genauer, wie die volkswirtschaftliche Reaktionsstruktur beschaffen ist. Als durch die Berücksichtigung der klassischen Entwicklungstheorie die Elemente der Theorie des dynamischen Kernprozesses vervollständigt werden konnten, zeigte sich, daß die kreislaufaktiven Wirkungen der Ersparnisse und der Investitionen resp. deren Divergenz oder zeitliche Datierung für den Charakter des Prozesses nur mitbestimmend sind. Ein erstes Ergebnis der Untersuchung machte nämlich deutlich, daß nur die Anerkennung oder Ablehnung des Ausgangspunktes der Keynesschen Theorie darüber entscheidet, welche Bewegungsgesetze für den volkswirtschaftlichen Kernprozeß abgeleitet werden können. Tatsächlich hat J. M. Keynes' Abkehr vom klassischen „Prinzip der verfügbaren Produktionsfaktoren“ (oder „Prinzip des effektiven Angebotes“) und die Verwendung des „Prinzips der effektiven Nachfrage“ zur Bestimmung des aktuellen Niveaus der wirtschaftlichen Aktivität die entscheidende Wendung auch in der Analyse des volkswirtschaftlichen Kernprozesses gebracht. Die Varianten der Erklärung des Kernprozesses werden primär durch die Wahl eines dieser „Prinzipien“ bestimmt; verschiedene weitere Hypothesen sind erst in zweiter Linie für die Erklärung der volkswirtschaftlichen Dynamik bedeutsam.

Die Ableitung dieses Ergebnisses des theoriengeschichtlichen Rückblicks verlangte eine entsprechende Ausgestaltung des ersten Teils dieser Arbeit. Eine breitere Erörterung der klassischen Theorie mußte als Basis akzeptiert werden. Hingegen erfahren spätere, bedeutende nationalökonomische Theoetiker nur eine kursorische Erwähnung, da erst Keynes die radikale Abkehr von den klassischen Prinzipien brachte. Aber auch sein Beitrag konnte nur insoweit unser Interesse finden, als er für die darauf aufbauenden Theorien des volkswirtschaftlichen Kernprozesses von ausschlaggebender Bedeutung ist. Damit wird der Keynesschen Theorie eine gewisse Zeitgebundenheit beigelegt. Diese ist jedoch nicht darin zu sehen, daß seine Lehre eine „Thorie der Depression“ ist, sondern in dem statischen Charakter seiner Darlegungen, der der zeitgenössischen Entwicklungsstufe der klassisch liberalen Theorie entpricht. Die vielfach kritisierte Stabilitätsaussage der Keynesschen Theorie ist aber nicht an die statische Fassung seiner Theoreme gebunden; sie folgt vielmehr aus seinen Investitionshypothesen. Werden diese in einer dynamischen Analyse in geeigneter Weise modifiziert, so erweist sich das Keynessche System, aufgebaut auf dem Prinzip der effektiven Nachfrage, als grundlegend für die neue Wirtschaftstheorie.

Zur Formulierung alternativer Investitionshypothesen wurde die Analyse der kapazitiven Wirkungen der Investitionen verwendet. Die Bestimmung der Investitionsfunktion unter Verwendung des Akzelerationsprinzips liefert zugleich in gewissen makroökonomischen Modellen die Inkongruenz des Ex-ante-Sparens und -Investierens und führt zu schwingungsfähigen Konzeptionen des Kernprozesses. In den bisher veröffentlichten Modellen entstehen Schwingungen bei spezifischen Verhältnissen der in das Modell aufgenommenen Größen, wodurch (sogar explosive) Fluktationen als wahrscheinlich nahegelegt werden. Zumeist eignet diesen Systemen eine sehr einfache und — wie einige Kritiker hervorhoben — unvollständige Struktur. Die Allgemeingültigkeit des behaupteten Bewegungsgesetzes wird hierdurch ernsthaft in Frage gestellt.

Von einigen dieser kritischen Einwände ausgehend, werden im zweiten Teil der Arbeit eigene Verlaufskonstruktionen geboten. Die Anwendung einer allgemeinen Hypothese über die Produktionsstruktur oder genauer gesagt, die Anwendung einer für Zwecke der dynamischen Theorie meines Erachtens besonders geeigneten Aggregationshypothese, beseitigt nicht nur den Mangel der Zweistufigkeit des Systems. Die Berücksichtigung der gesamten Investitionsaktivität gestattet es vielmehr, eine Systematik dynamischer Kreislaufmodelle abzuleiten. Verwendet man diese in einem System nur stückweise linearer Differenzengleichungen, so lassen sich schließlich gewisse Mängel der seitherigen Modellkonstruktionen überwinden. Gleichzeitig wird eine Mannigfaltigkeit möglicher Verlaufstypen des dynamischen makroökonomischen Kernprozesses nahegelegt werden. —

An dieser Stelle möchte ich auch meiner Verbundenheit für unzählige und vielseitige Anregungen Ausdruck geben. Gegenwärtig werden Ideen und Fragen zur ökonomischen Dynamik immer wieder in wissenschaftlichen Gesprächen und Diskussionen berührt. Häufig zog ich aus solchen Nutzen, vermag aber, da hierbei der ursprüngliche Eigentümer dieser oder jener Gedanken zumeist nicht ausfindig gemacht werden kann, alle diese Gelegenheiten nur summarisch dankend zu nennen. Für außerordentlich wertvolle Hinweise während der Durchführung der Untersuchungen oder nach Anfertigung des Manuskriptes schulde ich den Herren Professoren Dr. Richard Herzog, Dr. Heinz Sauermann, Dr. Fritz Neumark, Dr. Hans Möller und Dr. E. Burger aufrichtigen Dank. Selbstverständlich bin ich für alle verbliebenen Mängel allein verantwortlich. Auch bedauere ich, daß einige neuere Veröffentlichungen nur äußerst knapp berücksichtigt werden konnten, was durch den bereits vor mehr als zwei Jahren erfolgten Abschluß des Manuskriptes bedingt ist.

Herbert Geyer

Erster Teil

Die Entwicklung der Elemente der Theorie des dynamischen makroökonomischen Kernprozesses

A. Einleitung

1. Die Problemstellung in der Analyse des dynamischen makroökonomischen Kernprozesses

Das gegenwärtige Stadium der Entwicklung der Theorie der wirtschaftlichen Dynamik scheint durch zwei Besonderheiten gekennzeichnet zu sein. Die Entwicklung des formalen Instrumentariums zur Bewältigung der durch eine solche Theorie aufgeworfenen Fragen und die allgemeine Anwendung dieses Instrumentariums dürfte zu einem gewissen Abschluß gekommen sein[1]. Einzelne weiterentwickelte Techniken zur Behandlung dynamischer Systeme können zwar noch eine nichtabschätzbare Vertiefung der Aussagen bringen, doch vermögen auch sie nur innerhalb der durch die Linearität der Funktionalbeziehungen gesetzten Grenzen unmittelbar zu Lösungen der Probleme zu führen[2]. Neben den mehr technischen Aspekten der Entwicklung der ökonomischen Dynamik ist diese durch die überraschende Vielfalt der Möglichkeiten zur Konzipierung der Wirkungsstrukturen gekennzeichnet. Die vollständige Berücksichtigung aller Möglichkeiten innerhalb eines Schemas stößt, abgesehen von den einander widerstreitenden und damit eine Entscheidung zugunsten der einen oder anderen Hypothese erzwingenden Sätzen, auf beachtliche Schwierigkeiten, solange man bemüht bleibt, die ökonomische Aussage nicht in einem komplizierten mathematischen Apparat zu verbergen. Obwohl jüngste, der Zeit vorauseilende Versuche[3] vielversprechend und ermutigend sind, wollen wir uns in dieser Arbeit darauf beschränken, eine Version herauszugreifen und diese systematisch betrachten. Die Auswahl dieser

---

[1] Vgl. *Samuelson*, P.: Dynamic Process Analysis, Survey of Contemporary Economics, I, 1949, S. 352 ff. und *Schneider*, E.: Einführung in die Wirtschaftstheorie, 1953, Bd. II, III. Kapitel, S. 186 ff.

[2] Vgl. *Tustin*, A.: The Mechanism of Economic Systems, London 1953.

[3] Vgl. *Föhl*, C.: Volkswirtschaftliche Regelkreise höherer Ordnung, in: Volkswirtschaftliche Regelvorgänge, München 1957.

Version befriedigt zwar weniger vom ökonometrischen Standpunkt, doch kann dies nicht unbedingt als ein Mangel angesprochen werden. Vielmehr dürfte es auch für die dynamische Theorie bis zu einem gewissen Grade als Vorzug zu werten sein, wenn sie auf verhältnismäßig wenig induktiven Schlüssen aufbaut, zumindest solange einige der von Keynes und später erneut von Hicks angeführten Argumente[4] Gültigkeit beanspruchen können. Die beschriebene Art der Untersuchung bedingt gelegentlich eine kaum noch zulängliche Vereinfachung der zugrundegelegten Interdependenzstruktur. Die sich ergebenden Aussagen können daher nur mit gewisser Vorsicht verallgemeinert werden. Immerhin scheint es möglich, auf diese Weise den Charakter der wirtschaftlichen Dynamik zu erhellen und eine Aussage über die tendenziellen Auswirkungen der betreffenden gegenseitigen Abhängigkeiten zu gewinnen.

Die Beschränkung auf einzelne Bereiche der Gesamtheit wirtschaftlicher dynamischer Vorgänge führt zu Partialsystemen, die den tatsächlichen volkswirtschaftlichen Prozeß erst in ihrem Zusammenwirken bestimmen. Diese Analysen sind nicht mit den Partialanalysen der mikroökonomischen Statik zu verwechseln. Jenen fehlt nicht nur die zeitliche Abhängigkeit der betrachteten Relationen, sondern vor allem die Rückwirkung der determinierten auf die determinierenden Variablen, kurz: die zeitliche Interdependenz der betrachteten Größen. Dynamische Partialanalysen gestatten aber — ähnlich den statischen —, z. B. die Dynamik einzelner Marktprozesse unabhängig von der Dynamik der Außenwirtschaft zu untersuchen. Ebenso können voneinander isolierte Analysen des Kreditmechanismus, der finanzwirtschaftlichen Aktivität, der Einkommensentstehung und Einkommensverwendung usw. durchgeführt werden. Durch die Zusammenfassung von dynamischen Partialsystemen in gekoppelten Systemen[5] erhält man erweiterte Systeme, die möglicherweise zu einer umfassenden Theorie der wirtschaftlichen Entwicklung führen. Unter diesem Aspekt gibt es nämlich prinzipiell keine Beschränkung der Komplexität interdependenter Systeme. In der Regel sind die Entwicklungsgesetze des

---

[4] *Keynes*, J. M.: Professor Tinbergens Method, E. J., 1939, S. 588 ff.; wieder abgedruckt: Readings in Business Cycles and National Income, London 1953, S. 330; und die Stellungnahme *Tinbergens* dazu: On a Method of Statistical Business Cycle Research; E. J., 1940, S. 141 ff.; wieder abgedruckt: ibidem: S. 341 ff.; sowie *Hicks*, J. R.: A Contribution to the Theory of the Trade Cycle; Oxford 1950, Anm. S. 6.

[5] „Zwei oder mehr Systeme sind dann gekoppelt, wenn sie in ihrer Gesamtheit ein größeres System bilden, dessen Bewegungsgesetze nicht nur eine Aneinanderreihung der für getrennte Bestandteile gültigen Gesetze sind." Vgl. *Wiener*, N.: Mensch und Menschmaschine; Übers.: Frankfurt am Main 1952, S. 20 und *ders.:* Cybernetics, or Control and Communication in the Animal and in the Machine, New York 1949.

gekoppelten Systems primär durch seine quantitativ bedeutsamsten Partialsysteme bestimmt. Für die volkswirtschaftlichen Systeme bedeutet dies, daß insbesondere die Gesetze respektive Gesetzmäßigkeiten der sogenannten Volkseinkommensentstehung und -verwendung von überagender Bedeutung sein werden. Auf diese, das Ergebnis der Leistungserstellung einer Volkswirtschaft maßgeblich bestimmenden Größen und deren Verknüpfung zentriert sich auch seit dem Beginn der nationalökonomischen Forschung das Interesse jeder Theorie der wirtschaftlichen Entwicklung. Man vermutete, daß ein mit der Wertschöpfung einer geschlossenen Volkswirtschaft ohne staatliche Aktivität verbundenes spezifisches Bewegungsgesetz durch die Dynamik der übrigen volkswirtschaftlichen Größen zwar modifiziert, aber nicht vollständig verändert werden kann.

Auch die nachfolgende Arbeit geht von einer engen Beziehung zwischen den möglichen Lagen der gesamten wirtschaftlichen Aktivität und den bei der Leistungserstellung wirksamen Gesetzmäßigkeiten aus. Führen die Hypothesen über die strukturelle Verknüpfung der die Leistungserstellung primär bestimmenden Größen zu einem stabilen zeitlichen Verlauf des durch jene Variablen gebildeten Systems, so müssen wir erwarten, daß wir nur dann eine befriedigende Setzung — im Sinne Reichenbachs[6] — aufgestellt haben, wenn auch die zeitliche Entwicklung der Volkswirtschaft stetig ist. Folgt die wirtschaftliche Entwicklung einer spezifischen Bewegung, wie sie beispielsweise in der Form der Konjunkturschwankungen seit rund 150 Jahren beobachtet wird, so müssen wir bereit sein, unsere Hypothesen so lange zu variieren, bis sie eine hinreichende Erklärung dieser Schwankungen geben können. Die günstigste aller Setzungen wird also erst dann aufgefunden sein, wenn die für den Prozeß der Leistungserstellung abgeleiteten Bewegungsgesetze ebenfalls Schwankungen als wahrscheinlich erweisen.

Hierzu bedarf es einer sorgfältigen Analyse derjenigen Größen, die die Leistungserstellung einer Volkswirtschaft beschreiben. Dabei wird insbesondere ihre funktionale Verknüpfung Gegenstand der Analyse des Kernprozesses sein. Diesen Begriff verwenden wir in ähnlicher Weise, wie ihn Jöhr vielfach seiner Untersuchung der Konjunkturschwankungen zugrundegelegt hat[7], unterscheiden uns aber wesentlich von dem Begriffsinhalt, den er bei seiner „sozialpsychologischen Erklärung des Kernprozesses“[8] gibt. Es dürfte daher zweckmäßig sein,

---

[6] Vgl. *Reichenbach*, H.: Aufstieg der wissenschaftlichen Philosophie, Berlin o. J., S. 271 ff., (Übersetzung der amerikanischen Originalausgabe: The Rise of Scientific Philosophy; Berkeley and Los Angeles 1951).

[7] *Jöhr*, W. A.: Theoretische Grundlagen der Wirtschaftspolitik; Band 2, Die Konjunkturschwankungen, Tübingen und Zürich 1952. So z. B.: a.a.O., S. 273.

[8] op. cit. S. 588 ff., insbes. S. 613.

den Inhalt des Begriffs „*dynamischer makroökonomischer Kernprozeß*" genauer festzulegen. Wir werden hierunter denjenigen zeitlichen Verlauf der die Leistungserstellung einer Volkswirtschaft bestimmenden Variablen eines Systems verstehen, welcher durch die strukturelle, gegenseitig abhängige Verknüpfung der Variablen bedingt ist.

Auch in dieser Studie kommt dem Kernprozeß die ihm von Jöhr zugewiesene Bedeutung für die Entstehung der wirtschaftlichen Wechsellagen zu. Wie wir oben darlegten, kann eine Koppelung dynamischer Partialanalysen zu einer ausgebauten Theorie der ökonomischen Dynamik führen. So gesehen, bleibt die Möglichkeit bestehen, die Analyse der Bewegungsgesetze des makroökonomischen dynamischen Kernprozesses, verbunden mit Partialanalysen anderer dynamischer Systeme, zur Grundlage einer Theorie der wirtschaftlichen Dynamik auszugestalten. Wie bereits erwähnt, wurde diese Aufgabe nicht in die vorliegende Untersuchung einbezogen.

2. Die Methode der Periodenanalyse

Fast alle Ergebnisse dieser Arbeit sind mit dem aus der finiten Analysis übernommenen Verfahren der Differenzengleichungen gewonnen. Die Anwendung derartiger Gleichungssysteme hat sich in der Erforschung zeitabhängiger ökonomischer Phänomene sehr bewährt. Eine Diskussion der Zweckmäßigkeit dieses Vorgehens erscheint hier nicht erforderlich; aus den Ergebnissen der Arbeit wird jeder Leser selbst sein Urteil über die Leistungsfähigkeit und die Grenzen einer Analyse mit Hilfe von Differenzengleichungen gewinnen können. Unsere Untersuchung wird sowohl die Vielfalt der Anwendungsmöglichkeiten als auch ihre Grenzen deutlich machen. Insgesamt erscheint mir eine positive Haltung diesem Verfahren gegenüber besser begründet, als die in einigen neueren deutschen Publikationen vertretene kritische Auffassung[9].

Um einigen Irrtümern vorzubeugen, sei die Methode ganz kurz erläutert. Werden sozialökonomische Variablen in einem Modell funktional miteinander verknüpft, so setzt dies keine starre Verhaltensweise der Menschen[10] voraus. Daher ist auch die Bezeichnung „mechanistische Theorien" *unzutreffend*. Diesen Modellen eignet nicht mehr an „Mechanischem" als irgendeiner verbal vorgetragenen quantitativen Theorie. Auch die Konstanz der auftretenden Koeffizienten ist keineswegs so fragwürdig, wie oft vermutet wird. Die ökonomischen

---

[9] Vgl. *Rose*, Klaus: Die Bedeutung des Akzelerationsprinzips für die Dynamisierung des Keynesschen Systems; J.f.N.St., Bd. 165, 1953, H. 5/6, S. 321 ff., *Kraus*, Willy: Multiplikator, Akzelerator, Wachtumsraten und Konjunkturzyklus; Ww. A., Bd. 73, 1954, H. 1, S. 59 ff., und *Hoppmann*, Erich: Die Periodenanalyse als Theorie der volkswirtschaftlichen Dynamik, Berlin 1956.

[10] Im Gegensatz zu der Behauptung von *Jöhr*, W. A., a.a.O., S. 625.

Aggregate müssen, wenn sie in mathematisch formulierten Modellen als Variable erscheinen, nämlich nur jenem Bereich angehören, in dem statistische Regelmäßigkeiten für Durchschnittswerte feststellbar sind; mit anderen Worten, die Agregate müssen mindestens so groß sein, daß für die funktionalen Beziehungen Reproduzierbarkeit vorausgesetzt werden kann. Da wir unter makroökonomischen Vorgängen jene verstehen, die durch die Aktivität der Wirtschaftssubjekte einer ganzen Volkswirtschaft bestimmt werden, kann man davon ausgehen, daß die erwähnte Bedingung bei diesen häufiger erfüllt sein wird, als bei mikroökonomischen Vorgängen[11]. Solange die makroökonomischen Beziehungen das Ergebnis der Betätigung der Wirtschaftssubjekte im Rahmen der Wirtschaftsordnung einer interventionsfreien, nicht voll monopolisierten Verkehrswirtschaft sind, werden Individualentscheidungen die Reproduzierbarkeit der funktionalen Verknüpfungen in keinem Fall aufheben.

Zu der Verwendung von Differenzengleichungen wird den Variablen des volkswirtschaftlichen Systems in einer Periode, die wir mit „t" kennzeichnen, eine Größe beigelegt, sodann werden sie entweder Größen derselben Periode oder früherer Perioden zugeordnet. Die endliche Dauer der Perioden verleiht der Untersuchung einen wohldefinierten Charakter. Ihr sind nur in Ausnahmefällen Trendentwicklungen unterworfen. Auch ist sie keine Abwandlung der Analyse des „short-run". Die Verzögerung der einzelnen Variablen und ihre auf eine Zeitspanne bezogene Definition macht diese Form der Analyse zu einer Untersuchung der Probleme der mittelfristigen wirtschaftlichen Entwicklung. Die mathematischen Lösungen bleiben zwar an exakte Größenwerte gebunden, zeigen aber innerhalb großer Bereiche von Kombinationen der Parameterwerte jeweils denselben Verlaufstypus. Hierin liegt ein weiterer und entscheidender Vorteil der Anwendung von Differenzengleichungen, denn eine genaue Bestimmung der Koeffizienten ist im Rahmen einer qualitativen Analyse nicht erforderlich. Da wir hier nicht an dem Verlauf bestimmter empirisch vorgegebener Systeme interessiert sind, sondern die allgemeinen Bewegungsgesetze beim Zugrundeliegen verschiedener Hypothesen über den Kernprozeß zu erkennen versuchen, können wir von der Möglichkeit der Abschätzung des Verlaufstypus innerhalb gewisser Grenzen häufig Gebrauch machen.

Aber nicht nur einzelne Verfahren sind kritischen Einwänden unterworfen. Vielfach richtet sich die Kritik überhaupt gegen die Anwendung der Mathematik. Selbstverständlich bewahrt sie nicht vor Absurditäten, die aus „unzulänglichen Klassifikationen und Definitionen

---

[11] Vgl. aber dazu die negierende Stellungnahme von *Hoppmann*, op. cit.

resultieren"[12]. Ihr Vorteil liegt aber tatsächlich in der Nützlichkeit, verwickelte Beziehungen ökonomischer Größen leicht zu bewältigen. Domar[13] macht mit Recht darauf aufmerksam, daß die Lösung eines Modells die Lösung eines logischen Systems und nichts anderes darstellt; „to endow it with economic significance is a very fine art". Die Anwendung der Mathematik resultiert nur aus der Natur der Probleme. Wenn es gelegentlich auch gleichgültig ist, welche Sprache wir sprechen, für verschiedene Probleme gewinnen wir durch die Mathematik eine Präzision in den Formulierungen, wie sie keine andere Sprache gestattet. Warum also soll man für wissenschaftliche Zwecke nicht die Sprache wählen, in der Vorstellungen am klarsten mitgeteilt werden können?

---

[12] Diesen Einwand hat *Ruggles*, R. in dem Abschnitt über: „Methodological Developments" im Survey of Contemporary Economics, Vol. II, 1952, S. 408 ff., erneut vorgetragen. Wenn er auch zunächst humorvoll meint, „Both the Greek and Roman alphabets are full of symbols for confused ideas", (S. 413) so muß man doch fragen, ob er mit dem Zitat der Bemerkung *Stiglers*, „we also have mathematical pornography" noch den Kern der Sache trifft.

[13] Vgl. dessen kritische Auseinandersetzung mit dem vorstehend genannten Beitrag *Ruggles'*, ebendort.

B. Die Analyse der Fonds in der sozialökonomischen Dynamik der Klassik

1. Die Entwicklungsidee in der klassisch-liberalen Theorie

Die Ricardianische Auffassung, kein Mensch produziere, ohne den Konsum oder den Verkauf des Produkts im Auge zu haben und er verkaufe niemals, es sei denn mit der Absicht, irgendein anderes Gut zu kaufen, war über hundert Jahre unerschütterlicher Bestandteil des wirtschaftstheoretischen Denkens. „By producing, then, he necessarily becomes either the consumer of his own goods, or the purchaser and consumer of the goods of some other person."[1] Güter werden also immer durch Güter gekauft; in den dazu erforderlichen Tauschakten fällt dem Geld nur die Funktion eines Tauschmittels zu. Von einem spezifischen Gut kann füglich zwar so viel produziert werden, daß infolge der Anhäufung auf dem Markt sich das dafür aufgewandte Kapital nicht zurückzahlt, aber es kann dies nie gleichzeitig für alle Güter der Fall sein[2]. Diese von J. B. Say übernommenen Gedankengänge geben die Auffassung Ricardos und aller Anhänger der klassisch liberalen Theorie wieder. Sie postulieren, daß der wirtschaftlichen Entwicklung keine Instabilität innewohnt und folgen aus der Hypothese, daß es keinen Kapitalbestand in einem Lande gibt, der nicht eingesetzt wird, denn die Nachfrage wird nur durch die Produktion begrenzt[3].

Die Untersuchung der Klassiker geht mit anderen Worten davon aus, daß das Produktionsergebnis eine Funktion der vorhandenen Produktionsfaktoren ist. Die Analyse der Ricardianischen Gedankengänge wird uns dieses „Prinzip des effektiven Angebots", wie wir es bezeichnen wollen, deutlich machen und zugleich die Rolle, die es in der Erklärung der Dynamik spielt, aufweisen. Dabei werden wir uns der in der Einleitung beschriebenen Methode bedienen, so daß die Darstellung von den üblichen Untersuchungen über die klassische Theorie nicht unerheblich abweicht[4]. Ähnliche, wenn auch nicht mathematisch

---

[1] *Ricardo*, D.: Principles of Political Economy and Taxation, Chapter XXI, (S. 192). Zitiert wird die nach der 3. Auflage von 1821 besorgte Neuausgabe: London 1911 (Druck 1949).

[2] ebendort (S. 194).

[3] ebendort (S. 192).

[4] Auch der in jüngster Zeit von Erich *Schneider* unternommene Versuch, die *Walras*ianische Gleichgewichtstheorie zu dynamisieren, d. h. das Element

gefaßte Versuche sind von W. J. Baumol und A. Lowe[5] unternommen worden. Sicherlich ist es möglich, mehrere gleichwertige Systeme aus den rein verbalen Erörterungen Ricardos abzuleiten. Wir hoffen aber, daß das von uns gebotene vereinfachte Modell der sozialökonomischen Dynamik der Klassik die wesentlichen Züge wiederzugeben vermag, zumal die genannten Autoren eine ähnliche Auswahl aus den Lehrsätzen der klassischen Nationalökonomen getroffen haben.

2. Ein vereinfachtes Modell der Ricardianischen Wachstumstheorie

Die Beschränkung der klassischen Theorie in der Ricardianischen Version auf die Untersuchung der „Gesetze, die den natürlichen Preis, die natürlichen Löhne und die natürlichen Profite bestimmen“[6], stellt eine methodologisch bedeutsame Abgrenzung dar. Die Vernachlässigung „jeglicher zeitweiliger und zufälliger Ursachen“ charakterisiert nämlich die Aussagen der klassischen Dynamik als Sätze einer mittelfristigen Analyse. Dieser wurde die Entstehung und Verwendung (resp. Aufteilung) des Produktionsergebnisses der Gesellschaft unterworfen, um die hierfür bestimmenden Gesetze aufzudecken[7]. Es mag zunächst überflüssig erscheinen, diese Analyse in modernem Gewand zu rekapitulieren. Die unmittelbare Vergleichbarkeit mit den neuen und jüngsten Theorien dürfte aber die Mühe lohnen.

Am Gesamtprodukt partizipieren nach Ricardo drei Klassen der Gesellschaft: die Landeigentümer, die Kapitalisten und die Arbeiter. Ohne einen entstellenden Fehler begehen zu müssen, läßt sich die Analyse der Rente aus der Darstellung ausklammern, da die Grundbesitzer keine aktive Rolle in der Dynamik der Wirtschaftsgesellschaft spielen. Wenn im folgenden von Produktionsergebnis gesprochen wird, ist daher stets das Gesamtprodukt abzüglich der Rente gemeint. Dieses unterteilt sich in die Zahlung natürlicher Löhne und Profite.

Der natürliche Preis der Arbeit ist der Subsistenzlohn, d. h. der Lohn, der gezahlt werden muß, „to enable the labourers, one with another, to subsist and to perpetuate their race, without either increase or diminution“[8]. Eine großzügigere Entlohnung und höhere Preise der Necessaria[9], nicht aber derjenigen Güter, die von der Arbeiterklasse

---

der Zeit in klassisch liberalen Theorien durch die Anwendung von Differenzengleichungen explizit zu machen, ist einem anderen Problem gewidmet. Vgl. dessen Veröffentlichung: Zur dynamischen Theorie des Tausches: Z.f.N., Bd. XII, 1949, Heft 2—4, Festschrift für Hans *Mayer*, S. 236 ff.

[5] *Baumol*, J. and *Turvey*, R.: Economic Dynamics; New York 1951; *Lowe*, A.: The Classical Theory of Economic Growth; S.R., Vol. 21, 1954, Nr. 2, S. 127 ff. (vgl. insbes. die Abschnitte über *Smith* und *Ricardo*).

[6] *Ricardo*, a.a.O., Chapter IV.

[7] Vgl. *Ricardo*, a.a.O., Original Preface.

[8] *Ricardo*, a.a.O., Chapter V (S. 52).

[9] *Ricardo*, a.a.O., Chapter I, Sektion VII (S. 31).

nicht gekauft werden[10], vermindern bei einem gegebenen Produktionsergebnis die Profite. Bezeichnen wir das Produktionsergebnis während der Periode t mit P_t, die Gewinne dieser Periode mit G_t und den Subsistenzlohnfonds, der in dieser Periode bereitstehen muß, mit L^s_t, so können wir die folgende Gleichung[11] für die Aufteilung des Produktionsergebnisses gewinnen:

$$G_t = P_t - L_t^s \tag{1.1}$$

Die Definition des Subsistenzlohnfonds ergibt uns die zweite Gleichung:

$$L_t^s = l\ M_t\ , \tag{1.2}$$

in der „l" der durchschnittliche Subsistenzlohnsatz und M_t die Arbeitsbevölkerung[12] in der Periode t ist. Diese Gleichung besagt nicht, daß der natürliche Preis der Arbeit für jeden Arbeiter oder jede Gruppe dieser Wirtschaftssubjekte gleich groß sei. „l" ist vielmehr ein makroökonomischer Durchschnittswert, den wir als konstant annehmen; diese Durchschnittswertbildung folgt der Ricardianischen Vorstellung. Der durchschnittliche natürliche Preis der Arbeit steigt aber tendenziell, da die Güter, die durch den Lohnfonds gekauft werden, nur mit stets zunehmendem Aufwand hergestellt werden können[13]. Es würde besondere Schwierigkeiten bedeuten, dieser Tendenz in der Gleichung (1.2) Rechnung zu tragen; die Art der Bestimmung der Produktionsfunktion wird den Mangel voll ausgleichen, da die Steigerungstendenz der Löhne nämlich nur ein anderer Ausdruck für die Wirkung des Produktionsgesetzes ist.

Das Produktionsergebnis ist dem Produktionsgesetz zufolge durch den vorhandenen Bestand an Kapital[14] und Arbeit[15] bestimmt, so daß jede Veränderung des Bestandes dieser Produktionsfaktoren zu einer entsprechenden Variation des Produktionsergebnisses führt. Unter dem jeweils gegebenen Entwicklungsstand der Produktivkräfte erbringt ein zusätzlicher Einsatz von Produktionsfaktoren jedoch nur einen stets abnehmenden Zuwachs des Produktionsergebnisses[16]. Diese Beziehung zwischen dem Produktionsergebnis und den dafür eingesetzten Pro-

---

[10] *Ricardo,* a.a.O., Chapter VI (S. 70).

[11] Die Kennzeichnung der Gleichungen der einzelnen Systeme ist so vorgenommen worden, daß die erste Zahl die Ordnungszahl des besprochenen Systems, die zweite die Ordnungszahl der Gleichungen innerhalb des Systems angibt. So besagt z. B. (1.3): erstes besprochenes System, dritte Gleichung oder (3.1): erste Gleichung des dritten Systems.

[12] Vgl. die Definition des Subsistenzlohnes, welcher die Erhaltung aller Arbeitenden und ihrer Familien sichern soll.

[13] *Ricardo,* a.a.O., Chapter V (S. 52).

[14] *Ricardo,* a.a.O., Chapter VIII (S. 95).

[15] *Ricardo,* a.a.O., Chapter V (S. 56).

duktionsfaktoren ist das Kernstück der klassischen Lehre. Die Bestandteile des Ricardianschen Produktionsgesetzes seien deshalb nochmals deutlich gemacht. Diesem zufolge wird das Produktionsergebnis nur durch die Produktivkräfte[17] der vorhandenen Resourcen, nicht durch eine andere Größe, wie z. B. die Nachfrage, bestimmt. Andererseits führt unter den hierdurch gegebenen Bedingungen ein zusätzlicher Aufwand an Produktionsfaktoren nur zu einem stets abnehmenden Ertragszuwachs. Die funktionale Beziehung zwischen dem Produktionsergebnis und den Produktionsfaktoren Arbeit (M) und Kapital (K), $P = f(M, K)$, ist also wesentlich nicht linear. Die Abbildung 1 verdeutlicht diese Beziehung, wobei $f_0 < f_1 < f_2$ den verschdienen Entwicklungszuständen der Produktivkräfte und der abnehmende Anstiegswinkel der Produktionsfunktion dem „Gesetz des abnehmenden Ertragszuwachses" Rechnung tragen.

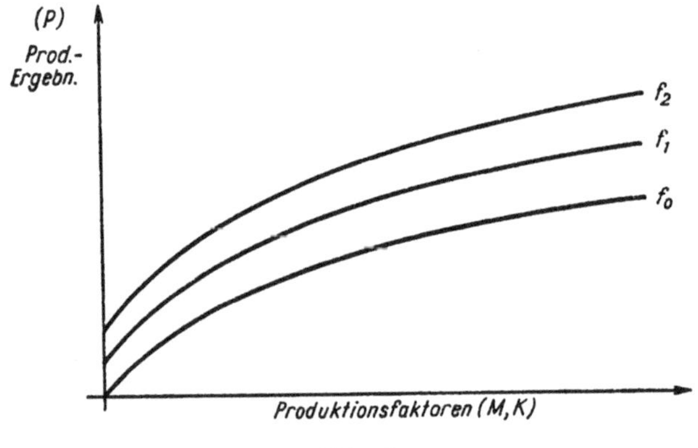

Abb. 1

Die noch näher zu betrachtende funktionale Beziehung zwischen Arbeitsbevölkerung und Kapital gestattet uns, das Produktionsergebnis als eine nicht-lineare Funktion der Arbeitsbevölkerung allein zu sehen. Um diese Beziehung in unserem Gleichungssystem verwenden zu können, müssen wir sie linearisiert anschreiben. Dabei ist der Schnittpunktsbedingung der nicht-linearen Produktionsfunktion P mit der (linearen) Lohnsummenfunktion L^s der Gleichung (1.2) durch eine Begrenzung des Anstiegswinkels und die Berücksichtigung einer Konstanten P_0 Rechnung zu tragen (vgl. Abb. 2). Im Schnittpunkt ist nämlich die erste Ableitung der nicht-linearen Produktionsfunktion kleiner als der Anstiegswinkel λ der Lohnsummenfunktion; dies bedingt, daß

[16] ebendort.
[17] "powers of production", *Ricardo*, a.a.O., Chapter V (S. 56).

der Anstiegswinkel π der linearisierten Produktionsfunktion ebenfalls kleiner als λ sein muß, so daß $P_0 > O$ und $p < 1$ ist[18]. Die Produktionsfunktion unseres Modelles lautet daher:

$$P_t = p M_t + P_0 \tag{1.3}$$

Damit sind gleichzeitig, wie auch die Abb. 2 deutlich erkennen läßt, die Gewinne zu einer linearen, abnehmenden Funktion der wirtschaftlichen Aktivität geworden.

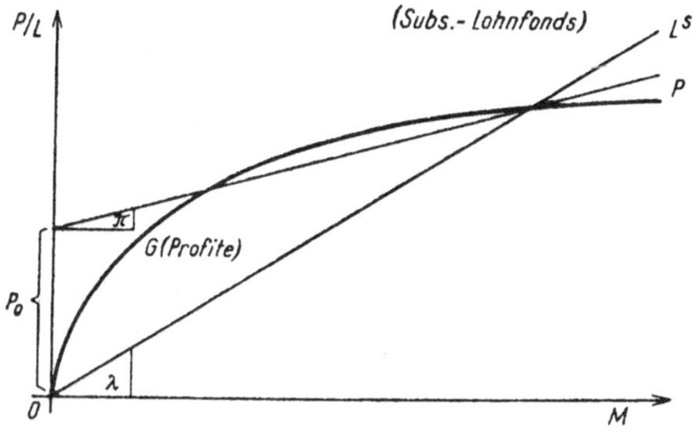

Abb. 2

Wiederholt äußert sich Ricardo zu der Beziehung zwischen Kapitalbestand und vorhandener Bevölkerung. Er betont, kein Punkt seiner Theorie sei gesicherter als der, demzufolge das Angebot an Arbeitskräften stets und immer den Mitteln für den Unterhalt jener entspricht[19]. Kapital ist nach Ricardo nun aber derjenige Teil des Reichtums eines Landes, der in der Produktion eingesetzt wird, aus Nahrungsmitteln, Kleidern, Werkzeugen, Rohstoffen, Maschinen u. ä. besteht und erforderlich ist, die Arbeitskräfte wirksam werden zu lassen[20]. Entsprechend sagt er, daß sich die Größe der Bevölkerung durch die Fonds für ihren Unterhalt regele, d. h. jeweils mit einer Erhöhung oder Verminderung des Kapitals zu- oder abnehme[21]. Die Variation der Größe der Arbeitsbevölkerung erfolgt jedoch nicht direkt, sondern ist abhängig von der durch die Veränderung des Kapitalbestandes bewirkten Differenz zwischen dem Marktpreis und dem „natürlichen" Preis der Arbeit[22].

[18] Die griechischen Buchstaben λ und π bezeichnen die Anstiegswinkel, die entsprechenden lateinischen Buchstaben l und p geben deren Tangens an und kennzeichnen somit die Werte der betrachteten Funktionen (Koeffizienten).

[19] *Ricardo*, a.a.O., Chapter XXI (S. 194).

[20] *Ricardo*, a.a.O., Chapter V (S. 53).

[21] *Ricardo*, a.a.O., Chapter II (S. 41).

[22] *Ricardo*, a.a.O., Chapter V (S. 53).

Damit können wir sagen, daß zunächst einmal

$$M_t - M_{t-1} = m\,(L_t^m - L_t^s) \qquad (1.4)$$

ist, d. h. daß die Veränderung der Bevölkerung dieser Periode gegenüber der der vorausgegangenen Periode dem Unterschied zwischen dem Marktlohnfonds, L_t^m, und dem Subsistenzlohnfonds, L_t^s, proportional ist, wobei die Proportionalität zwischen den Lohnfonds einerseits, der Bevölkerungsveränderung andererseits durch „m“ ausgedrückt wird. Da der Impuls zu einer Bevölkerungsveränderung in einer Veränderung des Kapitalbestandes, K_t, gesehen wird[23], können wir — unter Beachtung des Ricardianischen Kapitalbegriffes — die Beziehungen zwischen den Kapitalbeständen und den Lohnfonds (näherungsweise konstant annehmen und) durch „e“ kennzeichnen. Dann ergibt sich:

$$L_t^m - L_t^s = e\,(K_t - K_{t-1}). \qquad (1.5)$$

Der Kapitalbestand dieser Periode ist per definition gleich dem der vorausgegangenen Periode und der durch die Akkumulation, A_t, bewirkten Erhöhung, so daß

$$K_t = K_{t-1} + A_t \qquad (1.6)$$

ist.

Das Motiv zur Akkumulation findet Ricardo nur in den Gewinnen[24], so daß das System mit der Beziehung

$$A_t = g\,G_t \qquad (1.7)$$

vervollständigt wird, wobei g die zwischen den Gewinnen und der Akkumulation, A_t, bestehende funktionale Beziehung bezeichnet.

Die Reduktion der Gleichungen (1.1) bis (1.7) nach M_t ergibt die lineare inhomogene Differenzgleichung

$$M_t = \frac{1}{1 + meg\,(1-p)}\,M_{t-1} + \frac{meg}{1 + meg\,(1-p)}\,P_o\,. \qquad (1.8)$$

---

[23] Ebendort; mit Hilfe des Satzes, daß jede Steigerung des Kapitalbestands eine entsprechende Zunahme des Marktlohnes bewirke, läßt sich ohne Schwierigkeiten ableiten, daß der Subsistenzlohnfonds dieser Periode gleich dem Marktlohnfonds der vorausgegangenen Periode ist. Dieser Satz sagt nämlich, daß neben

$L_t^m - L_t^s = e\,(K_t - K_{t-1})$ auch $L_t^m - L_{t-1}^m = e\,(K_t - K_{t-1})$ ist, und

somit $L_{t-1}^m = L_t^s$ gilt. Daraus erkennen wir, daß die durch $t-(t-1)$ gegebene Periodenlänge genau gleich der Reaktionsperiode der Bevölkerung ist. In dieser Zeitspanne wird durch die Bevölkerungsvermehrung der Marktlohnfonds zum Subsistenzlohnfonds. Man achte aber darauf, daß nach *Ricardo* nicht nur das generative Verhalten der Menschen, sondern auch eine Verbesserung der Lebensbedingungen (a healthy and numerous family) eine Bevölkerungsvermehrung bewirkt.

[24] *Ricardo*, a.a.O., Chapter XXI (S. 193).

Deren Partikularlösung für die Bestimmung des Gleichgewichts $z_c = M_t = M_{t-1}$ lautet:

$$z_o = \frac{1}{1 - p} P_o \,.$$

Allgemein gilt dann für die Abweichungen der tatsächlichen Werte vom Gleichgewicht die homogene Differenzengleichung

$$M_t = \frac{1}{1 + meg\,(l-p)} M_{t-1} \,.$$

Wenn

$$w = \frac{1}{1 + meg\,(l-p)}$$

ist, ergibt sich, daß

$$M_t = w\,M_{t-1} = w^2\,M_{t-2} = w^3\,M_{t-3}$$

und schließlich

$$M_t = w^t\,M_{t-t} = w^t\,M_0,$$

wobei M_0 ein vorgegebener Eingangswert ist. Ist dieser Wert gegeben, so bestimmt w offenbar den Verlauf von M in der Zeit.

Ist

$0 < w < 1$, so ergibt sich ein monoton stabiler Verlauf,
$w = 1$, ein stationärer Verlauf,
$w > 1$, ein monoton instabiler Verlauf,
$o > w > -1$, ein oszillatorisch-stabiler Verlauf,
$w < -1$, ein oszillatorisch-instabiler Verlauf

des durch die Gleichung bestimmten Systems der Variablen. Unter der Bedingung, daß $p < l$ ist und m, e, g positiv sind, ergibt sich für w unabhängig von dem absoluten Wert der Koeffizienten:

$$o < w = \frac{1}{1 + meg\,(l-p)} < 1.$$

In einem monoton stabilen Verlauf streben also alle Werte des Systems der Gleichgewichtslage z_0, die einen stationären Prozeß repräsentiert, zu. Dieser ist dadurch gekennzeichnet, daß das Gesamtprodukt gleich der für die Subsistenzlohnzahlung notwendigen Summe ist, m. a. W., in dem stationären Prozeß werden weder Gewinne noch irgendwelche Kapitalbestandsveränderungen durch die Akkumulation auftreten. Das Produktionsergebnis der Volkswirtschaft wird solange keinen Veränderungen unterworfen sein, wie der Index des Entwicklungsstandes der Produktivkräfte (p), die Lohnsätze (l), der Impulsfaktor für die Bevölkerungsvermehrung (me) und die Akkumulationsrate (g) keine Veränderungen erfahren. Zur vollständigen Bestimmung des Entwicklungsgesetzes der Dynamik der Klassik brauchen wir nur noch zu beachten, daß der Eingangswert regelmäßig als unterhalb des Gleichgewichts liegend angenommen wurde[25]. Für den Kapitalbestand,

---

[25] *Ricardo,* a.a.O., z. B. Chapter VI (S. 71).

die vorhandene Arbeitsbevölkerung, das Produktionsergebnis und den Subsistenzlohnfonds müssen wir daher den in der Abbildung 3 für die Bevölkerung gezeigten Verlaufstypus erwarten. Wegen des bei linearen Systemen geltenden Superpositionsprinzips werden alle diese Variablen dem Bewegungsgesetz eines abnehmenden Zuwachses gehorchen. Da die Gewinne gleich der Differenz zwischen dem Produktionsergebnis und der erforderlichen Subsistenzlohnsumme sind, ergibt sich ihre von Ricardo betonte „natürlich Tendenz zu fallen" ohne weiteren Nachweis.

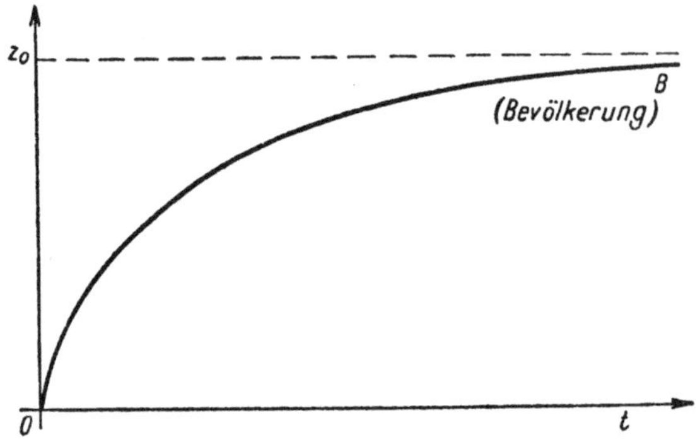

Abb. 3

3. Das Bewegungsgesetz als Resultat der Strukturbeziehungen

Das im vorausgegangenen Abschnitt dargestellte vereinfachte Modell der klassischen Wachstumstheorie ist einer Reihe von Qualifikationen zugängig. Diese wiederzugeben, wollen wir uns ersparen, um statt dessen einige wesentliche Gesichtspunkte zu rekapitulieren. Es sei lediglich darauf verwiesen, daß auch die Berücksichtigung verzögerter Rekationen, beispielsweise der Akkumulation gegenüber den Profiten, wie ich an anderer Stelle gezeigt habe[26], nur für einen Bereich unwahrscheinlicher Parameterwerte das System instabil werden läßt.

Unsere Darstellung hat sich mit der Begründung der Strukturrelationen, also mit der Frage, wie auf Grund der Arbeitswertlehre die Strukturbeziehungen durch die dem Rationalprinzip folgenden Tauschakte determiniert werden, nicht befaßt. Wir erörterten z. B. nicht, welche Gründe dafür sprechen, daß auf die Dauer nur der Subsistenzlohn gezahlt wird oder warum und in welchem Maße die Unternehmer ihre Profite akkumulieren, statt zu konsumieren. Solche Probleme gehören nicht oder nur in Ausnahmefällen zu den makroökonomischen Fragen, denen diese Arbeit gewidmet ist. Die diesen makroökono-

---

[26] Vgl. *Geyer*, H.: Einfache Modelle des volkswirtschaftlichen Prozesses als Regelkreise; in: Volkswirtschaftliche Regelvorgänge, München 1957.

mischen Analysen zugrundegelegten Relationen werden so eingesetzt, wie sie sich als durchschnittliche Reaktionsformen entweder durch mikroökonomische Erörterungen oder empirische Beobachtungen begründet erweisen. Die in der dargestellten Theorie bedeutsamen Relationen sind teils produktionstechnischer, teils bevölkerungs-dynamischer (ökonomisch-demographischer), teils rein wirtschaftlicher und teils soziologischer Natur. Daraus wird deutlich, daß die klassische Dynamik den Versuch zur Entwicklung einer echten sozialökonomischen Entwicklungstheorie[27] darstellt. Diese Tatsache ist auch methologisch interessant, denn sie zeigt, daß mathematisch konzipierte Theorien sich nicht auf Größen gleicher Dimensionen beschränken müssen, sondern jede Form menschlichen Verhaltens, wenn sie — z. B. als Massenreaktion — reproduzierbaren Funktionalbeziehungen entspricht, beschreiben kann. In dieser Hinsicht sind der modernen Theorie noch viele Aufgaben geblieben.

Das im vorausgegangen Abschnitt beschriebene Bewegungsgesetz der klassisch-liberalen Dynamik macht auch die wirtschaftspolitische Haltung liberaler Nationalökonomen in allen Aspekten deutlich. Es wäre reizvoll, das Modell nach finanztheoretischen Gesichtspunkten zu erweitern oder den außenwirtschaftlichen Hypothesen in geeigneter Weise Rechnung zu tragen. Diese Frage würde uns aber erneut über den Rahmen der Arbeit hinausführen. Wesentlich ist vielmehr, daß wir zeigen konnten, wie die Abhängigkeit des Produktionsergebnisses von den vorhandenen Fonds an Produktionsfaktoren, also die Wirksamkeit des Prinzips des effektiven Angebotes, jeglicher Instabilität entgegenwirkt, insbesondere, wenn keine Verzögerungen bedeutsamer Art das Zusammenwirken der Wirtschaftssubjekte stört. Wir werden später Gelegenheit haben, die entscheidende Rolle des „Prinzips des wirksamen Angebots“ noch näher zu beschreiben.

Zunächst dürfte es zweckmäßig sein, die Aufmerksamkeit kurz einem einfachen Modell der klassisch-liberalen Akkumulationstheorie zuzuwenden.

4. Komparativ-dynamische Analyse der liberalen Akkumulationstheorie

a) Ohne erhebliche Veränderungen sollen nunmehr aus der dargestellten klassischen Wachstumstheorie die Prinzipien der liberalen Akkumulationstheorie abgeleitet werden. Mit dieser können insbesondere die Auswirkungen erhöhten Sparens auf die wirtschaftliche Aktivität in komparativ-dynamischer Analyse untersucht werden. Er-

---

[27] *Lowe*, A.: op. cit., hat auf dieselben Tatsachen aufmerksam gemacht und überzeugend dargetan, daß sich dies nicht auf klassisch-liberale Theorien beschränkt, sondern ebenso für die sozialistischen Klassiker gilt.

setzen wir zunächst in unserem Gleichungssystem die Gewinnvariable G_t durch die Sparvariable S_t und die Variable des Subsistenzlohnfonds L_t^s durch die Variable V_t für den Konsumtionsmittelfonds. Die Gleichungen (1.4) und (1.5) werden in der Gleichung (2.4) — mit me=k vereinfacht — zusammengefaßt. Der klassischen Hypothese entsprechend[28], daß die Akkumulation einer Periode, A_t, gleich den in dem Sparfonds zur Verfügung gestellten Mitteln, S_t, sei, wird Gleichung (1.7) zu (2.6) umgeformt. Dann kann das System wie folgt geschrieben werden:

$$S_t = P_t - V_t \tag{2.1}$$

$$P_t = p\,M_t + P_0 \qquad (2.2)^{29}$$

$$V_t = v\,M_t \tag{2.3}$$

$$M_t = k\,K_t \tag{2.4}$$

$$K_t = K_{t-1} + A_t \tag{2.5}$$

$$A_t = S_t \tag{2.6}$$

Reduzieren wir das System nach dem Kapitalbestand K_t, so erhalten wir

$$K_t = \frac{1}{1 + k\,(v - p)}\,K_{t-1} + \frac{P_0}{1 + k\,(v - p)}\,, \tag{2.7}$$

also das formal gleiche System wie es oben dargelegt wurde. Die das Gleichgewichtsniveau bestimmende Partikularlösung dieser inhomogenen Differenzengleichung ergibt sich für

$$y_0 = K_t = K_{t-1}$$

als

$$y_0 = \frac{P_0}{k\,(v - p)}\,.$$

Die Gleichgewichtslage des Kapitalbestands y_0 steht, übereinstimmend mit Gleichung (2.4), im Verhältnis $\frac{1}{k}$ zur Gleichgewichtslage z_0 des ersten Systems.

In dieser oder einer ähnlichen Form beherrschte die Akkumulationstheorie der liberalen Ökonomen die Wirkungsanalyse der Veränderungen des Konsumtionsfonds. Es dürfte aufschlußreich sein, festzustellen, welche Sätze aus dem Gleichungssystem bzw. seiner Lösung gefolgert werden können, wenn wir eine Variation des Sparens, des Koeffizienten der Arbeitsintensität, k, und des der Produktivität, p, annehmen. Eine solche Fragestellung verlangt die Verbindung einer dynamischen mit einer komparativen Analyse. Eine komparativ dynamische Analyse gestattet uns, Aussagen über verschiedene Wachstums-

[28] Vgl. auch *Harrod*, R. F.: Dynamische Wirtschaft, Übers., Stuttgart 1949, S. 27.

[29] Zunächst sei die aus der Linearisierung der Produktionsfunktion resultierende Bedingung: $v > p > 0$ und P_0 = const. beibehalten.

geschwindigkeiten, verschiedene Gleichgewichtslagen und vergleichsweise verschiedene Annäherungsgeschwindigkeiten an ein gegebenes Gleichgewichtsniveau abzuleiten. Die hier aufgeworfene Frage darf nicht mit den Problemen einer perennierenden Variation der Konstanten p, v und k verwechselt werden. Diesen Problemen auszuweichen, ist zwar nicht einer säkularen Analyse, aber der hier vorgetragenen mittelfristigen sehr wohl gestattet[30].

Eine sichere Basis für die komparativ-dynamische Analyse haben wir erst dann, wenn wir die Lösung des Systems vollständig dargestellt haben. Die Lösung einer inhomogenen Differenzengleichung lautet:

$$K_t = X_t + Z_t,$$

wobei X_t die Lösung der reduzierten homogenen Gleichung und Z_t die Partikularlösung der inhomogenen Gleichung darstellt. Da aber in dem betrachteten Fall

$$X_t = w^t A \text{ und}$$

$$Z_t = y_0 = \frac{P_0}{k\,(v - p)}$$

sind[31], kann man unter Berücksichtigung des Eingangswertes K_0 = const. A durch

$$K_0 = w^0 A + \frac{P_0}{g}$$

oder

$$A = K_0 - \frac{P_0}{g}$$

bestimmen. Daraus erhält man den Ausdruck

$$K_t = w^t \left(K_0 - \frac{P_0}{g}\right) + \frac{P_0}{g}, \qquad (2.8)$$

worin $g = k\,(v - p)$ ist.

Die klassische Annahme, die aktuelle wirtschaftliche Situation liege stets unterhalb der Gleichgewichtslage, m. a. W. die wirtschaftliche Aktivität wachse solange (mit konstant abnehmender Rate), bis ein

---

[30] Soweit wir sehen, läßt das mathematische Instrumentarium in wenigen Ausnahmefällen die Beantwortung dieser Frage nicht zu. Dies macht sicherlich die vergeblichen Bemühungen, exakte Aussagen über die säkularen Entwicklungstendenzen des wirtschaftlichen Prozesses zu gewinnen, verständlich. — Versteht man unter Dynamik aber nur eine Analyse, die der kontinuierlichen Variation der Konstanten Rechnung trägt, so überfordert man m. E. bereits in der Fragestellung die Möglichkeiten der Erforschung der wirtschaftlichen Entwicklung.

[31] Wobei $w = \frac{1}{1+k\,(v-p)} = \frac{1}{1+g}$ und A eine Konstante ist, die in Übereinstimmung mit dem Eingangswert K_0 zu bestimmen ist.

stationärer Zustand erreicht sei, führt zu einem negativen A[32]. Mit wachsendem t ergibt sich, analog der klassischen Wachstumstheorie, eine Verminderung des Abstandes der aktuellen wirtschaftlichen Situation von der Gleichgewichtslage.

Wir können nun fragen, wie eine Variation der Koeffizienten k, v und p die Lösung in ihren Teilen und in ihrer Gesamtheit verändert. Um die Vorteile einer mathematischen Fassung ökonomischer Theoreme auszunutzen, sei die Lösung zunächst nur im Hinblick auf die Auswirkungen einer Veränderung des zusammenfassenden Koeffizienten „g" diskutiert, der sowohl in der Wurzel „w" als auch in der Gleichgewichtslösung y_0 auftritt.

Wenn $g_1 > g_2$ so wird, weil $w = \frac{1}{1+g}$, $w_1 < w_2$, d. h. alle diejenigen Auswirkungen von Koeffizientenveränderungen, die eine Verminderung von g bewirken, führen zur Erhöhung der Wachstumsrate w. — Mutatis mutandis gilt dies auch für die Gleichgewichtslage; da $y_0 = \frac{P_0}{g}$, ergibt sich für $g_1 > g_2$, daß $y_{01} < y_{02}$ wird, d. h. jede Verminderung des Koeffizienten g bewirkt eine Erhöhung der Gleichgewichtslage. — Sollte $g < 0$ werden, so bedeutet dies, solange $|g| < 1$ bleibt, daß $w > 1$ wird. Die Veränderung der Gleichgewichtslösung bedarf in diesem Fall einer besonderen Analyse, da $P_0 > 0$ aus der Linearisierungsbedingung resultierte.

Das Zusammenwirken der Effekte einer Variation von g stellen wir zweckmäßigerweise an einem arithmetischen Beispiel dar; eine formale Diskussion würde überdies der durch den vorausgegangenen Verlauf bedingten Veränderung des Eingangswertes für den neuen Verlauf nur sehr schwierig Rechnung tragen können.

Mit der Annahme einer exogenen Variation von g, wie sie in der Tabelle 1 (S. 31) vorgegeben wird, bestimmt sich die Entwicklung des Kapitalbestands, wie in der Reihe b) dieser Tabelle aufgezeigt ist, wenn wir von einem Eingangswert $K_0 = 200$ während der ersten Periode ausgehen.

Das Ergebnis läßt sich wie folgt formulieren: Eine Verminderung von g, was nur ein anderer Ausdruck für eine Erhöhung von w ist, bedingt, wenn $g > 0$ bleibt, ein (abnehmendes) Wachstum der betrachteten Variablen, welches aber vergleichsweise absolut größer ist als das Wachstum mit kleineren w (größerem g), jedoch relativ, d. h. in bezug auf die Annäherung an das Gleichgewicht, vergleichsweise kleiner ist[33]. Wird g im Verlauf dieser exogen vorgegebenen Ver-

---

[32] Dies läßt sich mit $K_0 = \frac{1}{N} y_0$, $N > 1$, leicht verifizieren.

[33] Der Leser beachte, daß dies das Ergebnis einer komparativ-dynamischen Analyse ist.

Tabelle 1

a) Verlaufsbedingungen

I	II	III	IV	V ($P_0 = 100$)	
Verlauf Nr.	Periode	g	w	X_0	
1	1—5	0.25	0.8	400	Ergänzung siehe Tab. 2
2	6—10	0.111	0.9	909	
3	11—14	0.0	1.0	*)	
4	15—19	—0.091	1.1	*)	

*) homogene Differenzgleichung 1. Ordnung

b) Verlaufstypen*)

Periode	Kapitalbestand K_t	ΔK_t	Periode	Kapitalbestand K_t	ΔK_t
1	200		11	561	
2	240	40	12	561	0
3	272	32	13	561	0
4	298	26	14	561	0
5	318	20	15	617	56
6	377	59	16	679	62
7	430	53	17	747	68
8	478	48	18	821	74
9	521	43	19	903	82
10	561	40			

*) vergl.: Abbildung 4

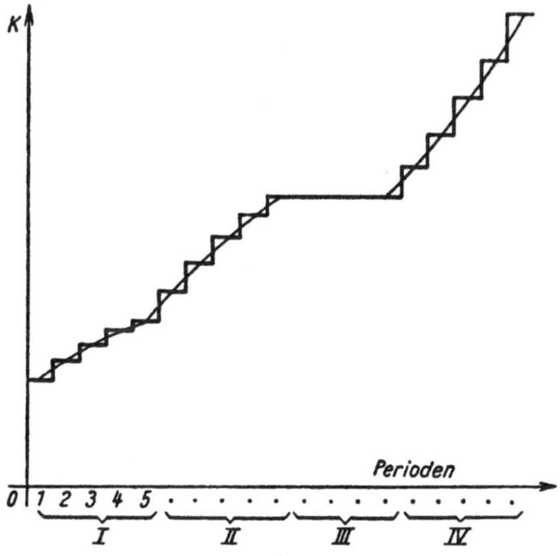

Abb. 4

minderung gleich null, so geht das tendenziell abnehmende Wachstum (von $g > 0$) in einen stationären Verlauf über; wird g sogar negativ, so wächst die betrachtete Variable mit wachsendem t schließlich über alle Grenzen.

Diese Aussagen sind in vieler Hinsicht überraschend, insbesondere, da nach dem ersten Blick auf die Lösung der Anteil w^tA, mit $K_0 < y_0$, ein subtraktives Glied darstellt, welches die Eigenschaft hat, mit vergleichsweise kleinerem w^t weniger zu subtrahieren, so daß ein stärkeres Wachstum mit kleinerem w verbunden zu sein scheint. Eine Veränderung von g zieht nicht nur eine von w, sondern auch eine, und zwar vergleichsweise stärkere Veränderung von y_0 nach sich, der eine noch stärkere Veränderung von A folgt. Dadurch wird die Tendenz von w erneut in die positive Richtung gebracht, so daß ein größeres w mit einem absolut stärkeren Wachstum einhergeht. Die wichtige Tatsache der verringerten Annäherungsgeschwindigkeit bleibt von der Betrachtung des Lösungsverhaltens in seiner Gesamtheit unberührt. Wenn auch das im Gefolge der vorgegebenen regelmäßigen Verminderung von g auftretende absolut größere Wachstum u. U. die Tendenz des abnehmenden Zuwachses zu kompensieren vermag (vgl. Abbildung 4, Ergebnis von Verlauf 1 und 2), so dürfte es gerade die Tendenz verminderter Annäherungsgeschwindigkeit sein, mit der sich Ricardo in seinem berühmten Kapitel „On Machinery“[34], wenn auch in völlig anderer Sprache, auseinandersetzt.

Damit aber haben wir die Frage nach der Variation der Koeffizienten v, k und p, resp. deren Einfluß auf g aufgeworfen. Bekanntlich war $g = k(v - p)$; somit ergeben sich die folgenden Größenrelationen:

1. Wenn der Koeffizient der Arbeitsintensität, k, kleiner wird, so vermindert sich g; $k_1 > k_2 \rightarrow g_1 > g_2$.
2. Wenn der Produktivitätskoeffizient, p, größer wird, so folgt daraus, daß g kleiner wird; $p_1 < p_2 \rightarrow g_1 > g_2$.
3. Wenn der Verbrauchskoeffizient, v, abnimmt, so ergibt sich eine Verminderung von g; $v_1 > v_2 \rightarrow g_1 > g_2$.

Diese Effekte ergeben sich bei einer vergleichenden Analyse, bei der die restlichen Koeffizienten konstant gehalten werden. Da die Variationen nicht alle gleichgerichtet auf g wirken, wird bei einer gleichzeitigen Variation mehrerer Koeffizienten gegebenenfalls das Ausmaß der Veränderung bestimmend sein. Die nachstehende Tabelle 2 ergänzt die Tabelle 1 derart, daß sie nunmehr die bei der Veränderung von g möglicherweise verursachende Veränderung von k, p oder v deutlich macht. Zusätzlich wurde ein Koeffizient s aufgenom-

---

[34] *Ricardo*, a.a.O., Chapter XXXI. Angemerkt sei nur, daß man auf ähnliche Weise auch den gesamten Verlauf des *Ricardianischen* Produktionsgesetzes approximieren kann.

men; dessen Veränderung bedingt genau die reziproke Variation von g, wie sie sich aus einer Veränderung von v ergibt.

Damit ist es leicht geworden, nahezu alle Sätze der klassischen Akkumulationstheorie dem Modell zu konfrontieren. Wir können hierauf nicht im einzelnen eingehen; nur einige, immer wieder vorgetragene Lehrsätze seien besonders betrachtet, um den Aussageinhalt der formalen Ableitungen etwas einsichtiger zu machen.

Tabelle 2*)

w_1	$<$	w_2	$<$	w_3	$<$	w_4
g_1	$>$	g_2	$>$	g_3	$>$	g_4
y_{01}	$<$	y_{02}				
k_1	$>$	k_2	$>$	k_3	$>$	k_4
p_1	$<$	p_2	$<$	p_3	$<$	p_4
v_1	$>$	v_2	$>$	v_3	$>$	v_4
s_1	$<$	s_2	$<$	s_3	$<$	s_4

*) Die Zeilen als Spalten gelesen, fügt sich die Tabelle an die Tabelle 1 an.

b) Klassisch-liberalen Gedankengängen war die Tugend der Sparsamkeit über jeden Zweifel erhaben. Ein Blick auf unser Modell macht dies voll verständlich. Geben sich die Menschen einer Wirtschaftsgesellschaft mit einem geringeren Verbrauch zufrieden (ohne daß dies negative Einflüsse auf ihre sonstige Situation, z. B. durch verminderte Geburtenhäufigkeit u. ä. hat), so bedeutet dies[35], weil g sich entsprechend vermindert, ein stärkeres Wachstum des Kapitalbestands. Die mögliche Verminderung des Verbrauchsfonds bedeutet eine Erhöhung des Sparfonds, der einen größeren Betrag des Produktionsergebnisses über die Akkumulation (Gleichung 2.6) dem Kapitalbestand zuführt (Gleichung 2.5). In dem Maße, in dem der Kapitalbestand erhöht wird, wird über die gleichzeitige Erhöhung der Resourcen die Produktion erhöht. Die klassische These, daß eine Verminderung des Konsums, d. h. eine Zunahme des Sparfonds (mittels komparativ größerer Akkumulation), ein stärkeres Anwachsen des Kapitalbestands und somit mehr Produktion und Beschäftigung nach sich ziehe, wird als von unserem Modell exakt reproduziert. Die negativen Auswirkungen einer Erhöhung des (unproduktiven) Verbrauchs — i. S. Ricardos — leiten sich mit umge-

[35] Nach Gleichung (2.1) und (2.3) ist die Ersparnis dann größer, wenn der Verbrauch pro Kopf der Bevölkerung kleiner wird.

kehrten Vorzeichen aus dem Gleichungssystem ab. Ein Verweis auf Ricardos Darlegungen über die Wirkungen der Steuern[36] soll die Analyse erhöhten Verbrauchs ersetzen. Einige über die früh-klassischen Lehren hinausführende Konsequenzen der akkumulationstheoretischen Hypothesen seien jedoch noch erwähnt. Wie wir feststellten bedingt eine Erhöhung der Ersparnisse ein stärkeres Wachstum der Produktion, zugleich aber auch eine Verminderung der Annäherungsgeschwindigkeit an das Gleichgewichtsniveau. Verminderter Verbrauch bedingt füglich ein stärkeres Wachstum des „wealth of a country", er verschiebt aber auch den Zustand der Stagnation, den „stationary state", weiter in die Zukunft. Könnte der Verbrauch gar soweit vermindert werden, daß die „Begrenzung der produktiven Kräfte durch die Gesetze der Natur"[37] unwirksam würde, so wäre einem kontinuierlichem Wachstum[38] keine Grenze gesetzt.

Damit aber sind die Möglichkeiten eines rascheren Wachstums (mit verminderter Gefahr des Übergangs in den stationären Zustand) der wirtschaftlichen Resourcen, sprich: des Kapitalbestands, nicht erschöpft. „By the improvements in machinery connected with the production of necessaries, as well as by discoveries in the science of agriculture"[39] werden die gleichen Wirkungen ausgelöst, die eine Verminderung des Verbrauchs im Gefolge hat. Wie die Tabelle 2 zeigte, ist eine Verminderung von k[40] von den gleichen Wirkungen begleitet, wie eine Erhöhung von p. Obwohl wir heute technischen Fortschritt[41] nicht notwendigerweise mit dem Übergang zu einer kapitalintensiveren Produktion gleichsetzen[42], so dürfte unabhängig davon ein stetiger Übergang von arbeitsintensiver zu kapitalintensiver Produktionsweise stattfinden[43]. Wachsende Verwendung von Kapitalgütern bei der Leistungserstellung wurde lange als das typische Merkmal der industriellen Entwicklung angesehen. Die klassische Theorie ließ nur eine positive Bewertung dieser Tendenz zu. Heute wissen wir, daß andere von der zunehmenden Kapitalisation ausgehende Wirkun-

---

[36] *Ricardo,* Chapter VIII.

[37] *Ricardo,* Chapter VI; bei uns $v > p$ und $P_0 = \text{const.}$

[38] Verlauf 4 der Abbildung 4, S. 31.

[39] *Ricardo,* Chapter VI.

[40] Man beachte, daß $k = \frac{M}{K}$ ist; arbeitsintensive Produktionsweise ist durch einen großen Wert, kapitalintensive durch einen kleinen Wert des Koeffizienten k bestimmt.

[41] i. S. d. "improvements in machinery".

[42] Vgl. die kategorielle Unterscheidung von *Harrod,* R. F., op. cit., S. 34 f.

[43] Typisch dafür ist nicht nur die Mechanisierung in der Agrarproduktion, sondern in besonderem Maße die anhaltende Auswertung und Kapitalisation der tertiären Produktion. (Vgl. z. B. *Fisher,* Allan G. B.: A Note on Tertiary Production; E. J., Vol. 62, 1952, bes. S. 829 oder *Fourastié,* Jean: Le grand espoir de vingtième siècle, Paris 1950[2].)

gen, vor allem die engere und spezifische Verflechtung der Produktionszweige und die Auswirkungen dieser auf die Labilität des Systems, von vergleichsweise größerer Bedeutung sind. Die klassische Theorie — mit dem Prinzip des dem Fonds an produktiven Faktoren genau entsprechenden Produktionsvolumens — kann solchen Gesichtspunkten nicht Rechnung tragen.

5. Zusammenfassende Würdigung der klassisch-liberalen Entwicklungstheorie

Der vorstehenden Modellanalyse wird trotz der ungewohnten Form kaum der Vorwurf mangelnder theoriengeschichtlicher Treue gemacht werden können[44]. Ihr Zweck war primär methodischer Art; es sollte nämlich gezeigt werden, wie durch das hier angewandte Verfahren die analytischen Urteile der liberalen Klassiker genau so wiedergegeben werden können, wie wir es von der gegenwärtigen Theorie gewohnt sind. Die spezifischen gegenseitigen Abhängigkeiten in der Strukturbeziehung, deren Prinzipien die Modellkonstruktion ebenfalls deutlich machte, zeigten, daß die Stabilität des Systems eine logische Folge der klassisch-liberalen Hypothesen ist. Im Vergleich mit den jüngeren Modellkonstruktionen wird man durch die von uns gewählte Darstellungsweise leicht erkennen, daß die Wirksamkeit des „general principle" Ricardos[45] letztlich über Stabilität oder Instabilität entscheidet.

Obwohl sich zeitgenössische und spätere Nationalökonomen wiederholt kritisch gegen die klassisch-liberale Hypothese, daß die effektive Nachfrage niemals unzulänglich sein könne, wandten, blieb diese Annahme über hundert Jahre Bestandteil der herrschenden Lehre. Bekanntlich hat insbesondere Malthus das „Prinzip des effektiven Angebots" wiederholt angegriffen. Seine Beobachtungen gaben ihm keine Anhaltspunkte für die Gültigkeit der Ricardo-Sayschen Hypothese, derzufolge es kein ungenutztes Kapital gibt. Die mangelnde Beschäftigung vorhandenen Kapitals glaubt er durch „Übersparen" erklären zu können, „denn wenn es also sicher ist, daß eine hinreichende Neigung zum Verbrauch das richtige Verhältnis zwischen Angebot und Nachfrage ohne Rücksicht auf die Produktionskräfte vollständig aufrecht erhalten kann, so scheint es ebenso sicher, daß ein übermäßiger Spartrieb unvermeidlich zu einem übermäßigen Angebot an Waren führen muß, die sich nach der Zusammensetzung und den Gewohnheiten einer solchen Gesellschaft nicht mehr vollständig

---

[44] Wie *Harrod,* op. cit., S. 27, dargelegt hat, sind gerade statische Fassungen der Akkumulationstheorie der Konzeption der Klassiker inadaequat.

[45] *Ricardo,* a.a.O., Chapter XXI (S. 195).

mit Nutzen verbrauchen lassen"[46]. Es kann also sein, daß „die dauernde Verteilung des Ertrags und die dauernden Gewohnheiten und Neigungen des Volkes einer wirksamen Nachfrage und einem reichlichen Verbrauch nicht günstig sind"[47]. Obwohl er damit den geeigneten Ansatzpunkt für eine Kritik der Ricardoschen Thesen berührt hat, konzediert er die Nützlichkeit der Ersparnisse innerhalb gewisser Grenzen. Lediglich gibt es keine Sicherheit für deren Einhaltung[48]. Auch Ricardo sieht eine enge Beziehung zwischen Konsumtion und Produktion. Da es aber unwahrscheinlich ist, daß das Kapital eines Landes vollständig für die Produktion lebensnotwendiger Güter eingesetzt werden muß, gab es für ihn keinen Grund, den von Malthus wiederholt erörterten Zustand, der Ricardo als Extremfall erschien, zum Ausgangspunkt seiner Erörterungen zu machen, m. a. W., sein „general principle" aufzugeben[49]. Keynes[50] meinte daher wohl mit Recht, Malthus Hauptschwäche sei darin zu suchen, daß ihm eine Erklärung, wie und warum die effektive Nachfrage mangelhaft oder übermäßig sein könne, nicht gelang[51]. Solange die Erkenntnisse der modernen Kredittheorie fehlten, mußte die Bereitstellung einer alternativen theoretischen Konstruktion mißlingen, da m. E. erst auf diesen aufbauend, die Unabhängigkeit der Investitions- von den Sparentscheidungen erkannt werden konnte[52].

Es fällt aus dem Rahmen dieser Untersuchungen, die theoriengeschichtliche Entwicklung in der an der Ricardianischen Theorie skizzierten Weise weiter zu verfolgen und so den langen Weg aufzuzeigen, der schließlich zur Preisgabe des „Prinzips des effektiven Angebots" führte. Lediglich ein System sei kurz erwähnt, welches in seiner Frage nach der sozial-ökonomischen Dynamik, wie A. Lowe erneut gezeigt hat, im echten Sinne klassisch ist, sich in seinen Ergebnissen zu der liberalen Gedankenwelt Ricardos aber antithetisch verhält: die Marxsche Analyse der kapitalistischen Entwicklung. Auch Marxens Thesen beziehen sich auf die Entwicklung von Wirtschaft und Gesellschaft; der liberalen Theorie widerstreitend, behauptet er jedoch, daß dem System mit Notwendigkeit Schwankungen inhärent seien. Die dem kapitalistischen System innewohnende Instabilität sei

---

[46] *Malthus*, R.: Grundsätze der politischen Ökonomie mit Rücksicht auf ihre praktische Anwendung; (Übers. der 2. Auflage: V. *Marinoff*), Berlin 1910, S. 431.

[47] ebendort, S. 506.

[48] ebendort, Vorwort.

[49] *Ricardo*, a.a.O., Chapter XXI (S. 195).

[50] Vgl. *Keynes*, J. M.: The General Theory of Employment, Interest, and Mony, (London 1936, zitiert wird der Neudruck) London 1951, S. 32.

[51] Vgl. auch: *O'Leary*, James: Malthus and Keynes; J. P. E., Vol. L, 1942, S. 901.

[52] Vgl. *Klein*, L. R.: The Keynesian Revolution, New York 1947, S. 126.

sogar unbegrenzt, so daß die endgültige Selbstzerstörung offenkundig sei.

Wenn wir auch heute weder geneigt sind, die klassisch-liberalen noch die klassisch-sozialistischen Theorien zu akzeptieren, so ist doch ihre Bedeutung für die Entwicklung der ökonomischen Theorie unbestreitbar. Schumpeters Würdigung der Marxschen Leistung erscheint uns insoweit zwar wohl begründet[53], aber zu allgemein[54]. Weder Ricardos noch Marxens analytische Bedeutung schmälernd, kann nämlich von der Entwicklung der modernen Wirtschaftstheorie gesagt werden, daß sie sich einerseits von der klassischen Sozialökonomik durch die Begrenzung ihrer Fragestellung unterscheidet. Wie bereits betont, fragten alle Klassiker nach der Gesamtheit der gesellschaftlich-wirtschaftlichen Bewegungsgesetze, eine Frage, die noch heute in neuklassischer Tradition zugunsten der Analyse der ökonomischen Bewegungsgesetze völlig vernachlässigt wird. Andererseits huldigten die liberalen Theoretiker einem naiven Optimismus der gesellschaftlichen Entwicklung, der auf dem akkumulationstheoretischen Automatismus gründete, und stellt Marxens gesellschaftliche Dialektik die Grundlage seiner chiliastischen Thesen über die zukünftige historische Entwicklung dar. Dieser allgemeine „klassische Optimismus" in Fragen der gesellschaftlichen Entwicklung ist aber, wenn wir die Aussagen der gegenwärtigen Wirtschaftstheorie und die Ansätze für ihre weitere Entwicklung nicht gründlich mißverstehen, durch das Bestreiten einer optimal wirkenden Automatik im wirtschaftlichen und gesellschaftlichen Bereich überwunden worden. Nur scheinbar wohnt der uns zeitgenössischen Idee der stets und allgemein interventionsbedürftigen wirtschaftlich-gesellschaftlichen Entwicklung eine optimistische Grundhaltung inne. Kennzeichnend ist ja nicht die — sogar begrenzte — Gestaltungsfähigkeit, sondern die allumfassende Gestaltungsaufgabe, deren Schwierigkeiten und Antinomien[55] eine den klassischen Ideen konträre Haltung bedingen. Wie sehr diese Haltung für den Menschen der Gegenwart typisch ist, zeigt die intuitive Deutung des Charakters

---

[53] *Schumpeter*, Joseph A. führt in: Kapitalismus, Sozialismus und Demokratie; (Übers. d. amerik. Ausgabe von 1942 durch S. *Preiswerk*, Bern, 1946) aus: „So war der Autor so vieler falscher Auffassungen *(Marx)* auch der erste, der im Geiste vor Augen sah, was auch in der Gegenwart noch immer die Wirtschaftstheorie der Zukunft ist, für die wir langsam und mühselig Steine und Mörtel, statistische Fakten und Funktionsgleichungen zusammentragen".

[54] Bezüglich der Probleme des wirtschaftlichen Wachstums findet der Leser eine knappe Würdigung der *Marx*schen Ideen in: *Hamberg*, D.: Economic Growth and Instability, New York 1956.

[55] Vgl. *Neumark*, Fritz: Antinomien interventionistischer Wirtschaftspolitik und Möglichkeiten ihrer Überwindung; Zeitschrift f. d. g. Staatswissenschaften, Bd. 108, 1952, H. 4, S. 577 ff.

jener Gestaltungsaufgabe durch Albert Camus[56], der sie — als immer wieder gestellt — durch den Mythos von Sisyphos symbolisiert. Nur die Kenntnis von Gegenstand *und* Ziel jener Gestaltungsaufgabe läßt uns ihr gerecht werden. Die hier vorgetragene Untersuchung muß sich dennoch auf einzelne Aspekte des erstgenannten beschränken.

---

[56] *Camus*, Albert: Der Mythos von Sisyphos. — Ein Versuch über das Absurde. (Übers. der franz. Ausgabe durch *Brenner & Rasch*, Bad Salzig und Düsseldorf, 1950.)

C. Die Analyse der volkswirtschaftlichen Strömungsgrößen

1. Die Zweifel an klassischen Prinzipien

Die herrschende Lehre war in ihrer Haltung zu den klassisch-liberalen Theorien weder von den Malthusschen Einwänden noch den Marxschen Ansätzen beeinflußt. Vielmehr war die weitere Entwicklung von der Vorstellung beherrscht, die makroökonomischen Vorgänge seien als ein System mikroökonomischer Tauschbeziehungen zu beschreiben, weil nur eine kasuistische Analyse die Vielzahl möglicher Fälle bewältigen könne. Den vollkommensten Ausdruck fand diese Idee in den statischen Systemen des Tauschgleichgewichts aller Güter einer Volkswirtschaft, wie sie von Walras und Pareto konzipiert wurden. Soweit außerhalb der sozialistischen Literatur den Schwankungen der wirtschaftlichen Aktivität Aufmerksamkeit geschenkt wurde, suchte man die Erklärung in exogenen, lediglich Krisen verursachenden Ereignissen und lehnte sich damit eng an die klassisch-liberale Theorie an.

Nach Juglars[1] Nachweis der Gleichartigkeit der sich regelmäßig wiederholenden zyklischen Schwankungen häuften sich die mehr oder weniger ausgebauten Versuche zur Erklärung der Zyklen. In zunehmendem Maße wurden im Rahmen einzelner typischer Gruppen von Konjunkturtheorien[2] die im Verlauf der zyklischen Schwankungen auftretenden Effekte analysiert. Auf diese Weise konnte zwar ein anschauliches und vielgestaltiges Bild der wirtschaftlichen Wechsellagen ermittelt werden, eine Integration der Hypothesen mit der allgemeinen Wirtschaftstheorie gelang aber nicht. Deshalb ist es verständlich, daß viele der durch diese Forschungen aufgezeigten Effekte noch heute des Einbaues in die dynamische Theorie harren. Bis jetzt ist diese im wesentlichen auf die Ergebnisse der Diskussionen über die zeitlichen Wirkungen des Sparens und Investierens gestützt. Zunächst trugen damit die monetären Konjunkturtheorien, insbesondere deren Erkenntnisse über den Kreditmechanismus, zur Klärung der dynamischen Vorgänge bei. Daneben haben die Unterkonsumtions- und Überinvestitionstheorien Bausteine geliefert.

---

[1] *Juglar*, C.: Des crises commerciales et de leur retour périodique en France, en Angleterre et aux Etat-Unis, Paris 1889².

[2] Vgl. *Haberler*, G.: Prosperität und Depression (Übers. d. 3. amerik. Auflage v. 1941 durch H. G. *Bieri*), Bern 1948, insbes. Teil I.

Nach dem gegenwärtigen Stand unserer Wissenschaft ist es möglich, in systematischer Analyse aus diesen scheinbar heterogenen Bestandteilen eine moderne Theorie des Kernprozesses zu konzipieren[3], die keine Fortentwicklung einer der vorerwähnten Konjunkturtheorien darstellt, sondern eher die große Tradition der allgemeinen makroökonomischen Theorie fortsetzt, deren Untersuchungsobjekte die Bewegungsgesetze der Volkswirtschaft sind. — Im folgenden werden Prinzipien und Elemente der neueren Theorie des Kernprozesses, wie sie in der theoriengeschichtlichen Entwicklung entstanden sind, kurz skizziert. Gelegentlich wird dabei die Darstellung der Theoriengeschichte zugunsten der Vorbereitung späterer Erörterungen in den Hintergrund treten müssen.

2. Der Kreditmechanismus

a) Im Zusammenhang mit der Darstellung der klassischen Entwicklungsgesetze war die akkumulationstheoretische Hypothese, daß alle Ersparnisse zur Kapitalbildung beitragen, gewürdigt worden. Diese Hypothese ging als Definitionsgleichung in das Modell der klassischen Strukturrelationen ein[4], da sie ihre Begründung in den von uns nicht näher analysierten, aus dem Rationalprinzip deduzierten, tauschwirtschaftlichen Reaktionsformen findet. Gleichzeitig wurde die axiomatische Verwendung jener Aussage bei Ricardo und in der späteren klassisch-liberalen Kapitalbildungstheorie betont. Dies besagt aber nicht, daß die klassisch-liberalen Theoretiker keinerlei Bedürfnis nach einer Begründung dieser Aussage empfanden. Sie sahen diese lediglich als so unbedingt gesichert an, daß es, wie Gestrich[5] meinte, ein Wagnis darstellte, diese Auffassung zu kritisieren.

Wie sollte es möglich sein, daß der Zins die Ersparnisse, die sich als Kreditangebote zeigten, nicht mit der Investition, d. h. den für die Zwecke der Kapitalbildung nachgefragten Krediten in Übereinstimmung bringt? Da ja mit erhöhten Ersparnissen der Zins sinkt, die Akkumulation rentabler wird und deshalb die Kapitalnachfrage sich ebenfalls erhöht, werden sich beide Größen genau so lange verändern, bis sie einander gleich sind; m. a. W.: bei gegebenem Sparvolumen wird der Preis des Kredits so lange absinken, bis die Investitionskreditnachfrage die angebotene Kreditmenge absorbiert. Dann aber bedeutet jede Erhöhung des Kapitalbestands eine Erhöhung

---

[3] Auch in dieser Hinsicht steht *Keynes'* "General Theorie" am Anfang der modernen makroökonomischen Theorie, denn er hat sich in diesem Werk, wie er im Vorwort zur französischen Übersetzung selbst zum Ausdruck bringt, vor einem wohlverstandenen Eklektizismus keineswegs gescheut.

[4] Vgl. oben Seite 28, Gleichung (2.6).

[5] *Gestrich*, Hans: Kredit und Sparen, Godesberg 1947.

der angebotenen Produktionskräfte, der eine Steigerung des Produktionsergebnisses folgt.

Die Funktion des Bankensystems ist dieser Theorie zufolge auf die Vermittlung zwischen Kreditangebot und -nachfrage, sowie die Anpassung des Geldvolumens beschränkt. Gesteigerte Umsätze verlangen eine größere Geldmenge, die das Bankensystem im wesentlichen durch Wechseldiskontierung bereitstellt. Würden nur die genannten Funktionen vom Bankensystem wahrgenommen, also keinerlei Investitionskredite „ad hoc" geschaffen, so würde tatsächlich vermutet werden können, daß sich auf dem Kreditmarkt, der seiner Struktur nach einer der wenigen homogenen Märkte unserer Wirtschaftsgesellschaft ist und eine vergleichsweise große Reaktionsgeschwindigkeit aufweist, mit dem Ausgleich von Kreditangebot und -nachfrage auch immer die Spar- und Investitionsvolumina ausgleichen. Tatsächlich aber gewähren die Geschäftsbanken selbst regelmäßig Investitionskredite, „und sie haben es immer getan, bewußt oder unbewußt"[6]. Es bedurfte eines verhältnismäßig langen Weges, bis sich die herrschende Lehre von der klassischen kreditwirtschaftlichen Hypothese löste und die Fähigkeit des Bankensystems, Finanzierungsmittel zu Investitionen bereitstellen zu können, anerkannt wurde. Wicksells[7] Unterscheidung zwischen Geldzins und natürlichem Zins wird von Gestrich an den Anfang der modernen Kredittheorie gestellt. Die Forschungen Hartley Withers', Ch. A. Philipps', insbesondere aber L. Albert Hahns, sowie der sog. „Neueren Schwedischen Schule" und einer großen Reihe englischer Nationalökonomen haben die Grundlage der neuen Kredittheorie vermittelt. Da diese zum Allgemeingut der theoretischen Nationalökonomie geworden ist, erscheint ihre Darstellung in diesem Rahmen fehl am Platze; nur die für die weitere Analyse bedeutenden Erkenntnisse seien aufgeführt.

b) Die Banken gewähren nicht nur Umsatzkredite, sondern auch Investitionskredite. Das Ausmaß der Kreditgewährung ist allein vom Liquiditätsstatus abhängig, wobei das Bankensystem in seiner Gesamtheit bei der Kreditgewährung vom Spareinlagenzufluß unabhängig ist. Der Geldstillegung durch das Sparen tritt durch die Finanzierung der Investitionen mit der Hilfe des Bankkredites eine Geldschöpfung gegenüber, die sich in Form von Einkommenszahlungen auf die gesamte Wirtschaft auswirkt. Die gewährten Investitionskredite werden dann entweder aus den Unternehmereinkommen oder aus nicht-liquide Vermögen bildenden Einkommensverwendungen zurückgezahlt. Hierbei spielt die Disposition nichtkonsumierter Einkommens-

---

[6] *Preiser*, Erich: Der Kapitalbegriff in der neueren Theorie. J. f. N. St., 1953, Bd. 165, H. 4, S. 241 ff., loc. cit. S. 253.

[7] *Wicksell*, Knut: Geldzins und Güterpreise. Jena 1898.

teile zum Erwerb neu-emittierter Wertpapiere eine hervorragende Rolle. Die Banken können in diesem Fall (welcher endgültige Finanzierung der Investitionen über den Kapitalmarkt darstellt), mit genau den gleichen Auswirkungen auf ihren Liquiditätsstatus aus dem Investitionskreditgeschäft ausscheiden, wie sie sich bei der Rückzahlung der Kredite aus Unternehmereinkommen ergeben[8]. Für den volkswirtschaftlichen Prozeß ist erst in zweiter Hinsicht bedeutungsvoll, daß sich bei der Finanzierung über den Kapitalmarkt der Verteilungsvorgang der neuen, nichtliquiden Vermögen möglicherweise anders gestaltet, als wenn die Unternehmereinkommen die einzige Finanzierungsquelle darstellen. Wesentlich ist nur, daß in beiden Fällen der anfängliche Liquiditätsstatus des Bankensystems wieder hergestellt wird, so daß (bei vorhandener Investitionskreditnachfrage) der geschilderte Vorgang kontinuierlich und nur von der durch den Liquiditätsstatus gegebenen Kreditschöpfungsgrenze beschränkt, erfolgen kann. Die Grenze der Kreditexpansionsmöglichkeit ist, genauer gesagt, in der für unsere Untersuchung bedeutsamen Geldverfassung allein abhängig von der Größe der Überschußreserve, von der Höhe des Mindestreservesatzes und den Zahlungssitten des Publikums[9]. Da aber lediglich die Zahlungssitten des Publikums nicht oder nur sehr wenig durch den Willen der Zentralbank eines Bankensystems bestimmt werden können, während die beiden anderen Bestimmungsfaktoren nahezu vollständig beherrscht werden, ist die Kreditschöpfungsmöglichkeit letztlich eine völlig freie Variable des volkswirtschaftlichen Prozesses. Sie ist insbesondere, wie im Anschluß an Schneider nochmals betont werden soll, „in keiner Weise durch die Höhe der Ersparnis begrenzt oder von dieser abhängig“[10]. Definiert man Sparen ganz allgemein im Sinne der nicht-konsumtiven Verwendung von Einkommensteilen, so können gewisse Formen, in denen dieses Sparen auftritt (so vor allem die Bargeldhortung, ggf. auch die Depositenhortung), sogar auf die Ausdehnung des Kreditvolumens hemmend wirken[11].

c) Wenn auch die Zentralbank die Grenze der Kreditexpansion beherrscht, so beherrscht sie damit nicht in jedem Falle das Ausmaß der tatsächlichen Kreditgewährung. Folgt nämlich die Kreditgewährung der Kreditnachfrage, so wird die obere Grenze und der durch die Zentralbank damit ausgeübte Einfluß erst von Bedeutung, wenn die Kreditnachfrage diese Grenze erreicht und/oder zu überschreiten tendiert. Ob tatsächlich die Kreditschöpfungsmöglichkeit ausgenutzt

---

[8] Vgl. *Preiser*, E.: a.a.O., S. 256 f.

[9] *Schneider*, Erich: Einführung in die Wirtschaftstheorie, III. Teil: Geld, Kredit, Volkseinkommen und Beschäftigung, Tübingen 1952[1], S. 42.

[10] *Schneider*, Erich: a.a.O., S. 47.

[11] Vgl. insbes. *Gestrich*, H.: a.a.O., S. 113 ff.

wird, hängt einzig und allein vom Ausmaß der Kreditnachfrage, d. h. einzig und allein von den hierfür bestimmenden Faktoren ab. Solange, m. a. W., das Kreditvolumen die Kreditexpansionsgrenze nicht erreicht hat, können wir annehmen, daß die Kreditgewährung der Kreditnachfrage folgt. Das Ausmaß der tatsächlichen Kreditgewährung ist dann nur von der Nachfrage nach Krediten abhängig. In diesem Falle kann man sagen, daß die Kreditelastizität des Bankensystems, e_{KR}, also das Verhältnis zwischen der Veränderung der tatsächlichen Kreditgewährung, KG, und der sie bedingenden Veränderung der effektiven Kreditnachfrage, KN, gleich Eins sei; oberhalb der erwähnten Kreditexpansionsgrenze ist die Kreditelastizität kleiner als Eins, ggf. gleich Null[12].

Aus der in der Einleitung gegebenen Abgrenzung unserer Untersuchung[13] ging hervor, daß wir keine vollständige dynamische Analyse des Kreditmechanismus geben. Da jedoch die Auswirkungen jenes dynamischen Partialsystems die Ergebnisse der Untersuchung des Kernprozesses mitbestimmen, seien einige Annahmen für die weitere Darstellung gemacht. Es dürfte sehr schwierig sein, ohne eine genaue komparativ-dynamische Analyse gute Setzungen über die Prozesse des volkswirtschaftlichen Kreditsystems zu gewinnen. Die Beobachtungen der zyklischen Schwankungen der Wirtschaft können uns nur wenig Anhaltspunkte geben, da ja die Kreditexpansionsgrenze und somit u. U. auch die Kreditelastizität fast allein von den Entscheidungen der Zentralbank bestimmt wird und deshalb grundsätzlich von dem gegebenen Niveau der wirtschaftlichen Aktivität unabhängig ist[14]. Unsere vereinfachenden Annahmen seien jedoch dahingehend formuliert, daß, wenn nicht ausdrücklich anderes gesagt wird, die Vorgänge des Kreditsystems keinerlei hemmenden Einfluß auf den dynamischen Kernprozeß ausüben sollen oder, anders ausgedrückt, stets eine Kreditelastizität von Eins vorliegt.

3. J. M. Keynes' Rückkehr zur Analyse von Aggregaten und das „Prinzip der effektiven Nachfrage"

a) Die Erschütterung in der Wertschätzung des Sparens, die von den neueren kreditwirtschaftlichen Erkenntnissen ausging, befruchtete die Diskussionen der Nationalökonomen besonders in den dreißiger Jahren dieses Jahrhunderts. Der Fundamentalsatz, daß jeder Sparakt — im

---

[12] Man achte darauf, daß für die Kreditelastizität gilt:

$$o \leqq e_{KR} = \frac{d\ KG}{d\ KN} \cdot \frac{KN}{KG} \leqq 1.$$

[13] Vgl. oben S. 14.

[14] Dies besagt nicht, das sie ggf. nicht doch durch gewisse Institutionen mit jenem korreliert wird.

Sinne der Nichtverausgabung von Einkommensteilen für Konsumzwecke — den kreislaufaktiven Geldstrom vermindert, rückte die Spar- und Investitionsprobleme in den Mittelpunkt der theoretischen Erforschung der wirtschaftlichen Wirklichkeit. Investition, definiert als die Veränderung des Kapitalbestands oder genauer gesagt, als die Veränderung des Bestands produzierter Produktionsmittel, setzt die Gewährung von Krediten voraus. Das besagt aber, daß durch die Investitionstätigkeit die kreislaufvermindernde Wirkung der Ersparnisse teilweise oder ganz kompensiert, ja evtl. überkompensiert werden kann. Als eines der wichtigsten Probleme mußte daher die Gleichheit oder Ungleichheit von Sparen und Investieren erscheinen.

Auch Keynes muß ursprünglich dieser Auffassung gewesen sein, denn er wählte noch im „Treatise on Money" eine Definition der volkswirtschaftlichen Größen[15], die es gestattete, die Schwankungen der wirtschaftlichen Aktivität letztlich als Ergebeis der aus der Divergenz von Sparen und Investieren resultierenden Unternehmergewinne (windfall-profits) zu erklären. Die den Hypothesen des „Treatise" zugrundeliegende Reaktionsstruktur hat für die neuere Entwicklung der ökonomischen Theorie bei weitem nicht die Bedeutung gewonnen, wie sie den Hypothesen der „General Theory" zukommt[16]. Von nachhaltiger Wirkung war lediglich, daß Keynes bereits im „Treatise" die Aufmerksamkeit der Nationalökonomen erneut auf die Analyse von Aggregaten lenkte.

Erst in der „Allgemeinen Theorie" vermochte Keynes die Erkenntnisse der modernen Kredittheorie zum integrierenden Bestandteil der neuen makroökonomischen Theorie zu machen, ohne auf die Divergenz von Sparen und Investieren zurückgreifen zu müssen. Die Voraussetzung hierfür war, daß es ihm gelang, die Theorie einer Reaktionsstruktur zu entwickeln, die — im Gegensatz zur seither vorherrschenden Wirtschaftstheorie — die Wirksamkeit des „Prinzips der effektiven Nachfrage" erklärte. Der größte Teil der sich an Keynes anschließenden Untersuchungen trägt diesem Prinzip lediglich implizit, nämlich nur durch die stillschweigende Übernahme der Strukturrelationen der „Allgemeinen Theorie" Rechnung. Da das Prinzip für die weiteren Untersuchungen aber von so ausschlaggebender Bedeutung ist, müssen wir der unter diesem Blickwinkel revolutionären Idee der Keynesschen Theorie etwas größere Aufmerksamkeit schenken. Die Spar- und Investitionshypothesen dieser Theorie sind dagegen für die Theorie des dynamischen Kernprozesses von vergleichsweise unter-

[15] *Keynes*, J. M.: A Treatise on Money, London 1930. Hier definierte *Keynes* Sparen als „ausgezahlte Einkommen (ohne Unternehmergewinne) minus Konsumtion" und den Marktwert der Investition als „Gesamteinkommen (einschl. Unternehmergewinne) minus Konsumtion".

[16] Vgl. auch *Keynes*' Haltung zu seinen Definitionen aus dem „Treatise" in der „General Theory", a.a.O., S. 60 f.

geordneter Bedeutung, so daß sie lediglich der Vollständigkeit halber und deshalb sehr kurz in die folgende Darstellung aufgenommen werden.

b) Das in einer Wirtschaftsgesellschaft vorhandene Beschäftigungsvolumen führt sowohl zu einem Gesamteinkommen, als auch zu einer gesamtwirtschaftlichen Ausbringung. Keynes definierte dieses Gesamteinkommen als die Summe sämtlicher Faktorkosten und des gesamtwirtschaftlichen Gewinnes, welcher nach Abzug der Aufwendungen für Vorlieferungen[17] von dem Wert der Ausbringung verbleibt[18]. Dieses Gesamteinkommen bezeichnet er auch als den Ertrag der gegebenen Beschäftigung. Der Gesamtangebotspreis der Ausbringung stellt andererseits die Ertragserwartungen dar, die die Unternehmer veranlassen, diese Beschäftigung zu gewähren, m. a. W., das Beschäftigungsvolumen ist unter den gegebenen Produktionsbedingungen[19] abhängig von dem Ertrag, den die Unternehmer aus der dem Beschäftigungsniveau entsprechenden Ausbringung erwarten. Die Gesamtangebotsfunktion definiert die Beziehung zwischen dem Gesamtangebotspreis, Z, und der zugehörigen Beschäftigung, N, so daß diese Funktion $Z = z(N)$ geschrieben werden kann. Die Beziehung zwischen dem Ertrag, D, den die Unternehmer von einer Beschäftigung, N, erwarten und der Beschäftigung selbst, also die Funktion $D = d(N)$, bezeichnet Keynes entsprechend als Gesamtnachfragefunktion. Wenn nun bei einer bestimmten Beschäftigung N_1 der erwartete Ertrag (D) größer ist als der Gesamtangebotspreis der Ausbringung (Z) bei jener Beschäftigung, so ist für die Unternehmer ein Anreiz gegeben, die Beschäftigung über jenes Volumen hinaus auszudehnen, et vice versa. Sie werden dies solange tun, bis bei einem gewissen Beschäftigungsvolumen (N_2), der Gesamtangebotspreis und der erwartete Ertrag resp. das Gesamteinkommen einander gleich sind. Das Beschäftigungsvolumen N_2 ist also bestimmt durch den Schnittpunkt der Gesamtangebots- und der Gesamtnachfragefunktion (vgl. Abbildung 5, in der aber nur die linearen Approximationen wiedergegeben sind).

Den Wert, den der erwartete Ertrag im Schnittpunkt der beiden Funktionen hat, nennt Keynes die effektive Nachfrage, ED[20].

---

[17] *Keynes:* „user cost"; diese Aufwendungen werden in der deutschen Übersetzung anders als obenstehend, und zwar zumeist als „Gebrauchskosten" beschrieben. Beide Ausdrücke geben die angelsächsische Vorstellung nicht genau wieder, die die Kosten für den Einsatz der in der Volkswirtschaft vorhandenen Resourcen damit zu kennzeichnen beabsichtigt.

[18] Vgl. *Keynes*, J. M.: General Theory ... Chapter 3 (S. 23 f.) und Chapter 6 (S. 52 ff.), sowie den Anhang hierzu.

[19] *Keynes* nennt ausdrücklich: einen gegebenen Stand der Technik, der Resourcen und der Faktorkosten.

[20] Vgl. *Keynes*, a.a.O., S. 25.

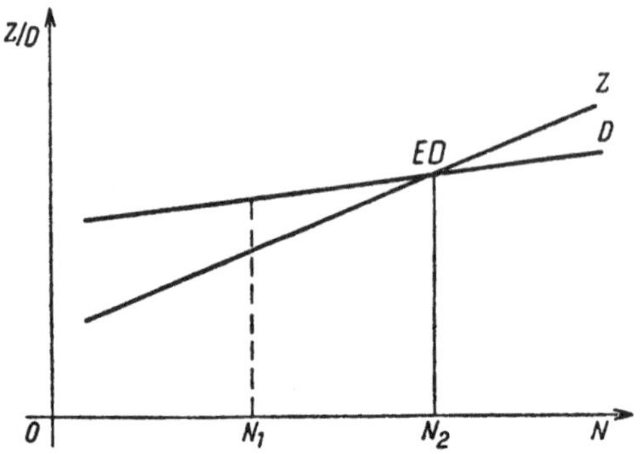

Abb. 5

Durch diese Bestimmung des Niveaus der Beschäftigung und damit des Ausmaßes der Produktion resp. der Ausbringung läßt sich erkennen, welches der fundamentale Unterschied zwischen der Keynesschen und der klassischen Strukturhypothese ist. Bei Keynes können die Werte der Gesamtangebots- und der Gesamtnachfragefunktion bei verschiedenen Beschäftigungsniveaus voneinander divergieren, und zwar derart, daß sie nur am Punkte der effektiven Nachfrage übereinstimmen. Lediglich das bei dieser Beschäftigung mögliche Produktionsvolumen wird realisiert, d. h. nachgefragt und abgesetzt. Die Klassiker nahmen hingegen an, daß stets das überhaupt mögliche Produktionsvolumen realisiert werde oder/und daß die Gesamtangebots- und Nachfragefunktionen für jedes Beschäftigungsniveau übereinstimmen. Die letztgenannte Annahme wird zwar in der vorstehend wiedergegebenen klassischen Struktur nicht unmittelbar zum Ausdruck gebracht, läßt sich aber nachträglich mit der folgenden Überlegung nachweisen. In jenem System ist das Produktionsergebnis abhängig von den vorhandenen Resourcen. Jeder nicht für Konsumzwecke nachgefragte Teil der Ausbringung wird akkumuliert und damit zur Vermehrung der Bevölkerung verwendet, bis schließlich — unter den gegebenen Produktionsbedingungen — das gesamte angebotene Produktionsergebnis gerade die vorhandene Bevölkerung zu alimentieren in der Lage ist, m. a. W., bis die von der Bevölkerung enfaltene Nachfrage die durch ihre produktive Beschäftigung erstellte Ausbringung vollständig absorbiert. Keynes' Hypothesen über die effektive Nachfrage lassen hingegen von Anfang an offen, welches Beschäftigungsniveau tatsächlich realisiert wird. Es kann sein, daß Gesamtnachfragefunktion und Gesamtangebotsfunktion genau bei jenem Beschäftigungsniveau einander gleich sind, bei dem alle vorhandenen Arbeitskräfte eingesetzt werden. Es kann aber auch sein, daß die effektive Nachfrage nicht hinreicht, die erwarteten Erträge bei voller

Beschäftigung aller vorhandenen Arbeitskräfte mit dem Angebotspreis der Ausbringung bei jener Beschäftigung in Übereinstimmung zu bringen. In diesem Fall werden vorhandene Arbeitskräfte unfreiwillig ohne Beschäftigung sein[21]. Das „Prinzip der effektiven Nachfrage" können wir somit dahingehend formulieren, daß das Ausmaß der effektiven Nachfrage, d. h. aber, Größe und Zusammensetzung des erwarteten Ertrags, bei gegebener Gesamtangebotsfunktion das Beschäftigungsvolumen und damit das tatsächliche Volumen der Ausbringung und des Einkommens bestimmen[22]. Anders ausgedrückt zeigte Keynes, daß das Ricardosche Produktionsgesetz[23] nicht das tatsächliche, sondern nur das mögliche Ausmaß der Produktion beschreibt. Welches Volumen der nach der Gesamtangebotsfunktion[24] möglichen Ausbringung realisiert wird, legt die Nachfrage nach der Ausbringung fest. Die effektive Nachfrage und nicht das effektive Angebot wurde füglich als die entscheidende Variable des Systems erkannt, und ihrer Analyse ist ein gut Teil der ökonomischen Forschung seit dem Erscheinen der „Allgemeinen Theorie" gewidmet. —

Da diese Arbeit nicht der Bestimmung des Beschäftigungsniveaus explizit gewidmet ist, können wir unsere beschäftigungstheoretischen Erörterungen vorläufig auf die Darlegung der Auswirkungen der effektiven Nachfrage auf das Beschäftigungsvolumen beschränken. Das Problem der die Leistungserstellung einer Volkswirtschaft bestimmenden Variablen wollen wir nunmehr mit der Voraussetzung weiter verfolgen, daß das Prinzip der effektiven Nachfrage die besten der uns möglichen Setzungen über die Bestimmung des Volumens der Ausbringung begründe. Die Adaequanz des seit Keynes eingeschlagenen Weges werden die weiteren Erörterungen erweisen. Dabei ist als Ergebnis der vorstehenden Darlegungen zunächst nur zu beachten, daß das Beschäftigungsvolumen, welches die Unternehmer gewähren und das von der effektiven Nachfrage abhängt, keineswegs so groß sein muß, daß alle vorhandenen arbeitsfähigen und arbeitswilligen Arbeitskräfte beschäftigt sind. Der bei voller Beschäftigung der vorhandenen Arbeitskräfte erwartete Ertrag muß nicht mit Notwendigkeit dem Angebotspreis der Ausbringung bei Vollbeschäftigung entsprechen.

c) Nachdem die Wirkungsweise des Prinzips der effektiven Nachfrage nochmals hervorgehoben ist, sei die Zusammensetzung der effek-

---

[21] Vgl. *Keynes'* Definition, a.a.O., S. 15.

[22] Vgl. *Keynes*, a.a.O., S. 29.

[23] Vgl. oben, S. 21 ff. und insbes. Gleichung (1.3) $P_t = p\,M_t + P_0$. Diese Größe stellt *Keynes* zufolge nur ein maximales Beschäftigungsniveau dar. Vgl. dessen op. cit., S. 30.

[24] Diese ist, mutatis mutandis, nur ein anderer Ausdruck für die klassische Produktionsfunktion.

tiven Nachfrage sowie die Faktoren, die diese Volumina bestimmen, im Anschluß an Keynes kurz skizziert.

Seine Aggregation beruht auf dem Konzept der „user cost", die wir als Aufwendungen für Vorlieferungen bezeichneten. Diese definierte er als $A_1 + (G' - B') - G = U$; dabei bezeichnet A_1: die Käufe der Unternehmer von anderen Unternehmern, und G: den tatsächlichen Wert der Kapitalausrüstung des Unternehmers inkl. des „working capital", d. h. der technisch erforderlichen Lager, der Bestände an Halbfabrikaten sowie des Bestandes an Fertiggütern, also einschließlich der vom Unternehmer verwendeten Maschinen und der von diesem produzierten Güter, soweit sie sich auf Lager befinden; G' bezeichnet den Wert des Kapitalbestandes (von der Vorperiode), wenn ihn der Unternehmer nicht zur Produktion einsetzt und in Höhe von B' Aufwendungen für seine Erhaltung vornimmt. Der Ausdruck $G - (G' - B')$ stellt also die Wertänderung der Kapitalausrüstung dar. Die Differenz zwischen sämtlichen Aufwendungen für Käufe von anderen Unternehmern und den Wertänderungen der Kapitalausrüstung stellt somit die Kosten für Vorlieferungen dar. — Bezeichnet man mit A den gesamten Betrag der in einer Volkswirtschaft vorgenommenen Verkäufe, so ergibt sich das Volkseinkommen aus den gesamten Verkäufen, abzüglich der „user cost", d. h. $A - U = Y$.

Da aber die Differenz zwischen den Gesamtverkäufen A und den Verkäufen von Unternehmern an Unternehmer notwendigerweise gleich den Verkäufen an die Nicht-Unternehmer, d. h. die Konsumenten ist, ergeben sich die Konsumausgaben als: $C = A - A_1$. Der Überschuß des Volkseinkommens über die Konsumausgaben stellt die Ersparnisse dar, so daß diese durch: $A - U - (A - A_1) = S$, d. h. $S = A_1 - U$ bestimmt sind. Unter Beachtung der Definition des Gesamteinkommens als Gesamtverkäufe abzüglich „user costs": $A - A_1 + G - G' + B' = Y$ können wir auch sagen, daß dies per definitionem gleich der Summe aus Konsumausgaben $C (= A - A_1)$ und Wertveränderung der Kapitalausrüstung, d. h. also der Invistition $(= G - G' + B')$ ist. Füglich ist die Investition gleich dem Volkseinkommen minus den Konsumausgaben: $G + B' - G' = Y - (A - A_1)$; und unter Beachtung der Definition: $Y = A - U$ erhalten wir auch für: $G + B' - G' = I = A_1 - U$, was offenbar genau gleich den Ersparnissen ist. —

Mit dieser Definition der Aggregate läßt sich die Zusammensetzung der effektiven Nachfrage und ihre Bestimmung des Einkommensniveaus beschreiben:

Der Ertrag, den die Unternehmer aus einer Beschäftigung von N Menschen erwarten, setzt sich zusammen aus dem Betrag D_1, den die Wirtschaftsgesellschaft bei einer gegebenen Beschäftigung für Konsumtion ausgeben wird, und dem Betrag D_2, der der Investition, d. h. der Vergrößerung der Kapitalausrüstung, gewidmet ist. Per definitionem stimmen Ertrag und Gesamteinkommen überein, so daß die effektive Nachfrage, vereinfacht ausgedrückt, gleich dem Einkommen ist, welches die Unternehmer zu erzielen hoffen, einschließlich der Faktoreinkommen, die sie durch die Gewährung der Beschäftigung schaffen. Bezeichnen wir den Betrag D_1 mit C und den Betrag D_2 mit I[25], so können wir für die Bestimmung des Volkseinkommens durch die effektive Nachfrage $D = D_1 + D_2$ und somit auch

$$Y = C + I \tag{3.1}$$

schreiben. Sparen ist gleich dem Überschuß des Einkommens über die Konsumausgaben, also

$$S = Y - C \tag{3.2}$$

so daß die gesamten Ersparnisse mit der Investition übereinstimmen:

$$S = I\ . \tag{3.3}$$

Die Gleichung (3.1) bringt im Vergleich mit (1.3)[26] die Wirksamkeit des Prinzips der effektiven Nachfrage deutlich zum Ausdruck. Sie wird als Einkommensentstehungsgleichung in den an Keynes anschließenden Analysen immer wieder verwendet. Später werden wir ihre Bedeutung für die Theorie des dynamischen Kernprozesses weiter verfolgen.

Eine eingehendere Diskussion der Zweckmäßigkeit dieser Definitionen ist bei der spezifischen Zwecksetzung dieser Arbeit nicht erforderlich. Wir werden vielmehr an den Stellen, an denen sich diese Definitionen als nur bedingt brauchbar erweisen, jeweils besonders auf die vorstehenden Ausführungen Bezug nehmen. Auf folgende Tatsache sei aber hingewiesen: Diese Definitionen der volkswirtschaftlichen Größen C, I und Y bedürfen bei ihrer quantitativen Ermittlung nicht der Bestimmung des volkswirtschaftlichen Umsatzvolumens und der gesamtwirtschaftlichen Aufwendungen für Vorlieferungen. Das stellt einen wesentlichen Vorteil der Definitionen dar, da die genannten Größen maßgeblich vom Grad der wirtschaftlichen Integration abhängen, so daß die Definitionen „net of user cost" die damit verbundenen Probleme ausklammern. Der Nachteil der Definitionen, insbesondere der Definition der volkswirtschaftlichen Investitionen, liegt hingegen in der Zusammenfassung von Investitionen im Ma-

[25] Das für die *Keynessche* Theorie bedeutsame Problem der Einheiten, in denen diese Größen gemessen werden, können wir in dieser knappen Wiedergabe vernachlässigen und wollen annehmen, daß es sich bei den betrachteten Größen um von Kaufkraftschwankungen bereinigte Geldgrößen handelt.

[26] Nach dieser war die Ausbringung $P_t = p\,M_t + P_0$ nur von den vorhandenen Resourcen abhängig.

schinenbestand (Fixkapital), im zirkulierenden Kapital („working capital“) und in den Lagerbeständen („stocks“ oder „liquid capital“), die nicht nur wesentlich verschiedene Auswirkungen auf die zukünftige Produktion und Einkommensentstehung haben, sondern auch von unterschiedlichen Bestimmungsfaktoren beeinflußt werden.

d) Keynes Rückkehr zur Analyse von Aggregaten war insbesondere deshalb so erfolgreich, weil es ihm gelang, eine Theorie zu konstruieren, die die Wirkungen der effektiven Nachfrage beachten konnte. Seine Erklärung, wie sich bei einer Veränderung der Beschäftigung durch eine Veränderung des Volkseinkommens die Nachfrage nach Konsumgütern ändert, konnte diese Erkenntnisse nur noch erhärten. Bekanntlich basieren sowohl die Gleichgewichtsbestimmung, das Multiplikatortheorem als auch gleichermaßen das wirtschaftspolitische Instrumentarium der „New Economics“ auf der Aussage, daß im Falle der Steigerung des realen Gesamteinkommens die gesamten Konsumtionsausgaben ebenfalls steigen, wenn auch nicht in dem Maße, wie das Einkommen gestiegen ist[27]. Wie Keynes mit Recht feststellt[28], ist das Volkseinkommen keine eindeutige Funktion der Beschäftigung, da auch die Verteilung eines gegebenen Beschäftigungsvolumens die Höhe des Volkseinkommens beeinflußt. Dennoch kann die Abhängigkeit der Konsumausgaben von dem Einkommen als eine gute Annäherung für die Abhängigkeit der durch die Konsumausgaben bewirkten effektiven Nachfrage von dem gegebenen Beschäftigungsniveau angesehen werden. Die funktionale Abhängigkeit des Konsums vom Einkommen,

$$C = f(Y) \tag{3.4}$$

nennt Keynes die Neigung zum Konsum.

Mehrere objektive und subjektive Faktoren[29] beeinflussen den Wert dieser funktionalen Abhängigkeit des Konsums vom Einkommen derart, daß die marginale Neigung zum Konsum $\frac{dC}{dY}$ positiv und kleiner als Eins ist. Mit einer Steigerung (resp. Verminderung) des Volkseinkommens geht also eine Erhöhung (resp. Verminderung) der Konsumausgaben, jedoch in geringerem Maße einher. Auch die große Zahl der seit dem Erscheinen von Keynes' Werk angestellten statistischen Erhebungen[30] konnten das, was für Keynes ein „fundamental psycho-

---

[27] Vgl. *Keynes:* a.a.O., S. 27 ff. und insbes. Chapter 8—11, S. 89 ff.

[28] a.a.O., S. 90.

[29] Vgl. *Keynes:* a.a.O., S. 91 ff. und S. 107 ff.

[30] Eine eingehende Würdigung dieser Erhebungen kann im Rahmen dieser Arbeit nicht vorgenommen werden. Deshalb seien nur einige neuere Arbeiten genannt: *Duesenberry,* James S.: Income-Consumption Relations and their Implications; in: Essays in Honor of Alvin H. *Hansen,* New York 1948,

logical law" war dem er „a priori from our knowledge of human nature and from the detailed facts of experience" vertraute[31], nicht entkräften. Man kann wohl mit Recht behaupten, daß die Abhängigkeit der Konsumausgaben vom Einkommen (und evtl. seiner Verteilung) eine sehr stabile funktionale Beziehung darstellt. Sie kann füglich in einer modelltheoretischen Analyse ohne große Bedenken verwendet werden. Dabei ist aber besonders darauf zu achten, daß möglicherweise die durchschnittliche Neigung zum Konsum nicht unerheblich von der Grenzneigung divergiert[32]. Im Anschluß an einige seiner Beispiele über die relative Bedeutung der marginalen Konsumneigung bei alternativen Niveaus der durchschnittlichen Konsumneigung ist es heute üblich geworden, die Abhängigkeit des Konsums vom Einkommen derart zu bestimmen, daß für die marginale Neigung zum Konsum bei jedem Einkommensniveau $0 < \frac{dC}{dY} < 1$ gilt. Weiterhin wird entweder davon ausgegangen, daß $\frac{dC}{dY}$ mit wachsendem Einkommen abnimmt[33] oder aber, daß — insbesondere bei modelltheoretischen Untersuchungen — diese Größe konstant bleibt[34]. Die durchschnittliche Neigung zum Konsum wird in jedem der genannten Fälle bis zu einem gewissen Punkt als größer Eins, an diesem Punkt, bei welchem also das gesamte Einkommen Nachfrage nach Konsumgütern entfaltet, als gleich Eins und jenseits dieses Punktes als kleiner Eins angenommen.

Eine sorgfältige Erwägung des Aussageinhaltes der Grenzneigung zum Konsum läßt erkennen, daß sie zugleich das Aufteilungsverhältnis eines Ausbringungszuwachses bestimmt. Würden die Unternehmer den gesamten Zuwachs der Beschäftigung zur Befriedigung der steigenden Nachfrage nach Konsumgütern einsetzen, so würden sie wegen des vergleichsweise geringeren Zuwachses der Konsumgüternachfrage mit Notwendigkeit einen Verlust erleiden. Ein bestimmtes Beschäftigungsniveau ist nur dann gerechtfertigt, wenn, m. a. W., eine genügend große Investition vorhanden ist, die den Überschuß der

S. 54 ff.; *ders.:* Income, Saving and the Theory of Consumer Behavior, Cambridge/Mass. 1949; *La Roche,* Ch.: Empirische Konsum- und Sparfunktionen, Schw.Z.f.V.St., Jg. 86, 1950, S. 193 ff. National Survey of Personal Incomes and Savings; in: Bulletin of the University Institute of Statistics, Oxford; Part. 1, 1952, Vol. 14, Nr. 11 u. 12; Part. 2—4, 1953, Vol. 15, No. 2 u. 3, 6 u. 7, 10 u. 11. Gerade die letztgenannte Untersuchung hebt nach sorgfältiger Analyse der verschiedenen unabhängigen Bestimmungsfaktoren der Sparentscheidungen erneut hervor, daß „the fundamental determinant of saving is clearly the level of income" (S. 401, Vol. 15).

[31] Vgl. *Keynes,* a.a.O., S. 96.

[32] Vgl. *Keynes,* a.a.O., S. 116.

[33] So z. B. *Schneider,* E.: Einführung in die Wirtschaftstheorie, II. Teil, Tübingen, 1949, S. 44.

[34] ibid., Teil III, a.a.O., S. 99.

Ausbringung über die Konsumtion absorbiert[35]. Reicht die laufende Investition nicht aus, den Ausfall in der effektiven Nachfrage, welcher durch die nicht-konsumtive Verwendung eines Teiles des Gesamteinkommenszuwachses entsteht, auszugleichen, so wird der Ertrag der Unternehmer kleiner als erforderlich sein, und jenes Beschäftigungsniveau nicht gewährleisten. Das Gleichgewichtsniveau der Beschäftigung, oder allgemeiner gesagt, der wirtschaftlichen Aktivität, liegt also da, wo die Unternehmer weder einen Anreiz haben, dieses Niveau zu erhöhen noch zu vermindern und ist, bei gegebener Neigung zum Konsum, durch den Umfang der laufenden Investitionen bestimmt. Ein bestimmter Einkommenszuwachs wird, m. a. W., nur dann beibehalten, wenn der Strom der Investitionen zusammen mit dem der Konsumausgaben genau so groß ist, daß die Absickerverluste, die durch die Ersparnisse eintreten, wieder ausgeglichen werden, d. h. wenn

$$\Delta Y = \Delta C + \Delta I \tag{3.5}$$

ist.

Verändert sich die Investition, so verändert sich das Gesamteinkommen bei gegebener Neigung zum Konsum ohne weiteres um den Betrag, der erforderlich ist, die effektive Nachfrage im Gleichgewicht zu halten. Dies ergibt sich aus einer Umwandlung der Gleichung (3.5), da diese auch wie folgt geschrieben werden kann[36]:

$$\Delta Y \left(1 - \frac{\Delta C}{\Delta Y}\right) = \Delta I$$

$$\Delta Y = \Delta I \frac{1}{1 - \frac{\Delta C}{\Delta Y}} \tag{3.6}$$

Der Ausdruck $\frac{1}{1 - \frac{\Delta C}{\Delta Y}} = k$ ist Keynes' Investitionsmultiplikator[37] und besagt, um wieviel sich das Gesamteinkommen verändert, wenn sich die Investition um ΔI verändert[38].

---

35 Vgl. *Keynes*, a.a.O., S. 27.

36 Vgl. auch: Somers, Harold M.: A Theory of Income Determination; J. P. E., Vol. LVIII, 1950, S. 523 ff.

37 Vgl. *Keynes*, a.a.O., S. 115.

38 Wenn zwischen der gesamtwirtschaftlichen Investition und dem Gesamteinkommen eine der Konsumneigung ähnliche funktionale Beziehung, also eine Investitionsneigung, vorausgesetzt werden könnte, so ließe sich ein Konsumtionsmultiplikator analog ableiten, der dann

$$\Delta Y = \frac{1}{1 - \frac{\Delta I}{\Delta Y}} \Delta C$$

lauten würde. Wegen des sehr problematischen Charakters einer Investitionsneigung $\frac{\Delta I}{\Delta Y}$ in einer verkehrswirtschaftlich organisierten Wirtschafts-

e) Dieser Teil der Keynesschen Theorie wurde deshalb so breit dargestellt, weil den besprochenen Hypothesen — mutatis mutandis — auch in der Theorie des dynamischen Kernprozesses eine hervorragende Bedeutung zukommt. Dies gilt nicht für die Bestimmung der zweiten Konstituierenden der effektiven Nachfrage, die Investition. Die von Keynes für diese angegebenen Bestimmungsgründe bedürfen daher nur einer kurzen Würdigung. Das Volumen der Investition[39] sieht Keynes in Abhängigkeit von der Beziehung zwischen dem Zinssatz und der Grenzleistungsfähigkeit des Kapitals. Diese ist ihrerseits abhängig von der Beziehung zwischen dem Angebotspreis eines Kapitalgutes und seinen voraussichtlichen Erträgen. Zwar werden die zukünftigen Erträge tatsächlich bestimmt sein von der zukünftigen effektiven Nachfrage. Deren Schätzung stellt somit das wesentliche Element einer der beiden Größen, von denen die Investitionen bestimmt werden, dar.

Obwohl Keynes selbst einen Abschnitt seiner Theorie[40] den langfristigen Erwartungen widmet und dem Problem immer wieder große Bedeutung beigelegt wird[41], kann nicht behauptet werden, daß diese Untersuchungen so weit fortgeschritten sind, daß auf ihren Erkenntnissen eine quantitativ faßbare dynamische Theorie aufgebaut werden könnte[42]. Obgleich der zweite, die Investitionen bestimmende Faktor, der Zinssatz, eine wohlausgebaute Erklärung erfahren hat — er ist bekanntlich nach Keynes abhängig von der Liquiditätsvorliebe und der vorhandenen Geldmenge[43] — mußte die Keynessche Investitionshypothese für die Problemstellung der Theorie des dynamischen Kernprozesses unbefriedigend bleiben. Die Dynamisierung der Keynesschen Theorie ist daher auch einen anderen und, wie mir dünkt, zweckmäßigeren Weg gegangen. Sie konnte wesentliche Anregungen aus der Tatsache gewinnen, daß die volkswirtschaftlichen Investitionen, jedenfalls, was die induzierten Investitionen betrifft, nicht nur einkommenschaffende, sondern auch kapazitive Effekte auslösen. Bevor

---

gesellschaft dürfte die Erwähnung des formalen Zusammenhanges zunächst ausreichen.

[39] Vgl. *Keynes*, a.a.O., Book IV.

[40] General Theory, Chapter 12, S. 147 ff.

[41] Zu nennen sind vor allem die Arbeiten von: *Hart*, A. G.: Anticipations, Uncertainty, and Dynamic Planning, Chicago, 1940; *Shackle*, G. L. S. Expectations in Economics, Cambridge (Mass.) 1952; sowie die Stellungnahme zur Ausgabe von 1949 durch *Turvey*, *Graeff* und *Baumol* in Eca. N. S., Vol. 16, 1949, S. 336 ff.

[42] Es gibt nur wenige dynamische Modellkonstruktionen, in denen die Erwartungen explizit die Reaktionsfunktionen bestimmen. Neben der Arbeit von *Baumol*, W. J.: Notes on Some Dynamic Models, E.J., Vol. LVIII, 1948, sei auf die neuere Arbeit von *Bodenhorn*, D.: The Stability of Growth Models, A.E.R., Vol. XLVI, 1956, No. 4, S. 607 ff. verwiesen.

[43] Vgl. *Keynes*, a.a.O., Chapter 13 und 15.

wir uns mit diesen Problemen befassen, wollen wir kurz ein unmittelbar an Keynes anschließendes dynamisches Modell besprechen.

4. Keynes' Theorie in Modellen des dynamischen Kernprozesses

a) Die Prinzipien der Theorie von Keynes wurden wiederholt mathematisch dargestellt und es gelang hierdurch, manche der von ihm nicht gesehenen Implikationen aufzudecken oder stillschweigend gesetzte Prämissen explizit zu machen; vor allem aber wurde der Charakter vieler Funktionen erhellt. Ohne eingehende Besprechung dieser Untersuchungen[44] soll lediglich im folgenden Abschnitt, angelehnt an Modigliani[45] ein Modell wiedergegeben werden, welches das zeitliche Verhalten des Keynesschen Systems analysiert.

Der Wert der nachfolgenden Formulierung liegt in dem Nachweis, daß die Keynessche Theorie, unabhängig von ihrer statischen Fassung, einen stabilen zeitlichen Verlauf der betrachteten Variablen postuliert. Samuelson[46] hat bereits früher auf ähnliche Weise dasselbe Ergebnis in einer größeren Untersuchung über die Stabilität des Gleichgewichts nachgewiesen, doch ist Modiglianis Vorgehen für unsere Zwecke besser geeignet.

Das Modell enthält folgende Gleichungen:

Die konstante Geldmenge, M, bestimmt zusammen mit dem in der Periode, t, vorhandenen Zinssatz, r_t, und dem verfügbaren Einkommen dieser Periode, Y_{dt}, die Liquiditätspräferenzfunktion L:

$$M = L(r_t, Y_{dt}) \qquad (4.1).$$

Investitionen und Ersparnisse dieser Periode sind ebenfalls vom Zinssatz und vom disponierbaren Einkommen abhängig:

---

[44] Genannt seien folgende Publikationen: *Hicks*, J. R.: Mr. Keynes and the „Classics"; A Suggested Interpretation; Ec., Vol. 5, 1937, S. 147 ff.; *Lange*, Oscar: The Rate of Interest and the Optimum Propensity to Consume; Eca, N.S., Vol. V, No. 17, 1938, S. 12 ff., wieder abgedruckt „Readings in Business Cycle Theory", Philadelphia - Toronto 1944, S. 169 ff.; *Klein*, Lawrence R.: The Keynesian Revolution, New York 1947, Technical Appendix, S. 192 ff.; *Smithies*, Arthur: Effective Demand and Employment; The New Economics; ed. S. E. *Harris*, New York 1950, S. 558 ff.; *Meade*, J. E.: A Simplified Model of Keynes' System; ibid., S. 606 ff.; *Modigliani*, Franco: Liquidity Preference and the Theory of Interest and Money; Ec., Vol. 12, 1944, S. 45 ff.; wieder abgedruckt: Readings in Monetary Theory, London 1952, S. 186 ff.; *Schneider*, Erich: Einführung ..., Teil III, a.a.O., S. 134 ff.; *Bieri*, Hermann G.: Entwicklung und Stand der Theorie von *Keynes;* in: Wirtschaftstheorie und Wirtschaftspolitik, Festschrift für Alfred *Amonn*, herausg. v. Val. F. *Wagner* und Fritz *Marbach*, Bern 1953, S. 357. Die Kenntnis der in den genannten Veröffentlichungen wiedergegebenen Grundprobleme wird bei der folgenden Darstellung teilweise vorausgesetzt.

[45] op. cit., S. 206 ff.

[46] *Samuelson*, Paul A.: The Stability of Equilibrium: Comparative Statics and Dynamics; Ec., Vol. 9, No. 2, 1941, S. 97 ff.

$$I_t = I(r_t, Y_{dt}) \tag{4.2}$$

$$S_t = S(r_t, Y_{dt}) \tag{4.3}$$

Das verfügbare Einkommen dieser Periode wird zum Sparen und zur Konsumtion verwendet:

$$Y_{dt} = C_t + S_t \tag{4.4}$$

während sich das verdiente Einkommen dieser Periode Y_t aus den Aufwendungen für die Investition und die Konsumtion zusammensetzt:

$$Y_t = C_t + I_t \qquad (4.5)^{47}$$

Außerdem wird der Robertsonschen Terminologie entsprechend das disponible Einkommen dieser Periode dem verdienten Einkommen der vorausgegangenen gleichgesetzt:

$$Y_{dt} = Y_{t-1} \qquad (4.6)^{48}$$

Aus (4.4) mit (4.6) folgt, daß

$$C_t = Y_{t-1} - S_t$$

---

[47] Das Modell von *Modigliani* gibt uns Gelegenheit, kurz auf die Terminologie *Robertsons* zu verweisen. *Modigliani* bringt in seinen Gleichungen die von D. H. *Robertson* (vgl. dessen Artikel: Saving and Hoarding, E.J., Vol. 43, 1933, S. 399 ff. und dessen Monographie: Banking Policy and the Price Level, London 1932³, insbes. Kap. 2) bevorzugte Terminologie zum Ausdruck. An Stelle einer eingehenden Besprechung sei auf die prägnante Darstellung der Terminologie in *Haberlers* „Prosperität und Depression", a.a.O., S. 173 f., verwiesen. *Keynes* hat auf die Tatsache, daß *Robertsons* Unterscheidung als eine alternative Formulierung seiner Abgrenzung zwischen der effektiven Nachfrage und dem Einkommen angesehen werden kann, selbst aufmerksam gemacht (General Theory, S. 79). Mit Recht können wir von den Gleichungen (4.4) und 4.5) behaupten, daß sie mit *Keynes* Gleichungen (3.2) und (3.1) konsistent sind. Darüberhinaus sei auf *Lutz*, Friedrich A.: The Outcome of the Saving-Investment Discussion; Q.J.E., Vol. LII, 1938, S. 588 ff., (wieder abgedruckt: Readings in Business Cycle Theory, a.a.O., S. 131 ff.) verwiesen.

[48] Diese zeitliche Verzögerung spielt in der dynamischen Theorie eine bedeutende Rolle als sog. „Robertson-lag". *Robertson* definiert Sparen irgend eines „Tages", genauer einer Referenzperiode, als das verfügbare Einkommen desjenigen „Tages", abzüglich der Konsumausgaben dieses „Tages". Werden die Konsumausgaben als eine Funktion des verfügbaren Einkommens angesehen, $C_t = f(Y_{dt})$, vgl. (4.3), und ist das verfügbare Einkommen dieser Periode gleich dem verdienten (tatsächlichen) Einkommen der vorausgegangenen Periode (Gleichung 4.6), so sind die Konsumausgaben eine Funktion des Einkommens der vorausgegangenen Periode: $C_t = f(Y_{t-1})$. — Diese Interpretation wird von *Keynes* selbst nahegelegt, wenn er ausführt: "If it were true that current expectations were always determined by yesterday's realised results, to-day's effective demand would be equal to yesterday's income" (S. 78).

ist, was in Verbindung mit (4.5) für

$$Y_t = Y_{t-1} - S_t + I_t \tag{4.7}$$

oder mit (4.2), (4.3) und (4.6) für

$$Y_t = Y_{t-1} - S(Y_{t-1}, r_t) + I(Y_{t-1}, r_t)$$

ergibt. Außerdem ist nach (4.1.) mit (4.6)

$$M = L(r_t, Y_{t-1})$$

Die Auflösung der letzten Gleichung nach r_t und Ersetzung dieses Ausdruckes in der vorhergegangenen Gleichung führt zu einer Differenzengleichung (1. Ordnung) für die Einkommensvariable Y. Die Stabilitätsbedingung der Lösung dieses Systems sei — in enger Anlehnung an Modigliani — ermittelt mit einer näherungsweisen Darstellung der Funktionen M, I_t und S_t durch Entwicklung in einer Taylorschen Reihe um die Gleichgewichtswerte der Veränderlichen, wobei nur die linearen Glieder berücksichtigt werden.

Die Gleichgewichtswerte der Veränderlichen r_t und Y_{t-1} werden im folgenden mit $\bar{r}$ und $\bar{Y}$ bezeichnet. Die Entwicklung von I_t in einer Taylor-Reihe nach $(r_t - \bar{r})$ und $(Y_{t-1} - \bar{Y})$ lautet dann, wenn man lediglich die linearen Glieder anschreibt:

$$I_t = I(\bar{r}, \bar{Y}) + \frac{\delta I_t}{\delta r_t} (r_t - \bar{r}) + \frac{\delta I_t}{\delta Y_{t-1}} (Y_{t-1} - \bar{Y})$$

dabei sind die partiellen Ableitungen von I_t an den Gleichgewichtsstellen $\bar{r}$ und $\bar{Y}$ zu nehmen. Zur Vereinfachung der Schreibweise sei $I_r = \frac{\delta I_t}{\delta r}$ und $(r_t - \bar{r}) = \dot{r}_t$. Analog gilt dies für die Veränderliche Y, so daß man schreiben kann:

$$I_t = I(\bar{r}, \bar{Y}) + I_r \dot{r}_t + I_y \dot{Y}_{t-1} \tag{4.8}$$

ebenso für S_t:

$$S_t = S(\bar{r}, \bar{Y}) + S_r \dot{r}_t + S_y \dot{Y}_{t-1} \tag{4.9}$$

Für die Entwicklung von M ergibt sich, da M eine Konstante ist, also $M = L(\bar{r}, \bar{Y})$ gilt, daß

$$O = L_r \dot{r}_t + L_y \dot{Y}_{t-1} \tag{4.10}$$

Die Entwicklung (4.8) und (4.9) in (4.7) eingesetzt liefert:

$$Y_t = Y_{t-1} + I(\bar{r}, \bar{Y}) + I_r \dot{r}_t + I_y \dot{Y}_{t-1} - S(\bar{r}, \bar{Y}) - S_r \dot{r}_t - S_y \dot{Y}_{t-1}. \tag{4.11}$$

Aus (4.10) kann $\mathring{r}_t$ eliminiert werden und mit (4.11) eine Differenzengleichung für $\mathring{Y}_t$ gebildet werden. Es ist nämlich

$$\mathring{r}_t = -\frac{L_y}{L_r}\mathring{Y}_{t-1}$$

und somit, wenn auf beiden Seiten von (4.11) $\bar{Y}$ subtrahiert wird:

$$\mathring{Y}_t = \mathring{Y}_{t-1} - \frac{L_y}{L_r} I_r \mathring{Y}_{t-1} + I_y \mathring{Y}_{t-1} + \frac{L_y}{L_r} S_r \mathring{Y}_{t-1} - S_y \mathring{Y}_{t-1}$$

weil nämlich $S(\bar{r}, \bar{Y}) = I(\bar{r}, \bar{Y})$ ist, was man aus (4.7) für den Fall des Gleichgewichtspunktes $Y_t = Y_{t-1}$ ohne weiteres erkennt. Zusammengefaßt findet man:

$$\mathring{Y}_t = \mathring{Y}_{t-1}\left[1 + \frac{L_y}{L_r}(S_r - I_r) + I_y - S_y\right] \qquad (4.12)$$

Man gewinnt aus der Differenzengleichung (4.12) für $\mathring{Y}_t$ die Lösung durch den Ansatz $\mathring{Y}_t = Kw^t$ und auch den Verlauf für Y_t, weil definitionsgemäß $Y_t = \bar{Y} + \mathring{Y}_t$ ist. Es genügt also, um den charakteristischen Verlauf von Y_t festzustellen, die Diskussion des Verlaufs von $\mathring{Y}_t$ durchzuführen. Deren zeitlicher Verlauf wird durch

$$w = 1 + \frac{L_y}{L_r}(S_r - I_r) + I_y - S_y$$

bestimmt.

Wiederum gelten die bereits oben[49] dargelegten Größenrelationen für die Bestimmung des Verlaufstypus. Für die Stabilität sieht Modigliani die Bedingungen $-1 < w < 1$ als genügend an. Zwar strebt das System, wenn $|w| < 1$ ist, seinem Gleichgewichtswert zu, jedoch sind in diesem Fall Oszillationen[50] nicht ausgeschlossen. Wir wollen daher nur dann die Stabilitätsbedingung als erfüllt ansehen, wenn $0 < w < 1$ ist, d. h. wenn

$$0 < 1 + \frac{L_y}{L_r}(S_r - I_r) + I_y - S_y < 1, \text{ oder wenn}$$

$$-\frac{L_y}{L_r} - \frac{1}{S_r - I_r} < \frac{I_y - S_y}{S_r - I_r} < -\frac{L_y}{L_r} \quad \text{erfüllt ist.}$$

Eine kurze Diskussion dieser Bedingung wird zeigen, daß die Keynesschen funktionalen Beziehungen im allgemeinen diese Bedin-

---

[49] Vgl. die Diskussion der Lösung des klassischen Wachstumsmodelles auf S. 24 ff. dieser Arbeit.

[50] Unter Oszillationen verstehen wir im Anschluß an *Baumol* (Economic Dynamics, S. 203) die Folge negativer Wurzeln der charakteristischen Gleichung der Differenzengleichungen.

gung erfüllen. Der rechtsstehende Ausdruck $-\frac{L_y}{L_r}$ gibt die Neigung der Liquiditätsfunktion an, der Ausdruck $\frac{I_y - S_y}{S_r - I_r}$ bezeichnet die Neigung der I-S-Kurve, d. h. der Funktion, die alle möglichen Gleichgewichtspunkte für S und I wiedergibt[51]. Da die Liquiditätspräferenz mit wachsendem Volkseinkommen steigt, ist die partielle Ableitung dieser Funktion, L_y, positiv; die partielle Ableitung der Liquiditätsfunktion in bezug auf den Zinssatz, L_r, wird allgemein als negativ angenommen[52]; hieraus folgt, daß $-\frac{L_y}{L_r} > 0$.

Die Neigung der I-S-Kurve ist auf Grund der Tatsache negativ, daß einerseits die partielle Ableitung der Investition nach dem Volkseinkommen kleiner als die entsprechende Ableitung der Ersparnisse ist und andererseits die Zinswirkung, dargestellt durch die Differenz der partiellen Ableitungen von S und I nach dem Zinssatz, positiv ist. Unter diesen Voraussetzungen ist die rechte Seite der Ungleichung stets erfüllt. Die linke Seite der Ungleichung begrenzt die Steigung der I-S-Kurve nach unten. Der Vergleich der beiden Seiten der Abschätzung für die Neigung der I-S-Kurve zeigt, daß ihr Variationsbereich zahlenmäßig gleich der Reziproken der Zinswirkung ist.

In wachsendem Maße ist man jetzt geneigt anzunehmen, daß eine Zinsveränderung weder eine große Wirkung auf die Ersparnisse noch auf die Investition ausübt. Die (Netto-)Investition wird heute, wie wir unten noch darstellen werden, als weit häufiger von produktionswirtschaftlichen Reaktionen bestimmt angesehen.

Bei den Ersparnissen ist die Zinswirkung noch kritischer zu sehen; es ist kaum denkbar, daß bei Konsumtionsentscheidungen, als den komplementären Entscheidungen über das Einkommen, der zukünftige Mehrkonsum (wie die Grenznutzentheorie nahelegte) mit dem gegenwärtigen Minderkonsum abgewogen wird. Insbesondere sind die Veränderungen der Ersparnisse in allen Fällen, in denen bestimmte Beträge erspart werden sollen (z. B. bei Zwecksparen, Versicherungen usw.) genau umgekehrt mit den Zinsveränderungen verknüpft. Starke positive Auswirkungen wird man vom Zinssatz im allgemeinen nur für die Auswahl der Sparform erwarten können. Dieser Gedanke liegt auch Keynes' Liquiditätspräferenztheorie des Zinses[53] zugrunde, wenn er annimmt, daß mit steigendem Zins der Verzicht auf Liquidität

[51] Vgl. auch Fig. 42 in E. *Schneiders* Einführung . . ., III. Teil, a.a.O., S. 141.

[52] In dem Abdruck von *Modiglianis* Ec.-Artikel in den „Readings of Monetary Theory" wird angegeben, daß $L_r \geqq 0$ sei; s. S. 209. Dies widerspricht aber offenbar der *Keynes*schen Lehre und der in Abb. 3, S. 203 gezeichneten Neigung der LL-Kurve, die auch von *Schneider* als Kurve der Funktion L (i, E) = M in der vorgenannten Figur wiedergegeben wird.

[53] *Keynes*, J. M., op. cit., S. 67.

größer sein wird; m. a. W. besagt dies nämlich nichts anderes, als daß bei niedrigerem Zinssatz die eine Form der Disposition über die für Konsum nicht verausgabten Beträge, nämlich die Form des Haltens von Horten, einer anderen Form, z. B. des Besitzes von Wertpapieren, vorgezogen wird. — Die Annahme einer, wenn überhaupt, geringen Wirkung der Zinserhöhung[54] auf eine Erhöhung der Ersparnisse, bzw. Verminderung der Investition besagt nun aber, daß die Reziproke der Zinswirkung numerisch sehr groß sein wird, so daß für den zulässigen Bereich der I-S-Kurve ein sehr großer Spielraum gegeben ist. Füglich kann man nahezu immer die Stabilität eines mit dem Keynesschen Instrumentarium adäquat beschriebenen Systems unterstellen.

b) Wie die Gleichungen (4.1) bis (4.3) zeigen, umfaßt Modiglianis Modell mehr als nur diejenigen Keynesschen Variablen, die der einleitend gegebenen Definition entsprechend auch Gegenstand der Theorie des dynamischen Kernprozesses sind. Obwohl einige Autoren mathematischer Fassungen der Keynesschen Theorie bereits sehr früh die Berücksichtigung der gesamtwirtschaftlichen Beschäftigungsvariable aufgegeben[55] und damit den Weg zu einer Analyse des Kernprozesses eingeschlagen haben, gingen sie dennoch übereinstimmend davon aus, daß die monetären Größen der Theorie nicht vernachlässigt werden könnten. Unter Berücksichtigung der im Abschnitt C. 2. gegebenen Abgrenzung muß es aber möglich sein zu fragen, wie weit die funktionale Interdependenz derjenigen Keynesschen Variablen, die auch Gegenstand der Theorie des dynamischen Kernprozesses sind, einen stabilen oder instabilen zeitlichen Verlauf des Systems bewirken.

Keynes hat in seiner Auseinandersetzung mit Robertsons Periodenanalyse[56] ausgeführt, daß die Aussage, es läge ein Überschuß der Ersparnisse über die Investition vor, nichts anderes besage, als was er mit „Rückgang des Einkommens" bezeichne. Damit können wir die Gleichung (4.7) zum Ausgangspunkt einer kurzen Betrachtung machen, also annehmen, daß

$$Y_t - Y_{t-1} = I_t - S_t \tag{5.1}$$

sei. Beachten wir, daß die linearisierte Konsumfunktion $C_t = a\,Y_{t-1} + K$[57] lautet, so ergibt sich die geplante Ersparnis[58] als

[54] Für *Modiglianis* Bedingung der Stabilität ergibt sich der doppelte Wert des von uns aufgezeigten Bereiches. Man achte jedoch darauf, daß *Modigliani* die auf der Zinswirkung beruhende Konsequenz nicht sieht.

[55] So auch Oscar *Lange*, op. cit., nicht aber Lawrence R. *Klein*, op. cit.

[56] *Keynes*, J. M., „General Theory", a.a.O., S. 78.

[57] Vgl. (4.6) und die Anmerkung dazu.

[58] An dieser Stelle wollen wir Gelegenheit nehmen, kurz auf die Terminologie der Schwedischen Schule zu verweisen. Bertil *Ohlin* (in: Some Notes

$$S_t = (1 - a)\, Y_{t-1} - K\,. \tag{5.2}$$

Zunächst sei die Investition konstant:

$$I_t = I\,. \tag{5.3}$$

Da unter dieser Bedingung

$$Y_t = a\, Y_{t-1} + I + K \tag{5.4}$$

ist, wird der Verlaufstypus allein durch die marginale Konsumneigung a bestimmt. Die Stabilität ist gewährleistet, da $0 < a < 1$ gilt. Der von diesem System erfaßte Vorgang ist identisch mit dem, den der sog. „dynamische Multiplikator" beschreibt. Erfährt I nämlich eine Veränderung ΔI, so strebt das System nicht mehr der Gleichgewichtslösung $z_0 = \frac{I + K}{1 - a}$, sondern $\bar{z}_0 = \frac{I + \Delta I + K}{1 - a}$ zu, so daß sich, wenn die Veränderung der Investition in der Gleichgewichtssituation t_0 erfolgte, der in Abb. 6 gezeigte Verlauf ergibt.

Obwohl es vom heutigen Stand der dynamischen Theorie uninteressant sein mag, den Fall einer konstanten Investition, bzw. die Auswirkungen einer Veränderung in deren Niveau zu analysieren, so waren es doch die Beiträge von Kahn, J. M. Clark und Machlup[59],

on the Stockholm Theory of Saving and Investment, E.J., Vol. XLVII, 1937, Part I, S. 53 ff., Part II, S. 221 ff.; wieder abgedruckt: Readings in Business Cycle Theory, a.a.O., S. 87 ff.) und F. A. *Lutz* (op. cit.) gaben sehr aufschlußreiche und auch vergleichende Darstellungen dieser Terminologie; eine anschauliche Einführung findet sich ebenfalls bei *Haberler* (a.a.O., S. 175 ff.). Da diese Quellen leicht zugänglich und auch grundlegende Analysen (wie z. B. *Baumol*, W. J.: Notes on Some Dynamic Models; E.J., No. 232, Vol. LVIII, 1948, S. 506 ff.; und *Somers*, Harold M.: A Theory of Income Determination; J.P.E., Vol. LVIII, 1950, S. 523 ff.) vorhanden sind, wollen wir uns bei dem Gebrauch der Terminologie auf die Anwendung der genauen Definition beschränken. Es sei dabei auf die Tatsache aufmerksam gemacht, daß durch die Verwendung von Differenzengleichungen die Aussagen in der schwedischen prozeßanalytischen Ex-ante- und Ex-post-Terminologie ebenso exakt reproduziert werden, wie die Aussagen der *Robertson*schen Prozeßanalyse und daß sich diese beiden Konzeptionen keineswegs ausschließen. Die Diskussion der verschiedenen Terminologien führte zu sehr klaren begrifflichen Konzeptionen; so ist es Allgemeingut geworden, daß *Keynes'* Begriffe realisierte oder Ex-post-Größen, *Robertsons* geplante resp. Ex-ante Größen und die der Schwedischen Schule vor allem die Relationen zwischen den Größen kennzeichnen. Als Beispiele seien die Ex-ante und Ex-post-Sparbegriffe wiedergegeben. Da das tatsächliche Sparen gleich $Y_t - C_t = S_t$ ist, ergibt sich die Möglichkeit bei Bestimmung von C ohne Referenz auf dieselbe Periode, z. B. als geplanter Konsumtion: $C_t = a\, Y_{t-1} = (1-s)\, Y_{t-1}$, die Ex-post-Ersparnis als $S_t^p = Y_t - (1-s)\, Y_{t-1}$ zu definieren; hingegen liegt (5.2) zugrunde, daß $S_t^a = Y_{t-1} - C_t$ ist, was mit der geplanten Konsumtion zu $S_t^a = (1-a)\, Y_{t-1}$ führt, wobei wir auch für die Komplementäre der Konsumneigung $(1-a) = s$ schreiben können.

[59] *Kahn*, R. F.: The Relation of Home Investment to Unemployment; E.J., Vol. XLI, 1931, S. 173 ff.; wieder abgedruckt in Readings in Business Cycles

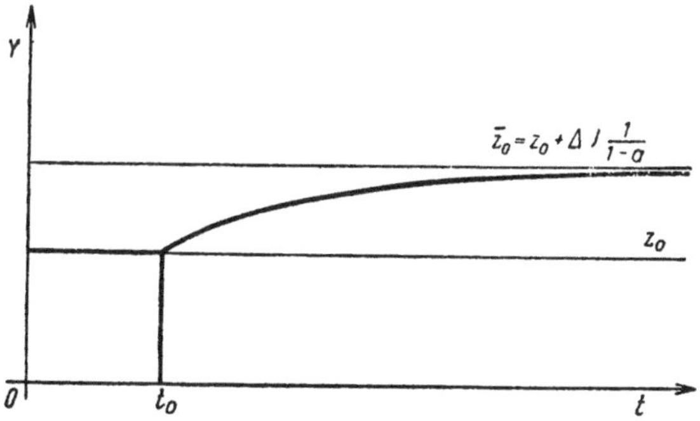

Abb. 6

die durch die Analyse dieser Fragestellung Wesentliches zu den Grundlagen der dynamischen Theorie beigetragen haben. Die umfangreiche Diskussion des Investitionsmultiplikators hat eine Reihe bedeutsamer Aspekte eröffnet, auf die immer wieder hingewiesen wird[60]. Für die Probleme einer Theorie des dynamischen Kernprozesses sind diese Erkenntnisse von vorgeordneter Bedeutung, da sie zur Analyse einer anhaltenden Variation der Investition in einem interdependenten[61] System überleiten. Das Multiplikatortheorem stellt nur die eine Seite der Theorie des Kernprozesses dar. Hicks' „rectangular cycle"[62], wie überhaupt sein Ausbau der Multiplikatortheorie, ist ein gutes Beispiel dafür, daß nur eine vorgegebene zyklische Variation der Investition auch in solchen Systemen einen Zyklus hervorrufen kann.

Es bleibt nun nur noch zu fragen, ob das System der die Einkommensentstehung und -verwendung beschreibenden Variablen einen ähnlichen Verlaufstypus ergibt, wenn wir annehmen, daß analog der funktionalen Verknüpfung von Einkommensveränderung und Konsumveränderung auch die Investition eine Funktion des Einkommens ist. Um die formale Übereinstimmung des Aufbaues zu betonen, wollen wir jetzt von der Keynesschen Gleichheit zwischen I und S (3.3)

---

and National Income, op. cit., S. 175 ff.; *Machlup,* Fritz: Period Analysis and Multiplier Theory; Q.J.E., Vol. LIV, 1939, S. 1 ff., wieder abgedruckt: Readings in Business Cycle Theory, a.a.O., S. 203 ff.

[60] Man vergleiche beispielsweise E. *Schneider* (op. cit., S. 114 ff., insbes. aber S. 118 ff.), sowie *Haberler* (op. cit., S. 433 ff.) und die Bibliographie in den „Readings in Business Cycle Theory" (loc. cit., S. 458 f.), aber auch *Shackle,* G. L. S.: Twenty Years On: A Survey of the Multiplier; E.J., Vol. 61, 1951, S. 241 ff., und insbesondere *Hicks,* J. R.: A Contribution to the Theory of the Trade Cycle; Oxford 1950.

[61] Wir gebrauchen diesen Terminus für jedes System, in dem die Variablen gegenseitig sowohl determiniert sind als auch determinieren, beschränken ihn also nicht auf die Gegenüberstellung „rekursiv versus interdepent". Vgl. aber u. a. *Hoppmann,* E., op. cit., S. 93 f.

[62] op. cit., S. 24 ff., insbes. S. 29 ff.

ausgehen, jedoch darauf achten, daß nunmehr beide Größen ex-post definiert sind. Somit haben wir für die Ex-post-Ersparnisse

$$S_t = Y_t - a\,Y_{t-1} - K \qquad (6.1)$$

für die Investitionen, deren Pläne auf dem Einkommen der vorausgegangenen Periode basieren sollen:

$$I_t = b\,Y_{t-1} \qquad (6.2)$$

und für die Ex-post-Gleichheit

$$S_t = I_t \qquad (6.3)$$

Durch Substitution von (6.1) und (6.2) in (6.3) erhalten wir für das Volkseinkommen:

$$Y_t = (a + b)\,Y_{t-1} + K \qquad (6.4)$$

Dann wird der Verlauf durch die Wurzel der charakteristischen Gleichung dieser Differenzengleichung 1. Ordnung

$$w = a + b$$

bestimmt. Das System ist stabil, wenn $0 < a + b \leqq 1$ ist. Wird $a + b > 1$, so wächst das Volkseinkommen von Periode zu Periode. Diesen Fall hat offenbar auch Haberler im Auge gehabt[63], wenn er die Erfordernis, das Akzelerationsprinzip zur Erklärung der kumulativen Prozesse heranzuziehen, bestreitet. Die „propensity to spend", welche die Summe aus der Grenzneigung zum Konsum und der zur Investition ist, brauche nur größer als 1 zu sein, so werde das System von Periode zu Periode mehr und mehr vom Gleichgewicht abweichen. Dies ist unbestreitbar und stimmt auch mit Kaldors[64] Aussage überein, derzufolge eine solche Entwicklungn nur eintreten könne, wenn die Grenzneigung zur Investition die Grenzneigung zum Sparen übersteige. Dieser betont jedoch, daß Keynes in der „General Theory" $\frac{dS}{dY} < \frac{dI}{dY}$[65] implizierte, d. h. im obigen System: $1 - a > b$ oder $a + b < 1$. Die Stabilitätsaussage dieses Systems bleibt also insoweit unerschüttert.

Könnte aber, davon abgesehen, $a + b > 1$ nicht doch eine Erklärung für die zyklischen Variationen der wirtschaftlichen Aktivität liefern? Dies ist immerhin denkbar, da die Expansion dem in diesem Fall beschriebenen zeitlichen Verlauf ähnlich ist. Die Aufnahme einer

---

[63] Vgl. *Haberler,* G.: Bemerkungen zum gegenwärtigen Stand der Konjunkturtheorie; in: Festschrift f. A. *Amonn,* op. cit., S. 225 ff., Anmerkg. 7, S. 239.

[64] *Kaldor,* Nicholas: A Model of the Trade Cycle; E.J., 1940, S. 78 ff.; wieder abgedruckt: Readings in Business Cycles and National Income, London 1953, S. 314 ff.

[65] ibid. S. 317.

oberen, d. h. einer Expansionsgrenze würde das Modell hinreichend nicht-linear machen, um kein über alle Grenzen hinausgehendes Wachstum zu implizieren. Damit aber bleibt die Schwierigkeit, den Umbruch zu erklären. Nur wenn die Nettoinvestition Null würde, könnte das System nicht weiterhin im Gleichgewicht verharren. Eine solche Annahme oder genauer gesagt, die Annahme, daß die Grenzneigung zur Investition erheblich unter die Grenzneigung zum Sparen sinkt und somit die Expansionstendenz des Volkseinkommens beendet, ist daher auch Inhalt der Kaldorschen Erklärung des Konjunkturzyklus. In diesem Falle ist jenes hohe Niveau der wirtschaftlichen Aktivität labil; es wirkt eine Kontraktionstendenz auf dieses Niveau ein, die wiederum dem Keynesschen Falle ähnelt. Der Kontraktionsprozeß herrscht, falls $b < 1 - a$ bleibt, vor, bis an einem unteren Niveau der wirtschaftlichen Aktivität die Konsumtion von solcher Größe ist, daß erneut $1 - a < b$ gegeben ist, d. h. aber, das System seine Expansion erneut beginnt[66]. Kaldors Hypothesen sind geeignet, Fluktuationen der Einkommensvariable zu erklären oder genauer gesagt, ihr Erscheinen nahezulegen. Die Schwächen seines Modells liegen jedoch in dem sehr ungewissen und — für die hier zugrunde gelegte Reaktionsstruktur — eigentlich nur ökonometrisch verifizierbaren Charakter der funktionalen Verknüpfungen. Gewiß sind die vorhandenen statistischen Ergebnisse weder zu einer Stützung noch zu einer Zurückweisung hinreichend[67]. Die Aufgabe der Theorie des dynamischen Kernprozesses scheint mir nicht voll befriedigend gelöst, wenn nicht neben den einkommenschaffenden Wirkungen der Investition auch die Effekte auf die Produktionskapazität berücksichtigt werden. Diese Kritik aber führt über die Diskussionen des Beitrages der Keynesschen Theorie zur Entwicklung einer Theorie des dynamischen Kernprozesses hinaus und soll uns im folgenden beschäftigen.

5. Die Unvollständigkeit der Variablen der Theorie von Keynes

a) Fassen wir das Ergebnis unseres Rückblicks auf Keynes' Theorie zusammen, so können wir sagen, daß die Einführung des Prinzips der effektiven Nachfrage wesentliche Erkenntnisse über die Gleichgewichtslage des Systems gebracht hat. Das Gleichgewicht der Wirtschaft, so weist die Keynessche Theorie nach, ist nicht notwendigerweise zugleich die Situation, in der alle vorhandenen Resourcen, ins-

---

[66] *Kaldor* gibt (loc. cit., S. 321) eine sehr anschauliche graphische Erläuterung der hier nur kurz wiedergegebenen Argumentation, die m. W. die erste, nur auf *Keynes'* Instrumentarium aufbauende Erklärung der zyklischen Schwankungen ist.

[67] Die genaue Beschreibung der in *Kaldors* Modell implizierten Prozesse verlangt jedenfalls, daß nicht (6.2), sondern eine spezifischere Investitionsfunktion das System bestimmt.

besondere aber die vorhandenen Arbeitskräfte, beschäftigt sind. Obwohl das System, von exogenen Variationen der Bestimmungsfaktoren für die Ertragserwartungen und damit für die Investitionen abgesehen[68], einem Gleichgewicht zustrebt, wird diese Stabilitätsaussage im Gegensatz zur klassischen Theorie durch die Tatsache gekennzeichnet, daß es sich jetzt um ein Unterbeschäftigungsgleichgewicht handeln kann.

Wir haben uns im Anschluß an die herkömmlichen Interpretationen darzulegen bemüht, daß die in Keynes' Theorie berücksichtigten Variablen und ihre funktionalen Verknüpfungen ein stabiles Gleichgewicht implizieren oder genauer, daß dem durch die Variablen usw. beschriebenen System keine oszillatorische o. ä. Instabilität inhärent ist. Die Abweichung des wirtschaftlichen Gleichgewichts von der wirtschaftlichen Aktivität im Vollbeschäftigungsniveau ist genau gleich der Differenz zwischen der effektiven Nachfrage und der Nachfrage bei Vollbeschäftigung. Unserer vorausgegangenen Darstellung zufolge scheint in jedem Fall die effektive Nachfrage durch die Nachfrage nach Konsum- und Investitionsgütern bestimmt zu sein, so daß auch im Gleichgewicht Investitionstätigkeit ausgeübt wird. Zur Bestimmung des wirtschaftlichen Gleichgewichts hatten wir jedoch $Y_t = Y_{t-1} = z_0 =$ const. gesetzt. Wie aber ist es denkbar, daß das Gleichgewicht, einen stationären Prozeß beschreibend, ebenfalls Netto-Investitionen aufweist?

Diese oder eine ähnliche Überlegung hat wohl auch stillschweigend zwei Publikationen[69] zugrunde gelegen, die unabhängig voneinander in Keynes' Schema eine zusätzliche Reaktionsbeziehung bzw. Variable berücksichtigen. In beiden Publikationen wird ohne besondere Begründung auf das Akzelerationsprinzip zurückgegriffen und die Investition als von der Veränderung der Gesamt- (so Harrod) oder der Konsumgüternachfrage (so Samuelson) abhängig angenommen. Damit ist der Bestand an Kapitalausrüstung in das System aufgenommen worden. Wir werden im Anschluß an die Besprechung des Akzelerationsprinzips auf beide Publikationen zurückkommen, wollen uns hier aber zunächst ganz allgemein auf kreislauftheoretische Überlegungen stützen. Gerade die kontinentale Nationalökonomie hat in kreislauftheoretischen Erörterungen, die im Gegensatz zur Tradition von Cambridge stets zum Gegenstand des theoretischen Interesses gehörten,

---

[68] Vgl. insbesondere *Keynes*, J. M., op. cit., Book IV, Chapter 22: Notes on the Trade Cycle; S. 313 ff.

[69] *Harrod*, Roy Forbes: An Essay in Dynamic Theory; E.J., 1939, S. 14 ff.; wieder abgedruckt: Readings in Business Cycles and National Income, a.a.O., S. 200 ff.; *Samuelson*, Paul A.: Interactions between the Multiplier Analysis and the Principle of Acceleration; R.E.Stat., Vol. XXI, No. 2, 1939, S. 75 ff.; wieder abgedruckt: Readings in Business Cycle Theory, a.a.O., S. 261 ff.

wesentlich zur Klärung des gesamtwirtschaftlichen Gleichgewichtsbegriffes beigetragen. Ihre Erkenntnisse waren formal durchweg hervorragend ausgearbeitet[70] und gehörten, auch soweit sie auf Marxens Überlegungen beruhen, wohl nicht zu dem, „what could only live on furtively below the surface, in the underworlds of Karl Marx"[71].

b) Mit kreislauftheoretischen Überlegungen läßt sich jedenfalls sehr leicht nachweisen, daß ein stationäres Gleichgewicht nur dann eintritt, wenn die Gesamtheit aller entstandenen Einkommen konsumtiv verwendet wird, d. h. die durchschnittliche Neigung zum Konsum gleich Eins ist. Wir wollen den Nachweis kurz mit der von Herzog[72] aufgezeigten Bedingung für die Größenverhältnisse zwischen dem Produktionsbereich für Konsumgüter, K, und dem für Investitionsgüter, I, erbringen. Seine Darstellung des stationären Kreislaufs ist für unsere Zwecke besonders geeignet, da sie einerseits die wesentlichen Merkmale der sich an Marx anschließenden Diskussion über die Größenverhältnisse der „Abteilungen I und II"[73] wiedergibt, andererseits unmittelbar die formale Übereinstimmung mit Keynes' Definitionen erkennen läßt.

Gehen wir nämlich mit Herzog davon aus, daß die Preissumme aller in einer bestimmten Wirtschaftsperiode für die aktuelle Konsumentennachfrage hergestellten Güter (Keynes: Wert der laufenden Ausbringung an Konsumgüter)[74] gleich K sei, so setzt sich diese aus der Summe der anteiligen Kosten des in die Konsumgutproduktion eingegangenen Sachkapitals p_k und dem Arbeitseinkommen der in der Konsumgutproduktion tätigen Menschen, inklusive Unternehmerlohn, (Keynes[75]: aggregate income = factor cost + profit) a_k zusammen. Somit ergibt sich:

$$K = a_k + p_k; \tag{7.1}$$

---

[70] Vgl. *Burchardt,* Fritz A.: Die Schemata des stationären Kreislaufs bei *Böhm-Bawerk* und *Marx,* Ww.A., Bd. 34, 1931, S. 525 ff. und Bd. 35, 1932, S. 116 ff; insbes. S. 122, 127 f.; oder *Peter,* Hans: Grundprobleme der theoretischen Nationalökonomie, Bd. I, 1933, insbes. S. 124 ff. und Bd. II, 1934, insbes.: Der Gesamtprozeß in der Entwicklung, S. 58 ff., sowie die dort genannte Literatur. Von den neueren Arbeiten seien genannt: *Bilimovic,* Alexander: Das allgemeine Schema des wirtschaftlichen Kreislaufes, Z.f.N., Bd. X, 1942, S. 199 ff.; *Mangold,* Gerhard: Die Strukturanalyse des wirtschaftlichen Kreislaufes. — Ein Beitrag zur Dogmengeschichte der Kreislauftheorie; Schm.J., 73. Jg. 1953, Teil I, S. 27 ff., Teil II, S. 161 ff.

[71] *Keynes,* General Theory, S. 32.

[72] *Herzog,* Richard: Wirtschaftliches Gleichgewicht, Akzelerationseffekt und Finanzpolitik; in der Festschrift für Wilhelm *Gerloff:* Beiträge zur Geld- und Finanztheorie, Herausg. *Neumark,* F. und *Sauermann,* H., Tübingen 1951, S. 13 ff.

[73] Man achte aber darauf, daß bei *Marx* (Das Kapital, Bd. 2, Ausgabe Dietz, Berlin 1953, S. 398 ff.) die Abteilung I die Produktion von Produktionsmitteln, Abteilung II die Produktion von Konsumtionsmitteln umfaßt.

[74] Vgl. op. cit., S. 24 und insbes. S. 57 und S. 62.

[75] Vgl. op. cit., S. 24.

entsprechend ergibt sich für die Investitionsgüterproduktion

$$I = a_i + p_i. \tag{7.2}$$

Da wir eine geschlossene Wirtschaft betrachten, muß die Ausbringungsmenge der Investitionsgüterproduktion, I, dem Verbrauch des Sachkapitals in beiden Produktionsbereichen (bei Marx: Abteilungen der gesellschaftlichen Produktion) entsprechen, so daß auch

$$I = p_k + p_i \tag{7.3}$$

gilt.

Aus (7.2) und (7.3) ergibt sich unmittelbar die Bedingung[76]:

$$a_i = p_k \tag{7.4}$$

Mit Keynes' Definition des Einkommens können wir sagen, daß

$$Y = a_k + a_i \tag{7.5}$$

ist. Nimmt man weiterhin Keynes folgend an, daß zwischen dem Gesamteinkommen und der Nachfrage nach Konsumgütern eine funktionale Beziehung besteht[77], daß also

$$K = c(Y) \tag{7.6}$$

sei, so können wir durch Substitution von (7.1) und (7.5) in (7.6) und unter Beachtung von (7.4) den Wert für c ermitteln. Es ergibt sich nämlich, daß

$$a_k + p_k = c\,(a_k + a_i)$$

$$c = \frac{a_k + p_k}{a_k + a_i}$$

ist, was unter Beachtung von (7.4)

$$c = \frac{a_k + p_k}{a_k + p_k} = 1$$

werden läßt. Damit ist aufgezeigt, was kreislauftheoretisch notwendige und hinreichende Bedingungen für einen stationären Prozeß sind[78].

---

[76] Es sei angemerkt, daß (7.4) gleich *Marx*ens Bedingung für den Austausch der Abteilungen I und II im Falle der einfachen Reproduktion ist: I (v + m) = II (c), wonach also Lohn und Mehrwert, die in der Produktionsmittelproduktion anfallen, gleich den in der Produktion von Konsumtionsmitteln „vernutzten" Produktionsmitteln (constantem Kapital) sein müssen. Vgl. *Marx*, op. cit., S. 400 f., insbes. Kap. 20, II, Anhaltspunkt 2. und III., S. 401 ff.

[77] Man achte darauf, daß c (Y) die durchschnittliche Neigung zum Konsum bestimmt.

[78] Auch *Marx* geht davon aus, daß in der einfachen Reproduktion außer dem Arbeitslohn auch „der ganze Mehrwert unproduktiv konsumiert wird" (loc. cit., S. 400). — *Marx*ens Schemata, darauf sei ausdrücklich verwiesen, fügen selbstverständlich Mehrwert und variables Kapital (= Lohn = factor cost) nicht zusammen. Daß im übrigen hiervon die Beurteilung des Wirklich-

Diese verlangen, daß

1. die Investitionsgüterproduktion den Verschleiß an Sachkapital in beiden Produktionsbereichen deckt, und zwar derart, daß die Einkommensentstehung im Investitionsgüterbereich preissummengleich dem Verschleiß an Produktionsmitteln im Konsumgüterbereich ist,

und daß

2. das Gesamteinkommen für Konsumgüter verausgabt wird, d. h. die durchschnittliche Neigung zum Konsum gleich Eins ist.

Sind diese Bedingungen erfüllt, so ist zugleich ein Fall vollständigen makroökonomischen Gleichgewichts[79] gegeben, d. h. die Produktionsstruktur weist weder horizontale noch vertikale Ungleichgewichte auf. — Im Anschluß an Haberler[80] bezeichnen wir mit vertikalem Ungleichgewichtszustand jenen Zustand, bei dem die Industrien, die sich nicht „harmonisch" (= ausgeglichen) entwickeln, in vertikaler Richtung miteinander verbunden sind. Höhere (frühere) Produktionsstufen sind in diesem Fall gegenüber den niedrigeren (späteren — näher beim Konsum befindlichen) Produktionsstufen insofern unharmonisch entwickelt, als die Entscheidungen der Wirtschaftssubjekte über konsumtive oder nicht-konsumtive Verwendung ihrer Einkommen nicht mit der entwickelten Struktur[81], d. h. der absoluten und relativen Größe der Produktionsstufen, übereinstimmen. Im Modell des stationären Prozesses ist dies durch die Bedingung $c = 1$ ausgeschlossen. — Von einem horizontalen Ungleichgewicht spricht man zweckmäßig dann, wenn die vorhandene Produktionsstruktur entweder den Entschei-

---

keitswertes des Schemas der einfachen Reproduktion resp. des Modelles des stationären Wirtschaftsprozesses nicht abhängt, sei an folgenden Zitaten aus *Marx* (Kapital, Bd. II, a.a.O.) belegt. Er meinte: „Die einfache Reproduktion auf gleichbleibender Stufenleiter erscheint insoweit als eine Abstraktion, als einerseits auf kapitalistischer Basis Abwesenheit aller Akkumulation oder Reproduktion auf erweiterter Stufenleiter eine befremdliche Annahme ist", ... „indes, soweit Akkumulation stattfindet, bildet die einfache Reproduktion stets einen Teil derselben, kann also für sich betrachtet werden ..." (S. 397 f.). Oder an anderer Stelle (S. 527): „Die Voraussetzung der einfachen Reproduktion, daß $I(v + m) = II(c)$ sei, ist unverträglich mit der kapitalistischen Produktion."

[79] Vgl. auch: *Mangold,* op. cit., S. 30.

[80] *Haberler,* G.: Prosperität und Depression, Bern 1948, S. 39.

[81] *Mangold,* op. cit., S. 30, verlangt für diese Gleichgewichtslagen lediglich die Übereinstimmung von Erzeugung und Verbrauch. Dies kann aber z. B. auch auf den Märkten eintreten, bei denen Produktionsbetriebe unterbeschäftigt sind, so daß sie nicht im Optimum produzieren (vom Gewinn-Maximum ist hier abzusehen!), wodurch ihre Ersatzinvestitionsquoten unter diesen Umständen nicht konstant bleiben müssen, so daß schließlich eine nicht unerhebliche Reihe von Anpassungsvorgängen ausgelöst werden kann, die m. E. mit dem Begriff des Gleichgewichts unverträglich sind. *Mangolds* Definition dürfte daher eine notwendige, aber keine hinreichende Bedingung umfassen. Dies gilt m. E. auch für die erweiterte Bestimmung der Gleichgewichte auf S. 40 der *Mangold*schen Publikation.

dungen der Konsumenten, was die Verteilung der Ausgaben auf verschiedene Arten von Konsumgütern anbetrifft, oder/und den Entscheidungen der Produzenten auf jeder Produktionsstufe, was die Verteilung ihrer Ausgaben auf verschiedene Arten von Produktionsmitteln anbelangt, nicht entspricht. Den ersten Fall horizontalen Ungleichgewichts haben wir durch die aggregative Analyse der Konsumausgaben aus unserer Betrachtung ausgeschlossen; die Bedingung $a_i = p_k$ gewährleistet, daß kein Mißverhältnis zwischen Industrien desselben Ranges (an der Distanz vom Konsum gemessen) vorliegt. — Um die Verwendung der Begriffe höhere und niedere (usw.) Produktionsstufe zu klären, sei, späteren Erörterungen etwas vorgreifend, darauf hingewiesen, daß wir keine unendliche Stufenfolge, sondern eine zurückgekoppelte Produktionsstruktur zugrunde legen.

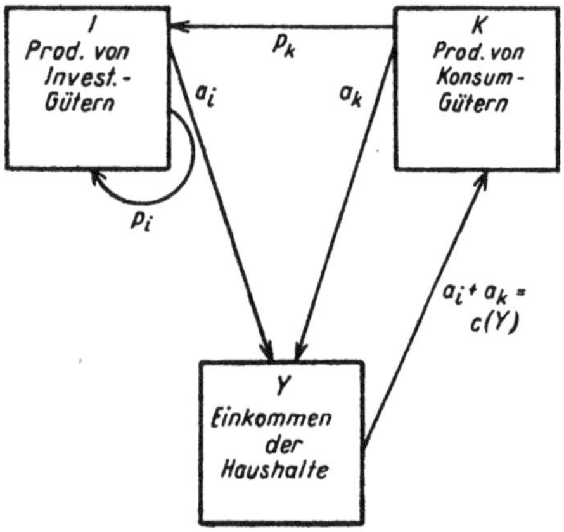

Abb. 7

Wie die beigefügte Abbildung 7 verdeutlicht, ist die Konsumgüterproduktion den Haushalten in bezug auf die auf Grund des Einkommens erfolgende Nachfrage vorgelagert, d. h. mit diesen vertikal verknüpft. Haushalte als der Sektor der Wirtschaft, an den sich die Nachfrage nach Faktorleistungen richtet (oder auch: an den Faktoreinkommen gezahlt werden), sind genau wie die Investitionsgüterproduktion, an die sich die Nachfrage zur Ersatz-(oder zur Neu-)Lieferung von Investitionsgütern richtet, der Konsumgutproduktion vertikal vorgelagert. Entscheidungen über die Größe von a_k und p_k sind jedoch Entscheidungen, die — vom Standpunkt der Produzenten der Konsumgüterproduktion — die Verteilung ihrer Ausgaben auf verschiedene Produktionsmittel anbetreffen. Die Verteilung der Ausgaben auf a_k und p_k berührt also das horizontale Gleichgewicht. Entsprechendes gilt für a_i und p_i, denn die Investitionsgüterproduktion ist sich in

Höhe von p_i selbst vorgelagert, und zwar in der gleichen Weise, wie es der die Arbeitsleistungen bereitstellende Sektor Haushalte ist. — Es sei angemerkt, daß der 2. Fall totalen makroökonomischen Gleichgewichts, der bei stetigem ausgeglichenem Wachstum der Gesamtwirtschaft auftritt, später besprochen wird.

c) Somit ist nachgewiesen und veranschaulicht, daß ein stationäres Gleichgewicht als totales makroökonomisches Gleichgewicht nur dann vorliegen kann, wenn das Gesamteinkommen vollständig für Konsum verausgabt wird. Zwar scheint Keynes in seinem Kapitel über das Wesen des Kapitals[82] an einen ähnlichen Gleichgewichtsbegriff zu denken, doch ist dieser nicht mit einer linearen Funktion der Investition in bezug auf das Einkommen konsistent. Dies bedeutet jedoch, daß offenbar nicht die effektive Nachfrage, die sich aus der Summe der Nachfrage nach Investitionsgütern und nach Konsumtionsgütern zusammensetzt, das Gleichgewicht der Wirtschaft bestimmt, sondern nur da herrscht Gleichgewicht, wo die Ersparnisse gleich Null sind. Jede andere Situation erscheint als Ungleichgewicht.

Diese Tatsache hat Keynes offenbar nicht sehr klar gesehen. Schneiders Erläuterung, da sich Keynes' Theorie auf den „short run" beziehe, bleiben Technik und Produktionsapparat konstant, d. h. die in einer Periode zur Durchführung kommenden Netto-Investitionen veränderen die Größe des Bestandes und die Technik der Produktion nicht wesentlich[83], kann diesen Mangel nur zum Teil beseitigen. Immerhin bezieht sich Keynes Definition auf eine „addition" zur Kapitalausrüstung. Daher kann man auch Goodwin zustimmen, wenn er in Hansens Studie über den Konjunkturzyklus ausführt, daß Keynes in einem wesentlichen Punkt die Konsequenzen seiner eigenen Theorie verkannte: „The demand curve for capital must assume a given level of aggregate demand[84]." D. h. aber, wenn mit einer gegebenen Gesamtnachfrage eine bestimmte Menge an Kapitalausrüstung verbunden ist, so bedeutet eine Vergrößerung dieser Kapitalausrüstung einerseits eine Substitution gegen andere Produktionsfaktoren oder/und eine größere Ausbringung zu geringeren Preisen. Nimmt jedoch das Einkommen gemeinsam mit der Beschäftigung zu, dann kann andererseits eine Vergrößerung des Kapitalbestands erfolgen,

---

[82] *Keynes*, loc. cit., S. 217 f.: "Thus for a society such as we have supposed, the position of equilibrium, under conditions of laissez-faire, will be one in which employment is low enough and the standard of life sufficiently miserable to bring savings to zero. More probably there will be a cyclical movement round this equilibrium position."

[83] *Schneider*, E., op. cit., III. Teil, S. 145 f.

[84] *Goodwin*, Richard A.: Econometrics in Business Cycle Analysis, in: A. H. *Hansen:* Business Cycles and National Income, New York 1951, S. 417 ff., zitiert S. 447.

ohne daß Substitutionseffekte oder Veränderungen in den Preisrelationen auftreten.

Während der erste Fall des „capital deepening", d. h. die Vertiefung der Kapitalstruktur[85] durch intensivierende Investitionen beschreibt, befaßt sich der zweite Fall mit dem „capital widening", der Vergrößerung der Kapitalstruktur durch extensivierende Investitionen. Den Problemen, die sich im Zusammenhang mit den extensivierenden Investitionen ergeben, werden wir uns im folgenden Abschnitt zuwenden. Zugleich sei darauf aufmerksam gemacht, daß unsere gesamte Analyse sich weiterhin nur mit den Problemen des „capital widening", d. h. der Vergrößerung des Kapitalbestandes bei entsprechender Vergrößerung der Ausbringung beschäftigen wird, daß aber Probleme, die aus der Veränderung dieser Relation resultieren und auch deren Bestimmungsgründe nicht Gegenstand unserer weiteren Analyse sein werden.

Bevor wir jedoch zur Besprechung der kapazitiven Wirkungen der Investitionen übergehen, sei die durch Keynes' Prinzip der effektiven Nachfrage gegebene Bestimmung des Einkommensniveaus graphisch verdeutlicht. Wir lehnen uns dabei an Hansens Darstellung an[86]. In dem folgenden Schaubild 8 ist auf der Y-Achse das tatsächliche Niveau des Volkseinkommens aufgetragen, auf der C-Y-Achse das Volkseinkommen und die aus einem gegebenen Volkseinkommen entfaltete Nachfrage nach Konsumgütern. Die 45°-Linie, als Winkelhalbierende des ersten Quadranten, trägt das Einkommen über dem Einkommen ab. Die eingezeichnete Konsumfunktion C (Y) zeigt die übliche Darstellung der Abhängigkeit der Konsumausgaben vom Einkommen; sie soll eine lineare, nicht-homogene Funktion sein. Die Differenz zwischen der Konsumfunktion und der 45°-Linie repräsentiert die Ersparnisse. Je nachdem, wie groß die Investitionen sind, werden die Ersparnisse absorbiert, d. h. die Lücke zwischen der Konsumfunktion und der 45°-Linie ausgefüllt, so daß Investitions- und Konsumtionsausgaben das tatsächliche Einkommensniveau bestimmen. Sind die Investitionen beispielsweise gleich $\overline{KL}$, so wird das tatsächliche Einkommen seinen Gleichgewichtswert übersteigen und gleich Y_1 sein, ist die effektive Nachfrage nach Investitionsgütern gleich $\overline{MN}$, so steigt das tatsächliche Einkommen auf Y_2. Wird die Netto-Investition gleich Null, so realisiert sich das Gleichgewichtseinkommen. Eine negative Netto-Investition kompensiert das Entsparen, so daß, wenn $\overline{OP}$ desinvestiert wird, das Einkommen nicht infolge der Eins übersteigenden

[85] Im Sinne der Relation zwischen Bestand an produzierten Produktionsmitteln während einer Periode und der mit diesem ermöglichten Ausbringung der Periode.

[86] *Hansen,* Alvin H.: Business Cycles and National Income, New York 1951, S. 196, Fig. 56.

durchschnittlichen Konsumneigung (in statischer Analyse sofort, in dynamischer Analyse im Zeiverlauf!) auf Y_0 zurückkehrt, sondern das laufende Einkommen auf Y_0 verharrt.

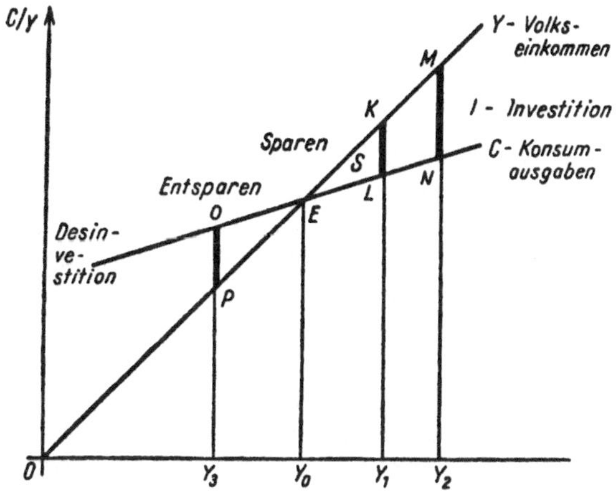

Abb. 8

In dieser Darstellung werden lediglich die einkommenschaffenden Nachfragen nach Investitionsgütern und Konsumtionsgütern zum Ausdruck gebracht, nicht jedoch irgendwelche Aussagen über das Gleichgewicht usw. impliziert. In dieser Fassung soll das Prinzip der effektiven Nachfrage unserer weiteren Analyse zu Grunde gelegt werden. Die relativ einfache Formulierung werden wir später, ohne ihren Aussageinhalt zu modefizieren, etwas differenzieren müssen. Bekanntlich ist Keynes' Prinzip der effektiven Nachfrage, das wir vorstehend als einen Ansatz zur Analyse der volkswirtschaftlichen Strömungsgrößen behandelten, durch eine große Reihe von Untersuchungen[87] zu einer allgemeinen Theorie der Bestimmung des Volkseinkommens ausgebaut worden. Die Einbeziehung staatlicher Aktivität, des Außenhandels und die gelegentlich berücksichtigten Einflüsse aus den Unternehmungsersparnissen usw. rundeten das Bild ab, so daß nunmehr bei geeigneter statistischer Erfassung dem Prinzip der effektiven Nachfrage ein ziemlich klar definierter quantitativer Inhalt beigelegt werden kann. Unsere weitere Analyse ist jedoch nicht mit der Gesamtheit aller das Volkseinkommen bestimmenden Größen, sondern nur mit den Bestimmungsfaktoren der bereits bekandelten Größen befaßt.

---

[87] Vgl. z. B. *Samuelson*, Paul: The Simple Mathematics of Income Determination; in: Essays in Honor of A. H. *Hansen:* Income, Employment and Fiscal Policy; New York 1948, S. 133 ff.; *Schneider*, E.: Einführung ..., op. cit., Teil I; *Schelling*, Thomas C.: National Income Behavior; New York 1951.

D. Die Analyse der kapazitiven Effekte der Investition

1. Kurzer Rückblick auf die Darstellung der kapazitiven Effekte als Akzelerationseffekte

a) Nachdem Samuelson und Harrod[1] die Beziehungen zwischen dem in einer Periode vorhandenen Bestand an Kapitalausrüstung und der Ausbringung in dieser Periode in die Analyse der Einkommensentstehung einbezogen hatten und auch andere Autoren, wie Haberler, dem Akzelerationsprinzip sowohl im Rahmen der Überinvestitionstheorien als auch bei ihrer eigenen Erklärung des Konjunkturzyklus[2] eine hervorragende Rolle zuwiesen, belebte sich erneut das Interesse an der Entwicklung des Prinzips. Die Diskussion wurde so reichhaltig[3], daß eine vollständige kritische Würdigung den Rahmen dieser Arbeit sprengen würde. Es dürfte angebracht sein, die Darstellung mit einem der üblichen Beispiele[4] zu beginnen und damit summarisch auf die einzelnen Probleme aufmerksam zu machen und die Grundlage für die systematische Darstellung zu gewinnen.

Zunächst seien folgende Voraussetzungen gemacht: eine vorhandene Nachfrage nach einem Gut (D) während einer Periode (t) werde be-

---

[1] *Harrod* hatte bereits in seinem Essay über den Konjunkturzyklus (The Trade Cycle, Oxford 1936) der „Relation" besondere Aufmerksamkeit geschenkt. Vor allem waren es aber sein obengenannter Artikel im Economic Journal und *Samuelsons* Analyse der Beziehungen zwischen Multiplikator und Akzelerator, die das Interesse am Akzelerationsprinzip belebten.

[2] Vgl. *Haberler*, op. cit., S. 88 und S. 291 ff.

[3] Vgl. *Mieth*, Wolfram: Das Akzelerationsprinzip, Berlin 1954; *Schneider*, E., op. cit., Teil III, S. 169 ff.

[4] Solche Beispiele finden sich, teils in ausgebauter, teils in vereinfachter Form bei *Kuznets*, Simon: Relation between Capital Goods and Finished Products in the Business Cycle; in: Economic Essays in Honor of *Wesley Clair Mitchel*, New York 1935, S. 209 ff. Die Erläuterung der Wirkungsweise des Prinzips bei vorgegebener unabhängiger Variation findet sich auch in der zwar nicht ersten, aber doch grundlegenden (übrigens auch namengebenden) Publikation von *Clark*, John Maurice: Business Acceleration and the Law of Demand: A Technical Factor in Economic Cycles; J.P.E., Vol. XXV, No. 3, 1917, S. 217 ff.; wieder abgedruckt: Readings of Business Cycle Theory, a.a.O., S. 235 ff. Die früheren Publikationen von *Aftalion* (—, Albert: Les crises periodiques des surproduction, Paris 1913, z. B. S. 274 ff.) und *Bouniatian* (—, Mentor: Wirtschaftskrisen und Überkapitalisation, München 1908, z. B. S. 117, S. 125, S. 152), nicht aber die von *Bickerdike* (—, C. F.: A Non Monetary Cause of Fluctations in Employment; E.J., Vol. XXIV, 1914, S. 357 ff.) beschreiben lediglich das Phänomen. Erst die späteren Publikationen der genannten Autoren (vgl. *Mieth*, op. cit.) bringen z. T. ausführliche Darstellungen.

friedigt und dabei der vorhandene Kapitalbestand (K_t) bis zu einem gewissen Grad ausgelastet. Für die Produktion dieser Güter werden dabei Kapitalgüter verbraucht; dies bestimmt die erforderliche Reinvestition, von der wir annehmen, daß auch sie sofort mit dem Verschleiß des Sachkapitals, also in derselben Periode, erfolgt. Die Reinvestition soll von der Dauerhaftigkeit des Kapitalbestandes abhängen und $^1/_{20}$ dieses Bestandes betragen. Die Ersatzinvestition stellt also die Reziproke der Lebensdauer, multipliziert mit dem Kapitalbestand dar. Unter der Annahme, daß für unbestimmte Zeit vorher ein stationärer Prozeß vorgelegen hat, sei die Reinvestition konstant. Weiterhin soll angenommen werden, daß der gegebene Ausnutzungsgrad des Kapitalbestandes unter allen Umständen aufrecht erhalten werden soll, so daß zwischen dem in der Periode vorhandenen Bestand an produzierten Produktionsmitteln und der während der Periode entfalteten und befriedigten Nachfrage ein konstantes Verhältnis (b) bestehe; dieser Faktor habe den Wert 5. Die Aufrechterhaltung des konstanten Verhältnisses, welches üblicherweise als Akzelerator oder bei Clark[5] als Verstärkungsfaktor (factor of intensification) bezeichnet wird, geschehe durch Nettoinvestitionen, die unmittelbar mit der Erhöhung des erforderlichen Kapitalbestandes einhergehen. Die unabhängige Veränderung der Nachfrage folge der in der beigefügten Tabelle vorgegebenen Reihe. In unserem Beispiel ergeben sich unter den gemachten Annahmen Zeitreihen für die Nachfrage nach einem bestimmten Gut (D), deren Veränderung (D′), und die Veränderung der Veränderung (D″), den Kapitalbestand, der in der jeweils betrachteten Periode vorhanden sein muß, (K_t) und die Nettoinvestition (NI_t),

Tabelle 3

1	2	3	4	5	6	7	8	9	10
t	D_t	D'_t	D''_t	K_t	NI_t	NI'_t	RI_t	BI_t	BI'_t
1	100	0	0	500	0	0	25	25	0
2	105	5	5	525	25	25	25	50	25
3	115	10	5	575	50	25	25	75	25
4	125	10	0	625	50	0	25	75	0
5	130	5	— 5	650	25	—25	25	50	—25
6	130	0	— 5	650	0	—25	25	25	—25
7	125	— 5	— 5	625	— 25	—25	25	0	—25
8	115	—10	— 5	575	— 50	—25	25	0	0
9	95	—20	—10	475	—100	—50	25	0	0
10	90	— 5	15	450	— 25	75	25	0	0
11	95	5	10	475	25	50	25	50	0
12	100	5	0	500	25	0	25	50	0
13	100	0	— 5	500	0	—25	25	25	25
14	100	0	0	500	0	0	25	25	0

[5] *Clark*, John Maurice: Strategic Factors in Business Cycles, New York 1934, z. B. S. 32.

sowie deren Veränderung (NI'_t). Die NI_t zusammen mit der konstanten Reinvestition (RI_t) ergibt die Bruttoinvestition (BI_t), deren Veränderung (BI'_t) in der letzten Spalte eingetragen ist (vgl. Tab. 3).

An diesem Beispiel kann man die typischen Wirkungen des Beschleunigungsprinzips erkennen. Zunächst ist festzustellen, daß auf Grund der angenommenen Beziehungen die Veränderung der abgeleiteten Nachfrage, d. h. die Veränderung der Nachfrage nach neuen Sachkapitalgütern (NI'_t), der Beschleunigung der ursprünglichen Nachfrage (D''_t) folgt. In Verbindung mit der Relation b (= Akzelerator-Vergrößerungsfaktor) bedeutet dies außerdem eine viel heftigere Veränderung der abgeleiteten Nachfrage. Dabei tendieren Maximum und Minimum der Nachfrage nach den Sachkapitalgütern dem Maximum und Minimum der Nachfrage nach Fertiggütern vorauszueilen, und zwar derart, daß diese Veränderungen scheinbar ihrer eigenen Ursache vorauseilen. Dies ist zugleich der Inhalt der drei „dynamischen Gesetze der Nachfrage", die Clark als das Ergebnis seiner Untersuchung formuliert[6].

Genauer betrachtet erkennen wir, daß in diesem Falle, in dem die Veränderung der Investitionsnachfrage der Beschleunigung der ursprünglichen Nachfrage folgt, sich das Maximum der abgeleiteten Nachfrage (der NI_t) nicht dann ergibt, wenn die unabhängige Variable ihr Maximum erreicht, sondern in jener Periode, in der ihr Zuwachs am größten ist. Während die ursprüngliche Nachfrage von diesem Punkte an noch zunimmt, jedoch in verringertem Maße, nimmt die abgeleitete Nachfrage ab. Nach dem oberen Umkehrpunkt der ursprünglichen Nachfrage wird die abgeleitete Nachfrage nach Nettoinvestitionen negativ und dies in stets wachsendem Maße, bis sie ihren Tiefpunkt dann erreicht, wenn die ursprüngliche Nachfrage am stärksten abnimmt. Die letzte Phase wird durch die Verringerung der Abnahme der ursprünglichen Nachfrage gekennzeichnet, so daß die abgeleitete Nachfrage relativ zuzunehmen beginnt.

So ergibt zwar das Zahlenbeispiel, daß die Veränderung der Nettoinvestition genau der Beschleunigung der Nachfrage folgt: doch haben wir dabei nicht beachtet, daß bereits in diesem einfachen Beispiel in der Phase des Abschwungs, d. h. vom oberen Wendepunkt an, Überkapazitäten entstehen. So ist in der 6. Periode der Kapitalbestand genau gleich dem erforderlichen Kapitalbestand und die Reinvestition ersetzt seinen Verschleiß. In der 7. Periode wird ein Kapitalbestand in Höhe von 625 benötigt. Vorhanden ist ein Kapitalbestand in Höhe von 650. Die Reinvestition kompensiert sich mit der negativen Nettoinvestition, so daß die Bruttoinvestition Null wird. In der 8. Periode, in der ein Kapitalbestand von 575 benötigt wird, ist uns aus der

---

[6] *Clark*: Business Acceleration ..., op. cit., S. 253 f.

vorausgegangenen Periode jedoch ein Kapitalbestand von 625 überkommen. Verglichen mit diesem beträgt die Nettoinvestition —50; da aber die Reinvestition, wenn sie unterlassen wird, den Kapitalbestand nur um 25 vermindert, geht in die 9. Periode ein Kapitalbestand von 600 ein. Tatsächlich benötigt wird in dieser ein Bestand von 475, so daß die Nettoinvestition, verglichen mit dem Sollbestand der vorausgegangenen Periode —100 beträgt, jedoch die Überkapazität 125 ausmacht. Von dieser wird erneut, bei angenommener konstanter Reinvestition, nur ein Betrag von 25 verbraucht, so daß eine Überkapazität von 100 bestehen bleibt. Das weitere Absinken der ursprünglichen Nachfrage würde nun weitere Überkapazitäten entstehen lassen, so daß die Wirksamkeit des geschilderten Prinzips im Falle der verminderten Abnahme oder der Zunahme unter Berücksichtigung des vorhandenen Bestands offenbar nicht mehr so eindeutig ist. Auf diese Einschränkung hatte J. M. Clark[7] schon von Anfang an aufmerksam gemacht.

Auch die Annahme, daß die abgeleitete Nachfrage sich nicht nach der Veränderung der ursprünglichen Nachfrage bestimmt, sondern daß die Unternehmer ihre Investitionen durch die Relation, die zwischen erforderlichem und tatsächlich vorhandenem Kapitalbestand besteht, bestimmt sein lassen, kann in unserem Modell die Entstehung von Überkapazitäten nicht verhindern. Allerdings wird mit einer solchen Annahme wohl ein realistischeres Bild der wirtschaftlichen Wirklichkeit gegeben werden, da unter diesen Bedingungen eine Investitionstätigkeit nicht schon deshalb auftritt, weil die abgeleitete Nachfrage weniger negativ ist, als die Ersatzinvestitionen ihrem Volumen nach ausmachen. Die nachstehende Tabelle 4 zeigt die sich mit der veränderten Annahme über die unternehmerischen Investitionsdispositionen ergebenden Zeitreihen. Für die in Spalte 6 angegebene Nettoinvestition wird angenommen, daß $NI_{1,t} = bD'_t$ ist; für die in Spalte 9 angegebene Nettoinvestition wird angenommen, daß $NI_{2,t} = \overline{K_t} — K_t$ ist; dabei ist K_t der tatsächlich vorhandene Kapitalbestand, $\overline{K_t}$ der erforderliche Kapitalbestand. Die im Abschwung auftretenden Überkapazitäten bewirken, daß sich von der 11. Periode an die gesamten Investitionstätigkeiten in ihren charakteristischen Verläufen wesentlich unterscheiden. Der auftretende Typus hängt von der zu Grunde gelegten Hypothese ab, so zwar, daß im letzten Fall ein langsames Ansteigen, im ersten Fall aber ein sprunghaftes Ansteigen und Wiederabfallen der Investitionstätigkeit auftritt.

Auch die Betrachtung dieses Beispieles legt nahe, die Gültigkeit des Akzelerationsprinzips nur für die Expansion vorauszusetzen, für

[7] *Clark:* op. cit., S. 253.

Tabelle 4

1	2	3	4	5	6	7	8	9	10
t	D_t	D'_t	K_t	RI_t	$NI_{1,t} = K_t - K_{t-1}$	$BI_{1,t}$	$\bar{K}_t$	$NI_{2,t}$	$BI_{2,t}$
			Sp. 2 mal b	const.	b D'_t	Sp. 5 & Sp. 6	in (t-1): $\bar{K}$./· Sp. 5 & Sp. 10	Sp. 4 ./· Sp. 8	Sp. 9 & Sp. 5
6	130	0	650	25	0	25	650	0	25
7	125	— 5	625	25	— 25	0	650	— 25	0
8	115	—10	575	25	— 50	(—25 =)0	625	— 50	(— 25=)0
9	95	—20	475	25	—100	(—75 =)0	600	—125	(—100=)0
10	90	— 5	450	25	— 25	0	575	—125	(—100=)0
11	95	5	475	25	25	50	550	— 75	(— 50=)0
12	100	5	500	25	25	50	525	— 25	0
13	100	0	500	25	0	25	500	0	25
14	100	0	500	25	0	25	500	0	25

die Kontraktion hingegen die Anpassungen des Kapitalbestandes auf den durch unterlassene Ersatzinvestition gegebenen desinvestitorischen Spielraum zu beschränken.

b) Das Ausmaß der entstehenden Überkapazitäten, die nicht mit einer vorhandenen eventuellen Kapazitätsreserve verwechselt werden dürfen (da hier das Akzelerationsprinzip voraussetzungsgemäß überhaupt nur bei einem festvorgegebenem Ausnutzungsgrad abgeleitet wurde), ist maßgeblich abhängig von der Annahme über die Reinvestition[8]. Je nachdem, ob die Abnutzungsquote größer oder kleiner als die Überschußkapazität ist, wird eine positive oder negative Bruttoinvestition erscheinen müssen. Negative Bruttoinvestitionen sind aber für den gewöhnlichen Fall einer Marktwirtschaft nicht anzunehmen, denn daß man Aufwendungen für die Beseitigung ungenutzter Kapazitäten macht, dürfte dem Wirtschaftlichkeitsprinzip wohl widersprechen. Damit ist eine wesentliche Einschränkung der Wirksamkeit des Akzelerationsprinzips aufgezeigt.

Da nun aber der Anteil der Reinvestitionen an der Bruttoinvestition desto kleiner ist, je dauerhafter die Kapitalanlagen sind, wird man erwarten müssen, daß im Abschwung in allen jenen Industriezweigen Überkapazitäten entstehen, die einen Kapitalgüterbestand mit hoher Lebensdauer verwenden[9]. Allerdings ist dieses Ergebnis maßgeblich von der Annahme einer konstanten Reinvestition bestimmt.

[8] Die alternative Verwendung der Begriffe Ersatz- resp. Reininvestition ist, dies sei nur kurz angemerkt, dadurch möglich, daß wir unsere Analyse in „güterwirtschaftlichen" Ausdrücken — im Sinne der *Hicks*schen Definition — durchführen.

[9] So auch: *Mieth*, op. cit., S. 27 ff.

Das Verhältnis zwischen Nettoinvestition und Reinvestition spielte daher in der Diskussion des Akzelerationsprinzips von Anfang an eine bedeutende Rolle. Clark legte seinem Modell zu Grunde, daß die Reinvestition annähernd der ursprünglichen Nachfrage folge[10]. Mit der gleichen Annahme hat Ragnar Frisch[11] nachgewiesen, daß die eine oder die andere Komponente der Gesamtinvestition im ökonomischen Prozeß jeweils sehr verschieden wirksam sein kann, so daß möglicherweise — und zwar bei einer sehr geringen Abnahmerate der Zunahme der ursprünglichen Nachfrage — die Gesamtinvestition nicht zu sinken braucht.

Kuznets[12] war m. W. der erste Autor, der in die Akzeleratorhypothese die Auswirkungen von Reinvestitionszyklen einbezogen hat. Auch Herzog ist der Auffassung, daß „die gegenwärtige Gesamtinvestition nicht nur abhängig ist von der gegenwärtigen Änderung in der Konsumnachfrage (bzw. der Konsumgutproduktion), wodurch die Nettoinvestition veranlaßt wird, sondern auch von den entsprechenden Daten ganz bestimmter bereits verflossener Produktionsperioden, die die Größe der notwendigen Reinvestition bezeichnen“[13]. Dieses Ergebnis ist im Rahmen einer immanenten Kritik unbestreitbar. Andererseits scheint die von Haberler[14] und auch von Hicks[15] neuerdings wieder angenommene Kontinuität der Reinvestitionen für die Gesamtwirtschaft eine ebenfalls berechtigte Hypothese zu sein. Diejenigen Autoren, die nämlich einer zyklischen Reinvestitionstätigkeit den größeren Wahrscheinlichkeitsgrad beilegen, gehen von den produktionstechnischen Relationen im engeren Sinne aus. Soweit es sich jedoch um die Ersatzinvestition für eine Gesamtwirtschaft handelt und nicht nur ein eng begrenzter Produktionsbereich[16] untersucht wird, dürfte infolge der Ungewißheit über die Lebensdauer eines bestimmten Kapitalgutes die Ersatzinvestition in jedem Jahr ein gewogener Durchschnitt der Bruttoinvestitionen der vorausgegangenen Jahre sein. M. a. W., die Reinvestition kann als von einem gewogenen Durchschnitt aus den Lebensdauern der einzelnen Kapitalgüter eines volkswirtschaftlichen Kapitalgüterbestandes bestimmt angesehen werden. Unter Beachtung der Tatsache, daß im Abschwung die effektive Nach-

---

[10] *Clark:* op. cit., S. 238.

[11] Vgl. auch die große Diskussion zwischen Ragnar *Frisch* und J. M. *Clark* im J.P.E., Vol. XXXIX, 1931, Vol. XL, 1932.

[12] *Kuznets*, S.: op. cit., S. 227.

[13] *Herzog*, R.: op. cit., S. 28.

[14] *Haberler*, G.: op. cit., S. 282.

[15] *Hicks*, J. R.: Contribution ... op. cit., S. 39 ff., insbes. S. 42.

[16] Daß für diesen die einzelwirtschaftlichen Modellkonstruktionen gute Hypothesen darstellen können, beweist *Einarsens* Analyse der norwegischen Schiffsbauzyklen. (Vgl. *Einarsen*, Johan: Reinvestment Cycles; R.E.Stat., Vol. 20, 1938, S. 1 ff; wieder abgedruckt: Readings in Business Cycles and National Income, a.a.O., S. 293 ff.).

frage zusammen mit der Wirksamkeit des Akzelerationsprinzips regelmäßig Überkapazitäten entstehen läßt, scheint eine Hypothese, die die volkswirtschaftlichen Ersatzinvestitionen ausschließlich von dem Niveau der wirtschaftlichen Aktivität abhängig sein läßt, nicht notwendigerweise unrealistisch zu sein. Die immer wieder beobachtete Häufung von Reinvestitionen im Aufschwung dürfte, so gesehen, die Akzelerationshypothese als eine gute Annäherung für die Bestimmung der Nettoinvestitionen in einer Situation der wirtschaftlichen Expansion begründen.

Auf eine wichtige Tatsache muß jedoch im Zusammenhang mit der Besprechung der Reinvestitionszyklen aufmerksam gemacht werden. Da ihr Auftreten in hinreichend homogenen produktionswirtschaftlichen Einheiten als möglich angesehen werden muß, ist bei einer Disaggregation der Gesamtwirtschaft — z. B. in Anlehnung an eine Hypothese über die Produktionsstruktur — darauf zu achten, daß die betrachteten produktionswirtschaftlichen Bereiche oberhalb einer kritischen Grenze bleiben. Diese müssen also genügend groß sein, um für die durchschnittliche Reinvestitionstätigkeit die Abhängigkeit von dem jeweiligen Niveau der wirtschaftlichen Aktivität des Sektors voraussetzen zu können. Obwohl eine exakte Bestimmung dieser Grenze unmöglich erscheint, sprechen mehrere Argumente dafür, daß die Verminderung des Aggregationsgrades dann nicht unter diese Grenze führt, wenn die Produktionsstruktur nicht produktionstechnische, sondern produktionswirtschaftliche Produktionsbereiche zusammenfaßt. Wenn wir daher in unserer späteren Analyse davon absehen werden, Gebrauch von den Theoremen zu machen, die der reinvestitionszyklischen Instabilität der realen Wirtschaft Rechnung tragen, so begründen die vorstehenden Ausführungen doch, warum wir vermuten, keinen allzu großen Fehler zu begehen. Die Besprechung der produktionstechnisch bedingten Reinvestitionszyklen soll aber nicht abgeschlossen werden, ohne darauf verwiesen zu haben, daß sie uns mit einem jener Theoreme ausstatten, die die Idee des „stationary state" am schwersten erschüttern[17].

c) Ein wesentliches Problem des beschriebenen Prinzips wurde durch einige sehr strikte — und scheinbar wenig realistische Prämissen — von der seitherigen Betrachtung ausgeschlossen. Wir hatten vorausgesetzt, daß ein bestimmter Ausnutzungsgrad des Kapitalbestandes unter allen Umständen aufrechterhalten werden solle, so daß zwischen dem in der Periode vorhandenen Bestand an produzierten Produktionsmitteln und der während der Periode entfalteten und befriedigten Nachfrage ein konstantes Verhältnis — b — bestehe. Genau genom-

[17] Vgl. *Herzog*, R.: op. cit., S. 29

men, ist es diese Formulierung der Prämissen für die Ableitung der Relation, die zu allen Angriffen einerseits, Qualifikationen und Einschränkungen andererseits geführt hat.

Vergegenwärtigen wir uns zunächst noch einmal die Grundlage des Akzelerationsprinzips. Clark hatte von ihm behauptet, es sei weder psychologisch, noch hänge es von der Natur unseres Kreditsystems oder von der Verteilung des Einkommens ab; vielmehr sei es allein durch die technischen Erfordernisse des Falles bedingt[18]. Die „technischen Erfordernisse" sind dabei nur ein anderer Ausdruck für die „Dauerhaftigkeit der betrachteten Kapitalgüter", so daß das Prinzip grundsätzlich mutatis mutandis für alle dauerhaften Güter[19] und auch für — in bestimmtem Verhältnis zum Umsatz oder zur Ausbringung gehaltene — Lagervorräte gilt[20]. Mit der Einbeziehung der Lagervorräte ist die Form der betrachteten „Dauerhaftigkeit" der Bestandsgüter wesentlich geklärt worden. Offenbar sind es nicht allein technische Tatsachen, die die Dauerhaftigkeit bestimmen. In gewisser Hinsicht dürfte es zweckmäßig sein zu sagen, daß man mit der Dauerhaftigkeit von Gütern nichts anderes meint, als daß diese Güter einen Bestand von Gütern höherer Ordnung repräsentieren, dessen Existenz sich über die Referenzperiode hinaus erstreckt und der zur Produktion von Gütern niederer Ordnung[21] aus produktionstechnischen Gründen in einem bestimmten Verhältnis zur Ausbringung unbedingt erforderlich ist. Die so definierte Dauerhaftigkeit führt eine für den gegenwärtigen Entwicklungsstand der Produktivkräfte bedeutsame Tatsache in die Analyse ein. Sie bedingt nämlich, daß die gesamte Nachfrage nach solchen Produktionsmitteln für eine in die Zukunft hineinreichende beachtlich große Zeitspanne im voraus befriedigt wird, oder genauer: Obwohl nur eine ganz bestimmte Nachfrage gegenwärtig entfaltet wird, ist es aus produktionstechnischen Gründen geboten, produzierte Produktionsmittel, sprich Sachkapital, in einem nicht nur diese Nachfrage befriedigenden Maße auf einmal und lange bevor weitere Nachfrage tatsächlich entsteht, zu erstellen. Die Kumulation produktionswirtschaftlicher Leistungen — dies gilt auch für in bestimmtem Verhältnis gehaltene Vorräte — in einer Einheit des Pro-

---

[18] *Clark:* Business Acceleration ..., op. cit., S. 236.

[19] *Clark,* J. M.: Strategic Factors ..., op. cit., S. 41.

[20] *Kuznets,* S.: Cyclical Fluctuations (Retail and Wholesale Trade, United States 1919—1925), New York 1926, und *Tinbergen,* Jan: An Acceleration Principle for Commodity Stockholding and a Short Cycle Resulting from it; in: Studies in Mathematical Economics and Econometrics, In Memory of Henry *Schultz,* Chicago 1942, S. 255 ff., insbes. S. 260.

[21] Güter höherer Ordnung, so sei allgemein definiert, werden im Produktionsprozeß Güter niedrigerer Ordnung, so daß alle Produktionsfaktoren in bezug auf das Produkt höherer Ordnung sind. Diese allgemeine Definition läßt eine unzweideutige Anwendung der Begriffe auch in einer zurückgekoppelten Produktionsstruktur zu.

duktionsfaktors Sachkapital ist also für das Ausmaß der Akkumulation des Sachkapitals bestimmend.

Wenn aber — so wird argumentiert — der vorhandene Bestand an dauerhaften Gütern höherer Ordnung für die Ausbringung unabdingbar ist, wie ist es dann überhaupt denkbar, daß eine erhöhte Nachfrage befriedigt wird? Ist ein gewisser Bestand an fixem Kapital für eine Ausbringung von vorgegebener Größe in vorgegebener Zeit technisch erforderlich, so ist der Bestand „conditio" oder sogar „causa"; wie kann man dann eine Veränderung (insbesondere Vergrößerung) des Kapitalbestands als die Auswirkung einer Veränderung (Vergrößerung) der Ausbringung ansehen? Dies ist der Haupteinwand, der den Argumenten aller Gegner des Akzelerationsprinzips mehr oder weniger explizit zu Grunde liegt. Neißer[22] hat ihm, scharf formuliert, erneut in einer kritischen Würdigung der Hicksschen Theorie Ausdruck verliehen. Jener ist der Auffassung, daß bei Gültigkeit der technischen Relation eine natürliche Annahme über die Reihenfolge der Reaktionen nur die sei: Ausdehnung der Nachfrage, Steigerung des Kapitalbestands, Steigerung des Stromes an konsumierten Gütern. Die Reihenfolge, die in den Akzelerationsmodellen erscheint, ist hingegen die: Steigerung der Nachfrage, Steigerung des Stromes an Fertiggütern, Steigerung des Kapitalbestands. — Die logische Inkonsequenz scheint offenkundig, die (so gefaßte) Akzelerationshypothese unhaltbar[23] zu sein. Die „Accelerationists", um den treffenden anglo-amerikanischen Ausdruck für die Vielzahl der Vertreter der Akzelerationshypothese zu gebrauchen, haben nicht weniger Mühe aufgewandt, die Plausibilität ihrer Hypothese zu stützen, als sich ihre Gegner bemühten, die Widersprüchlichkeit zu beweisen. Eine bisher unübertroffene Verfeinerung des Prinzips und damit die am besten gesicherte Antwort auf diese Frage, hat anerkanntermaßen[24] Hicks[25] gegeben. Er beschreibt die charakteristischen Effekte einer Steigerung der Nachfrage nach Fertiggütern als einen dreiphasigen

---

[22] *Neißer*, Hans: Critical Notes on the Acceleration Principle; Q.J.E., Vol. 68, 1954, S. 253 ff.

[23] *Rose* (—, Klaus: Die Bedeutung des Akzelerationsprinzips für die Dynamisierung des *Keynes*schen Systems; J.f.N.St., Bd. 165, 1953, H. 5/6, S. 321 ff.) zieht diese Folgerung radikal und führt aus, daß relativ konstante Investitionskoeffizienten „conditio sine qua non", aber empirisch nicht verifizierbar seien, so daß man darauf verzichten sollte, das Akzelerationsprinzip als Basis der Konjunkturtheorie zu verwenden (S. 353).

[24] Daß *Hicks'* Analyse dieser Probleme in Sequenzmodellen den Höhepunkt der bisherigen Entwicklung darstellt, erkennt auch *Haberler* an (in Festschrift *Amonn*, op. cit., S. 229), dessen Abneigung gegen dynamische Modelle (vgl. Diskussionsbeitrag zu *Koopmanns* „Econometric Approach", A.E.R., Vol. XXXIV, Papers and Proceedings, 1949, S. 84 ff.) sicherlich genau so bekannt ist, wie seine Vertrautheit mit konjunkturtheoretischen Problemen. Auch *Jöhr* (op. cit., S. 562) kann *Hicks'* Leistung nicht negieren.

[25] *Hicks*, Contribution . . ., op. cit., S. 37 ff., insbes. S. 47 ff.

Vorgang[26]. In der ersten Phase tritt keine zusätzliche Ausbringung auf; soweit die zusätzliche Nachfrage aus vorhandenen Lagervorräten befriedigt werden kann[27], herrscht einc Tendenz zur Desinvestition vor. Gegen das Ende dieser Phase vermindert sich die Rate der Desinvestition, da der Lagerabbau durch eine Zunahme der im Produktionsprozeß befindlichen Güter (und der technisch notwendigen Bestände an Roh-, Hilfs- und Betriebsstoffen, kurz des „working capital") ausgeglichen wird. In der zweiten Phase erfolgt der Hauptteil der induzierten Investition, die sowohl die Lagervorräte (wegen des vorausgegangenen Abbaues) wie auch diejenigen dauerhaften Kapitalgüter umfaßt, die erforderlich sind, um die Ausrüstung der vergrößerten Ausbringung anzupassen, m. a. W., das Kapital-Ausbringungsverhältnis (Akzelerator) aufrecht zu erhalten[28]. Diese Phase ist also durch große (positive) Netto-Investitionen gekennzeichnet. In einer dritten Phase, die in die weitere Zukunft hineinreicht, machen sich reinvestitionszyklische Kapitalbildungserfordernisse[29] bemerkbar. (Der Vollständigkeit halber sei angemerkt, daß Hicks auch für eine Verminderung der Nachfrage nach Fertiggütern die Anpassungsvorgänge untersucht und einer ersten Phase positive Investitionen in Lagervorräten zuordnet, der zweiten die Desinvestition, soweit sie durch Unterlassen der Reinvestition eintritt). Die vielen Verfeinerungen unberücksichtigt lassend, können wir mit Neißer die Reihenfolge bei Hicks wie folgt kennzeichnen: Ausdehnung der Nachfrage, kurzfristige Steigerung der Ausbringung, Erhöhung des Kapitalbestandes, langfristige Steigerung der Ausbringung, wobei wir kurz- und langfristige Steigerung der Ausbringung im Sinne der Hicksschen Darlegungen über die dynamische Konsumfunktion interpretieren müssen, so daß die kurzfristige Steigerung die teilweise und geringe Verausgabung von Einkommen erfaßt, die sich an die geplanten Investitionen anschließt, während die langfristige Steigerung die restliche Verausgabung in der nächsten Periode erfaßt[30]. Obwohl Neißer mit der logischen Fundierung der natürlichen Reihenfolge zufrieden ist, meint

---

[26] *Hicks*, Contribution ..., op. cit., S. 51.

[27] d. h., die Anpassung erfolgt längs der kurzfristigen Angebotskurve, die sich auf die laufende Produktion und den Lagerbestand bezieht; vgl. z. B. E. *Schneider*, Einführung ..., Teil II, op. cit., S. 223 f. und Fig. 95, Kurve $A_1A'_1$.

[28] Dies kann wohl als eine langfristige Anpassung im Sinne *Marshalls* gesehen werden, wobei *Hicks* zusätzlich annimmt, daß eine Reaktionsperiode mit der vollständigen Anpassung sämtlicher Faktoren zusammenfällt.

[29] Vgl. die Besprechung dieser im vorausgegangenen Abschnitt.

[30] Vgl. *Hicks*, op. cit., S. 54. Die Darstellung des *Hicks*schen formalen Apparates der „dynamischen Konsumfunktion" (loc. cit., S. 20 ff., S. 53, S. 172 f. und S. 180 f.) unterblieb, da sie, obwohl von großem Reiz für die vollständige theoriengeschichtliche Darstellung, keine besondere Bedeutung für unsere spätere Modellanalyse besitzt.

er, daß Hicks durch die Identifikation der Ausdehnung der Nachfrage mit der kurzfristigen Steigerung der Ausbringung die Bedeutung der Beschleunigung der Nachfrage ernstlich falsch (d. h. wohl zu klein) beurteilt habe: er habe daher seine Theorie auf „wackligem Boden" begründet[31].

Wenn es auch, wie wir bereits bei der Besprechung des „Prinzips der effektiven Nachfrage" dargelegt haben, abwegig ist, den Kapitalbestand als „causa" der Ausbringung in die dynamische Theorie aufzunehmen, so bleibt doch fraglich, ob selbst Hicks' Interpretation des Verhältnisses zwischen Fixkapitalbestand und Ausbringung diese Größe als „conditio" hinreichend und notwendig erweist. Zwei wesentliche Mängel verbergen sich noch immer in dieser Interpretation: Wenn der erhöhten Nachfrage nur durch eine Vergrößerung des kurzfristigen Angebots entsprochen würde, so wäre bekanntlich die relative Vergrößerung des Angebots sehr klein. Ein beachtlicher Teil der erhöhten Nachfrage müßte zu starken Preiserhöhungen führen, die nichts anderes als vergrößerte Ersparnisse, d. h. verminderte realwirtschaftliche Konsumgutnachfrage bedeuten; diese sind in unserer Analyse per definitionem berücksichtigt. Was geschieht aber mit der (überschüssigen) Nachfrage, die nicht aus den vorhandenen Lagerbeständen kurzfristig befriedigt werden kann? Obwohl sich Hicks[32] keine großen Sorgen um den überschüssigen Teil macht, dürfte hier ein Mangel in seiner Erklärung vorliegen, der durch die spätere modelltheoretische Verwendung des Akzelerators allein in der Phase des Aufschwungs nur bedingt überwunden wird. Hier ist eine Überprüfung der Anpassungshypothese daraufhin erforderlich, ob die Anpassung tatsächlich entlang der Marshallschen kurzfristigen Kurve erfolgt.

Den zweiten Mangel der Darstellung glauben wir in dem stillschweigend implizierten Prinzip der Unternehmererwartungen sehen zu müssen. Neißer hat wieder auf den statischen Charakter dieser Erwartung aufmerksam gemacht[33], d. h. klarzulegen versucht, daß die Unternehmer bei ihren Dispositionen davon ausgehen, daß die Vergrößerung der Nachfrage (nicht ihre Zuwachsrate!) weiterhin anhält, m. a. W., daß das erreichte Ausbringungsvolumen auch künftig erforderlich ist. Die Einbeziehung der Erwartungen scheint auf den ersten Blick mit der Zielsetzung der dynamischen Theorie durchaus verträglich. Außerdem gibt es kaum eine elegantere Art, diesen im Rahmen der dynamischen Theorie Rechnung zu tragen, als durch die — einmal so genannte — versteckte Theorie der Erwartungen[34]. Warum

---

[31] *Neißer*, H., op. cit., S. 254.
[32] op. cit., S. 51.
[33] *Neißer*, H., op. cit., S. 257.
[34] *Bissell*, R. M.: The Rate of Interest, A.E.R., 1938, Supplement.

Jöhr[35], der für seine sozialpsychologische Erklärung des Kernprozesses den Erwartungen eine große Rolle beilegt, von dieser durch das Akzelerationsprinzip gegebenen Möglichkeit, den Inhalt der Erwartungen genau zu umreißen, keinen Gebrauch macht, ist mir nicht ganz erklärlich. Die von ihm gebrachten Gründe gegen das Akzelerationsprinzip lassen sich fast ausnahmslos zurückweisen[36], so daß es als eine der wenigen dynamischen Relationen mit ziemlich genau definierbarem Erwartungsinhalt in seiner Erklärung des Kernprozesses sicherlich eine größere Rolle spielen könnte[37]. Auf den von Neißer aufgezeigten Charakter der Unternehmererwartuungen hatte schon Kuznets in der Festschrift für Mitchell aufmerksam gemacht. Sollten

---

[35] *Jöhr*, W. A.: Die Konjunkturschwankungen; op. cit.

[36] Da *Jöhr* seine Geringschätzung des Prinzips und der auf ihm aufbauenden Modelle auch auf einige häufiger vorgebrachte Argumente stützt, seien diese kurz besprochen. Er ist der Auffassung, daß das Akzelerationsprinzip nur dann wirksam ist, wenn die Konsumgüterproduktion vollbeschäftigt ist, die konsumfernen Stufen jedoch überschüssige Produktionsfaktoren besitzen (loc. cit., S. 285, S. 580 ff.). Das Akzelerationsprinzip wirkt aber überall auf jeder beliebigen Stufe, sobald überhaupt die vorstehend geschilderten Anpassungsformen durchgeführt werden können. Dies hängt allein von der Möglichkeit ab, ob in der gesamten Volkswirtschaft noch Produktionsfaktoren verfügbar sind, die eine Steigerung der Ausbringung bei gestiegener Nachfrage zulassen. Der von *Clark* herangezogene Vergleich zwischen der Konsumgüterproduktion und der Investitionsgüterproduktion einer Volkswirtschaft ist schon lange, insbesondere durch die Ausdehnung des Prinzips auf Lagervorräte (*Jöhr* selbst erwähnt diese; S. 262), aufgegeben und das Prinzip verallgemeinert worden. Da das Prinzip im Abschwung nicht wirksam ist, so meint er an anderer Stelle (S. 284), außerdem überschüssige Kapazitäten entstehen, könne das Prinzip auch bei genereller Unterbeschäftigung und Erweiterung der wirtschaftlichen Aktivität keine Rolle spielen (S. 284). So einleuchtend dieses Argument sein mag, so muß seine Berechtigung erst nachgewiesen werden, indem die Gegenfrage beantwortet wird. wie marktwirtschaftliche Investitionen (und damit die das poverty-equilibrium *Keynes*' übersteigende Einkommen) in einer solchen Situation überhaupt begründet sein können. Der Rekurs auf psychologische Faktoren hat nur dann eine erwiesene Fundierung, wenn tatsächlich vom Wirtschaftsgeschehen unabhängige, es aber beeinflussende Zyklen sozialpsychologischer Art festgestellt werden können. Wie man einem Traum (S. 613) größere ökonomische Bedeutung beimessen kann, als z. B. den Reinvestitionserfordernissen einer ganzen Volkswirtschaft, wird *Jöhr* zu beweisen haben. *Sauermann* kann ohne weiteres zugestimmt werden, daß allerdings dann auf eine logisch stringente Erklärung des Konjunkturphänomens grundsätzlich verzichtet werden muß. (Vgl. dessen Besprechungsaufsatz, Z.f.g.Stw., Bd. 111, 1955, S. 11 f.).

[37] Allerdings will *Jöhr* die Investitionen nur im oberen Wendepunkt als durch die Produktionsausweitung bedingt, anerkennen (S. 289); aber gerade dann sind nach der neueren Theorie induzierte Investitionen ausgeschlossen (vgl. S. 579), so daß die Wirksamkeit des Prinzips nur während einer bestimmten Phase des Aufschwungs anerkannt wird (S. 581). Da es dann noch von so vielen bremsenden Faktoren beherrscht wird, sollte es auch *Jöhr* zufolge tunlichst nicht in der Theorie des Kernprozesses verwendet werden. — Wir hoffen, daß unsere Darlegungen die bedeutende Rolle, die wir dem Prinzip in der dynamischen Theorie, wie überhaupt in der Wirtschaftstheorie beilegen, erkennbar machen.

solche Erwartungen wirklich vom Akzelerationsprinzip impliziert werden, so dürften nur diejenigen Unternehmungen ihre Invistitionsentscheidungen nach der Veränderung der Ausbringung richten, welche nicht mit erheblichen konjunkturellen o. ä. Schwankungen rechnen müssen[38]. Anders ausgedrückt, das Prinzip müßte einer evtl. eintretenden Verringerung der Nachfrage in der Zeitspanne, die zwischen der Veränderung der Nachfrage und der nachfolgenden Veränderung der Ausbringung liegt, explizit Rechnung tragen. Eine entsprechende exakte Formulierung des Prinzips würde zwar nicht leicht sein, doch ist zu fragen, ob diese Voraussetzung überhaupt für diejenigen dynamischen Vorgänge gemacht werden kann, für die wir das Auftreten von Akzelerationseffekten bejaht haben. Da diese in Perioden der Expansion der wirtschaftlichen Aktivität auftreten, können wir eine Überlagerung der Induktionen zur Investition annehmen, so daß eine Fassung des Akzelerationsprinzips, die einer zwischenzeitlichen Schrumpfung Rechnung trägt, eine unnötige Komplizierung darstellt. Wenn aber sogar andere Erwartungsinhalte, etwa die Ertragserwartungen, die unternehmerischen Dispositionen beeinflussen sollten, so wäre vor allem damit zu rechnen, daß der Akzelerator im allgemeinen nicht konstant wäre. Hicks' Theorie oder eine ihr bezüglich der Begründung des Verlaufstypus und der Wendepunkte folgende Konstruktion würde, obwohl auf Differenzengleichungen basierend, davon nicht berührt. Jedoch könnten engere Fassungen der Theorie hierunter empfindlich leiden. Nahezu alle auf Hypothesen über die Bedeutung des Zinssatzes für die Entscheidungen zum Investieren aufbauende Erklärungen können sich allerdings nur auf sehr geringe Wahrscheinlichkeit stützen[39], so daß wir diese Probleme nicht weiter verfolgen wollen.

Die von Preisveränderungen und deren Erwartungen auf den Akzelerator ausgehenden Effekte haben wir definitionsgemäß aus unserer realwirtschaftlichen Analyse ausgeschlossen. Damit wird die Bedeutung solcher Einflüsse jedoch nicht negiert, sie bestimmen aber nicht den Erwartungsinhalt der Relation. Immerhin scheinen diese in das Akzelerationsprinzip Unsicherheit zu tragen, die eine genaue Überprüfung der unternehmerischen Reaktionen dahingehend verlangen, ob sich die traditionelle Reihenfolge der Investitionsentscheidungen als eine notwendige und hinreichende Bedingung begründen läßt. Dieser Frage ist der folgende Abschnitt gewidmet; unter Berück-

---

[38] Vgl. auch *Knox,* A. D.: The Acceleration Principle and the Theory of Investment: A Survey; Eca., Vol. 19, 1952, S. 269 ff.

[39] Vgl. *Meade,* J. E. and *Andrews,* P. W. S.: Summary of Replies to Questions on Effects of Interest Rates; O.E.P., Nr. 1; wieder abgedruckt: Oxford Studies in the Price Mechanism, ed. T. *Wilson* and P. W. S. *Andrews,* Oxford 1952, S. 27 ff. Auch die hier genannte Untersuchung stützt unsere These, daß der Zins ein rein monetäres Phänomen ist.

sichtigung seiner Ergebnisse werden wir noch einige klärende Feststellungen über die Erwartungen treffen können.

2. Die unternehmerischen Anpassungsformen und die Investitionsfunktion

a) Das Akzelerationsprinzip behauptet, wie wir dargelegt haben, wohldefinierte unternehmerische Reaktionen auf Veränderungen in der Nachfrage nach Fertiggütern aller Art. Es ist daher naheliegend, die von dem Prinzip implizierten Reaktionen entweder an Hand der Theorie der Anpassung zu überprüfen oder sie sogar daraus abzuleiten. Die gelegentlich vorgenommenen Versuche, die Produktionstheorie anzuwenden, haben einerseits zu sehr anschaulichen Begründungen geführt[40], andererseits glaubten einige Autoren, aus der Überprüfung das Gegenteil schließen zu können. So versucht Tsiang[41] nachzuweisen, daß ein konstanter Akzelerator nicht vermutet werden könne, da die Elastizitäten der kurz- bzw. langfristigen Grenzkostenkurven einer solchen Hypothese widersprächen. Es ist nun erstaunlich, welche Bedeutung von einigen Antagonisten einem nicht-konstanten Akzelerator beigelegt wird. Diese stützen ihre kritische Haltung gegenüber der Verwendung des Prinzips in linearen Differenzengleichungsmodellen hauptsächlich auf die Nicht-Konstanz des Akzelerators und glauben schließen zu können, daß dies die Absurdität der Modellkonstruktionen erweise. Alle Kritik an einem in den Modellkonstruktionen konstant angenommenen Akzelerator wird aber dann hinfällig, wenn die Variation des Akzelerators den Verlaufstypus der Variablen des Systems unbeeinflußt läßt[42]. Argumente, die sich gegen gewisse ökonometrische Prognosen möglicherweise anführen lassen, besitzen im Bereich der dynamischen Theorie aus methodischen Gründen keine Gültigkeit.

Wie bereits kurz angedeutet wurde, begründet Hicks das Akzelerationsprinzip durch den Übergang von einer kurzfristigen zu einer langfristigen Anpassungsform, d. h. wie er es ausdrücklich allerdings nur für die kurzfristige Anpassung selbst erwähnt hat[43], mit Hilfe des Marshallschen Instrumentariums. Es sind verhältnismäßig wenig

---

[40] Der Leser vergegenwärtige sich *Hicks'* Darstellung.

[41] *Tsiang*, S. C.: Accelerator, Theory of the Firm, and the Business Cycle; Q.J.E., Vol. 65, 1951, S. 327 ff.

[42] So würden in *Hicks*ens Modell die wesentlichen Schlüsse über den Verlauf des Systems erst dann hinfällig, wenn der Akzelerator unter die kritische Grenze, nämlich unter Eins, absinken würde. Solange dieser größer ist, läßt sich *Hicks'* Erklärung bei einem beliebig variierenden Akzelerator aufrecht erhalten.

[43] *Hicks*, op. cit., S. 53; auch *Neißer*, op. cit., meint, daß *Hicks'* Analyse des Übergangs von einem Gleichgewicht zum anderen eine langfristige Anpassung beinhalte.

Einwände gegen diese Begründung erhoben worden[44], doch ist in jedem Fall zu beachten, daß weder in der langfristigen noch in der kurzfristigen Kostenkurve der Fixkapitalbestand unmittelbar zum Ausdruck kommt. Die Kosten für Kapitalbestände werden ja bekanntlich in der Kostenkurve pro Einheit verrechnet neben anderen Kostenelementen dargestellt. Die Kurve selbst läßt jedenfalls keinen Schluß über die Größe des Akzelerators zu, sondern kann bestenfalls begründen, weshalb diese oder jene Anpassungsform von den Unternehmern vorgezogen wird.

Die folgenden Ausführungen dienen der Verknüpfung der unternehmerischen Anpassungsfunktionen (Angebotsfunktionen) mit den sich für die einzelnen Produktionsmittel ergebenden dynamischen Nachfragebeziehungen[45]. Damit werden wir das erste der verbliebenen Probleme, die durchschnittliche Reaktionsweise der Unternehmer, zu lösen versuchen.

b) Die Gesamtkosten einer Ausbringungsmenge pro Produktionsperiode sind abhängig von den (bei gegebener Produktionsgeschwindigkeit und Produktionsdauer) in den einzelnen Kostenstellen verbrauchten Faktormengen und ihren zugehörigen Preisen. Damit ist die Ausbringungmenge von zwei Zeitdimensionen abhängig, nämlich der Produktionsgeschwindigkeit und der Produktionsdauer. Wird die Produktionsdauer konstant gehalten, so zeigt der Stückkostenverlauf in bezug auf die Ausbringung in der Zeiteinheit (Produktionsgeschwindigkeit) das bekannte Bild der U-förmigen Kostenkurve. Der Stückkostenverlauf bei konstanter Produktionsgeschwindigkeit und variabler Produktionsdauer zeigt eine monoton fallende Tendenz, falls ein bestimmter und konstanter Minimalaufwand zugrundegelegt wird. Wenn man die letztgenannte Voraussetzung nicht macht, wird ein konstanter Ansatz des Stückkostenverlaufes den empirischen Gegebenheiten bei variabler Produktionsdauer weitestgehend gerecht werden. Die unternehmerische Disposition kann grundsätzlich bei Mengenänderungen auswählen, welchem Kostenverlauf sie zu folgen beabsichtigt.

Führt der Unternehmer seine Ausbringungsänderung mittels einer Veränderung der Produktionsgeschwindigkeit durch, so bezeichnen

---

[44] Vor allem jedoch von *Tsiang* und *Rose*.

[45] Dabei lehnen wir uns vornehmlich an folgende Untersuchungen der unternehmerischen Anpassung an: *Koch*, Helmut: Untersuchungen über den Gültigkeitsbereich des Gesetzes vom abnehmenden Ertragszuwachs, Z.f.g.Stw., Bd. 106, 1950, H. 2, S. 309 ff.; *Gutenberg*, Erich: Über den Verlauf von Kostenkurven und seine Begründung; Z.f.h.F., 5. Jg., 1953, H. 1, S. 1 ff. und *ders.*: Grundlagen der Betriebswirtschaftslehre, 1. Bd.; Die Produktion; 1955², insbes. S. 234 ff. und 2. Bd.: Der Absatz; ibid. S. 185 f.; *Schneider*, Erich: Industrielles Rechnungswesen; Grundlagen und Grundfragen; Tübingen 1954², insbes. S. 26 f.

wir diese Anpassung als „intensive Anpassung"; paßt er sich einer Nachfragevariation (mittels einer Produktionsmengenänderung) durch eine Veränderung der Produktionsdauer an, so bezeichnen wir diese Anpassung als „extensive Anpassung". Für die intensive Anpassung gilt, daß der Unternehmer diejenige Menge pro Zeiteinheit produziert, bei der Grenzertrag und Grenzkosten in Übereinstimmung sind, was ihm unter allen Bedingungen den maximalen Gewinn sichert. Die extensive Anpassung verändert seine Gewinnsituation pro Periode grundsätzlich nur um den Differenzbetrag der bei wachsender Ausbringung pro Periode abfallenden Durchschnittskosten. Handelt der Unternehmer nach dem gewinnmaximalen Prinzip, so wird er immer versuchen, erstens die Bedingung Grenzertag (pro Zeiteinheit) = Grenzkosten (pro Zeiteinheit) zu erfüllen und zweitens die extensive Anpassung soweit durchzuführen, bis sie entweder durch eine Produktionsgrenze oder durch die Gesamtnachfrage während der Periode beschränkt wird[46].

Nehmen wir nun an, es trete während einer Produktionsperiode, die eine durch die Nachfrage definierte Reaktionsperiode darstellt, eine Mengenänderung auf. Die beschriebenen Anpassungsformen ermöglichen dem Unternehmer grundsätzlich, die Produktionsgeschwindigkeit und die Produktionsdauer zu variieren. Den Weg der intensiven Anpassung wird man aus Gründen der Gewinnmaximierung nach Realisierung der gewinnmaximalen Kombination nicht mehr beschreiten; d. h. der Unternehmer wird die erreichte Produktionsgeschwindigkeit konstant halten. Aber auch der extensiven Anpassung ist eine Grenze gesetzt; diese ergibt sich durch die Relation zwischen Produktionsmittelbestand und Ausbringungsmenge pro Periode bei voller Nutzung der Produktionsdauer, d. h. bei gewinnmaximaler Ausbringungmenge in der Zeiteinheit mal Zahl der Zeiteinheiten pro Periode. Selbstverständlich darf man annehmen, daß die Produktionsgrenze nicht notwendigerweise mit der eben definierten produktionstechnischen Kapazitätsgrenze zusammenfällt, denn es wird regelmäßig so sein, daß sich der Unternehmer einen vorgegebenen Anpassungsspielraum erhalten will. Die durch die (produktionstechnische) Kapa-

---

[46] *Gutenberg* kennzeichnet die zuletzt beschriebene Anpassungsform als „quantitative Anpassung". Da man bei dieser, soweit sie kostentheoretisch von Interesse ist, zwischen einer längeren (resp. je Periode häufigeren) Verwendung eines gegebenen Produktionsmittelaggregates oder einer proportionalen Vergrößerung eines Aggregates nicht zu unterscheiden braucht, kann *Gutenberg* sich mit einem Terminus für beide Fälle begnügen. Um jedoch in einer über das vorgegebene Aggregat (durch die Berücksichtigung der Nachfrage nach Produktionsmitteln) hinausgehenden Analyse die Möglichkeit einer Unterscheidung zu haben, mußten wir den *Gutenberg*schen Begriff aufgeben oder genauer gesagt, für die quantitative Anpassung zwischen einer extensiven und einer kapazitiven unterscheiden, so daß die aktuelle Veränderung eines Aggregates deutlich gemacht werden kann.

zitätsgrenze unter Beachtung des Anpassungsspielraums definierte Produktionsgrenze kann jedoch auch unter Berücksichtigung eines zusätzlichen, die Gesamtkosten bestimmenden Faktors festgelegt sein. Steigt nämlich die Durchschnittskostenkurve bei extensiver Anpassung an, wie das zumeist beim Übergang zu einer Mehrschichtarbeit zu erwarten ist, so stellt der Punkt, wo die Gesamtkostenkurve zu steigen beginnt, ebenfalls eine Produktionsgrenze dar. Dabei müssen wir, wenn die Produktionsgrenze nicht mit der produktionstechnischen Kapazitätsgrenze zusammenfallen soll, annehmen, die Gesamtkostenkurve steige so stark, daß die Durchschnittskostenkurve bei weiterer Ausdehnung der Ausbringungsmenge pro Produktionsperiode ebenfalls steigt. Dies dürfte für den Verlauf der Gesamtkostenkurve in vielen Fällen vermutet werden können, da die extensive Anpassung, z. B. in der Form der Mehrschichtenarbeit, abgesehen von natürlichen Verschlechterungen der Produktionsbedingungen (Nachtzeit usw.) häufig mit zusätzlichen variablen Kosten (z. B. Lohnkosten, Soziallasten usw.) verbunden sein wird. Die gegenteilig wirksamen Faktoren fallen m. E. wenig ins Gewicht. Unter diesen Bedingungen liegt das Gewinnmaximum pro Periode entweder an der Kapazitätsgrenze[47] oder an dem Punkt steigender Kosten.

Eine allseitige Beobachtung des Wirtschaftslebens läßt vermuten, daß sich der Unternehmer diesen Anpassungsspielraum bewahrt. Er wird nur vorübergehend geneigt sein, eine in den Spielraum hineinreichende Nachfrage zu befriedigen, da er dann entweder auf die Elastizität seines Betriebes verzichten oder/und eine Verminderung seines Stückgewinnes hinnehmen muß. Unter den hier aufgezeigten Bedingungen verbleibt dem Unternehmer, um eine nicht nur vorübergehende Erhöhung seiner Produktionsdauer, d. h. seiner Ausbringungsmenge pro Produktionsperiode zu realisieren, nur die Möglichkeit, eine andere Form der Anpassung zu suchen.

Bevor wir etwas über den Charakter der unternehmerischen Erwartungen ausführen, die an dieser Stelle die Entscheidungen beeinflussen, wollen wir unsere vorstehende Aussage wie folgt ergänzen. Die oben definierte Kapazitätsgrenze bringt zum Ausdruck, daß die Produktionsdauer maximal durch das vorhandene Produktionsmittelaggregat bestimmt ist, m. a. W., daß dieses Aggregat der Produktionsdauer mehr als oder mindestens proportional ist. Wünscht der Unternehmer die Produktionsdauer während der Produktionsperiode zu verlängern, d. h. verlangt die Befriedigung einer erhöhten Nachfrage eine Produktionsdauer, die anhaltend jenseits der seitherigen Produktionsgrenze liegt, so muß der Unternehmer eine Ergänzung seines Aggregates vornehmen. Diese Form der Anpassung, die wir als „kapazitive

[47] Vgl. *Gutenberg*, op. cit., Bd. 2, S. 186.

Anpassung" kennzeichnen wollen, erlaubt es, in einer gleichen Produktionszeit eine größere Produktionsdauer zu realisieren. Dabei werden einzelne Produktionsmittelarten dem neuen Ausbringungsvolumen proportional sein, andere können aber auch überproportional vorhanden sein. Bei den letztgenannten handelt es sich um diejenigen Elemente eines Aggregates, die bei einer neuerlichen extensiven Anpassung in steigendem Maße ausgenutzt werden und die letztlich auch den hierfür typischen fallenden Durchschnittskostenverlauf bestimmen.

Eine detaillierte, mikroökonomische Untersuchung aller Produktionsfaktoren, die nicht in vollkommen proportionaler Teilbarkeit bei der Erstellung einer bestimmten Produktionsmenge verfügbar sind, erübrigt sich hier. Es handelt sich vornehmlich, bedingt durch das Ausmaß der Produktionsdauer, um den bereits oben definierten Bestand an dauerhaften Gütern[48]. Es ist aber wesentlich, die Bedeutung dieses Bestandes für die Anpassungsformen im Auge zu behalten und zu beachten, daß der zwischen Produktions- und Kapazitätsgrenze gelegene Anpassungsspielraum genau jenes Maß an Elastizität in den Produktionsprozeß bringt, das bei den strengen Formulierungen der vom Akzelerationsprinzip implizierten Reaktionsformen übersehen wird.

Betrachtet man nämlich unter diesem Gesichtspunkt die Gesamtwirtschaft oder, genauer gesagt, eine hinreichend große produktionswirtschaftliche Einheit, so kann man sagen, daß für die damit gegebene große Gesamtheit von Relationen zwischen Ausbringungsmenge pro Periode und Produktionsmittelbestand während der betrachteten Periode, die Annahme mittlerer Proportionalitätsfaktoren gerechtfertigt erscheint. Für jede Reaktionsperiode können wir daher annehmen, daß

$$M_t = g P_t \tag{8.1}$$

ist. P_t kennzeichnet dabei den Bestand an dauerhaften Gütern höherer Ordnung, M_t die Ausbringungsmenge und „g" den durchschnittlichen Proportionalitätsfaktor. $\frac{1}{g}$ hatten wir früher schon mit „b" bezeichnet und ausgeführt, daß man diesen Koeffizienten „Akzelerator" nennt. Damit lautet der vorstehende Ausdruck

$$P_t = bM_t \tag{8.2}$$

und er definiert das sog. „Kapital-Ausbringungsverhältnis" (capital-output-ratio), unter der weiteren Annahme, daß die unternehmerischen Reaktionen Kapitalbestand und Ausbringungsmengen derselben

---

[48] Vgl. oben Abschnitt D 1 c.

Periode in Proportionalität halten. Da aber

$$P_t - P_{t-1} = I_t \quad (8.3)$$

ist[49], ergibt sich daß

$$I_t = b(M_t - M_{t-1}) \quad (8.4)$$

ist. Damit ist die dynamische Investitionsfunktion durch die kapazitive Anpassung der Unternehmen mit Bezug auf eine Veränderung der Ausbringungsmenge pro Periode definiert.

Diese Begründung des Akzelerationsprinzips zeigt, daß die von dem Prinzip stets implizierte unternehmerische Anpassungsform erforderlich wird, wenn eine Ausbringungsmenge im Vergleich zur vorausgegangenen Periode größer ist und der Unternehmer nach gewinnmaximalen Gesichtspunkten handelt. Sie stellt aber auch eine widerspruchsfreie und hinreichende Erklärung dar, denn diese Anpassungsform muß erst dann gewählt werden, wenn keine weiteren extensiven Anpassungen vollzogen werden sollen, weil sie aus produktionswirtschaftlichen Gründen unvorteilhaft erscheinen, wenngleich sie rein technisch wegen des Anpassungsspielraumes noch möglich wären. Die Darstellung läßt also erkennen, daß die Akzeleratorhypothese der unternehmerischen Disposition durchaus einen großen Spielraum läßt und der Akzelerator analog der Konsumfunktion eine echte makroökonomische Größe darstellt, d. h. sich nur als aggregativer Durchschnittswert manifestieren wird. Diese Manifestation ist ihrerseits durch Gewinnmaximierungsüberlegungen ausgelöst.

c) Nachdem nachgewiesen ist, daß das Akzelerationsprinzip mit den unternehmerischen Anpassungen an eine Nachfrageerhöhung konsistent ist, sollen anschließend die von dem Prinzip implizierten Erwartungen nochmals kurz betrachtet werden. Im Anschluß an eine Nachfrageerhöhung ist der Charakter der unternehmerischen Dispositionen offenbar dann eindeutig, wenn die unternehmerische Reaktionsperiode kleiner ist als die Zeitspanne, die bis zu einer evtl. Verminderung der Nachfrage verstreicht. Bei einer sorgfältigen Betrachtung der Anpassungsfromen sieht man, daß ein Gleiches auch im umgekehrten Falle gilt. Tritt nämlich die Verminderung der Nachfrage üblicherweise sehr rasch ein, so hat das keinen Einfluß auf die durch das Akzelerationsprinzip dargestellte dynamische Investitionsfunktion. Diese Schwankung beeinflußt lediglich die Größe der durchschnittlichen makroökonomischen Relation, d. h. sie mitbestimmt die Entscheidungen, sich intensiv oder extensiv anzupassen und auch diejenigen

[49] Der Leser beachte, daß sich diese Definition der Nettoinvestition nicht — oder genauer: nur teilweise — mit der *Keynes*schen Größe deckt.

Dispositionen, die die Größe des Anpassungsspielraumes betreffen. Auch wenn die Reaktionsperiode genau mit dem Wiederabsinken der Nachfrage zusammenfällt (z. B. im Bau befindliche Anlagen erweisen sich als Fehlinvestitionen), wird davon lediglich die durchschnittliche Größe berührt und nicht das Prinzip verletzt. Diese Überlegungen zeigen auch, daß die kapazitive Anpassung der Unternehmer nicht auf irgendwelchen Erwartungen bezüglich der unbeschränkten Fortdauer des Erfordernisses einer vergrößerten Ausbringung beruht. Bestenfalls kann man sagen, daß der Kapazitätsspielraum von den unternehmerischen Erwartungen über das regelmäßige Nichtfortdauern einer erhöhten Ausbringungsmenge bestimmt wird. Nur in der Festlegung des Anpassungsspielraumes manifestieren sich auch die Erwägungen über die Risiken eines größeren oder kleineren Aggregates. Aber auch diese Entscheidungen werden von dem Verhältnis zwischen der Verminderung des Durchschnittsgewinnes (wegen der ansteigenden Durchschnittskosten) und einer Erhöhung des Gesamtgewinnes bei zwar höheren aber fallenden Durchschnittskosten (des vergrößerten Aggregates) beeinflußt. In jedem Falle sind es aber Entscheidungen, die den Unternehmern durch ihr Gewinnstreben diktiert und nicht durch eine streng „mechanisch-technische" Relation ausgelöst werden. Die Beziehung des Akzelerationsprinzips zur Technik ist also nicht enger, als die des „Gesetzes vom abnehmenden Ertragszuwachs" zu gewissen chemo-physikalischen Prozessen, und die „psychologische Seite" der Relation enthält nicht mehr an menschlicher Psyche, als die Entscheidung eines Tagelöhners, sich eine Aktie oder Brot zu kaufen. —

Wir hoffen, damit eine adaequate Basis für die Verwendung des Akzelerationsprinzips in den dynamischen Investitionsfunktionen gegeben zu haben und werden uns im folgenden den Modellen zuwenden, die diese Investitionsfunktionen zur Bestimmung der gesamtwirtschaftlichen Investition verwendet haben. Abschließend sei nur noch darauf aufmerksam gemacht, daß die von uns gegebene Bestimmung des Akzelerationsprinzips und die damit verbundene Klarlegung seiner Prämissen das in vielen Fällen angeblich dürftige Ergebnis einer statistischen Verifikation[50] verständlich macht. Man kann vielmehr sagen, daß umgekehrt diese Untersuchungen überraschende Aufschlüsse darüber vermitteln, welche große Bedeutung der kapazitiven Anpassung in vielen Produktionsbereichen während einer Expansion der allgemeinen wirtschaftlichen Aktivität zukommt.

---

[50] Statistische Verfikationen resp. Falsifikationen versuchten folgende Autoren: *Clark*, J. M.: Business Acceleration . . ., op. cit., S. 246—249; *Kuznets*, S.: (in der Festschrift für *Mitchell*); op. cit., Anhang B, S. 249 ff.; *Tinbergen*, J.: Statistical Evidence of the Acceleration Principle; Eca., Vol. V, 1938, S. 164 ff., sowie dessen o. a. Beitrag zur Festschrift für Henry *Schultz*.

E. Die Interdependenz von Produktionskapazität und Einkommensströmen in der Prozeßanalyse

1. Der makroökonomische Kernprozeß und die Koordination der Pläne

a) In diesem Kapitel werden wir uns einigen der viel diskutierten Modelle zuwenden, welche die gegenseitige Abhängigkeit zwischen der Volkseinkommensentstehung und der erforderlichen Anpassung der Produktionskapazität untersucht haben. Die Konstrukteure dieser Modelle beabsichtigen, durch die exakte Darstellung der durchschnittlichen Reaktionsformen der Wirtschaftssubjekte genau jene Zusammenhänge zu erfassen, die wir als Gegenstand der Analyse des dynamischen makroökonomischen Kernprozesses klassifiziert haben. Die gebotenen Modelle unterscheiden sich jedoch von den unmittelbar im Anschluß an die Keynesschen Hypothesen dargestellten Modelle des Kernprozesses im wesentlichen dadurch, daß sie die kapazitiven Anpassungsreaktionen der Unternehmer in die Analyse einbeziehen. Auch bei der Darstellung dieser Theoreme werden wir uns nicht darauf beschränken, lediglich eine knappe Wiedergabe der Entwicklung der Theorie zu bringen. Da die Ausführungen gleichzeitig mit einigen Begriffen und Vorstellungen vertraut machen sollen, die in unserer weiteren Analyse eine Rolle spielen werden, mußten die Aussagen der zu besprechenden Autoren für unsere Zwecke aufbereitet werden.

Vor allem handelt es sich in diesem Abschnitt um den Begriff der „Koordination der Pläne". In gewisser Hinsicht stellt er nur einen anderen Ausdruck für die zeitliche Datierung der Reaktionen der Wirtschaftssubjekte dar[1]. Es erweist sich jedoch häufig als sehr zweckmäßig, diesen Ausdruck wohldefiniert beispielsweise an die Stelle der Begriffe „normatives" und „analytisches" System zu setzen oder auch gelegentlich die Plankonstellation, die den statischen Gleichgewichtstheoremen zu Grunde liegt, unter Verwendung des Begriffes evident zu machen. Wie wir zeigen werden, implizieren Annahmen über das Vorliegen von „lags" Annahmen über die Koordination der Pläne.

---

[1] Vgl. auch: *Bentzel*, R. and *Hansen*, B.: On Recursiveness and Interdependency in Economic Models; R.E.St., Vol. XXII, 1954/1955, S. 153 ff., bes. S. 160 ff. Allerdings sei darauf besonders aufmerksam gemacht, daß wir das in dieser Publikation verwendete Begriffspaar nicht übernommen haben, sondern „Interdependenz" als den Oberbegriff zur Kennzeichnung aller Systeme verwenden, in welchen die Variablen gegenseitig abhängig sind.

Es dürfte zweckmäßig sein, diese Tatsache sehr deutlich zu machen Nehmen wir an, daß — wie in dem sehr einfachen Kreislauf des Multiplikatorprozesses immer impliziert wird —, folgende Planungen von Wirtschaftssubjekten vorgenommen werden: Einmal die Entscheidung, in gewissem Maße Investitionen auszuführen, wodurch Einkommen erzielt werden; eine zweite Gruppe von Entscheidungen, nämlich Konsumausgaben vorzunehmen, wird davon ausgelöst. Die entsprechenden produktionswirtschaftlichen Entscheidungen lassen ihrerseits wiederum Einkommen entstehen. Der Kreislauf kann durch folgende Darstellungen anschaulich gemacht werden:

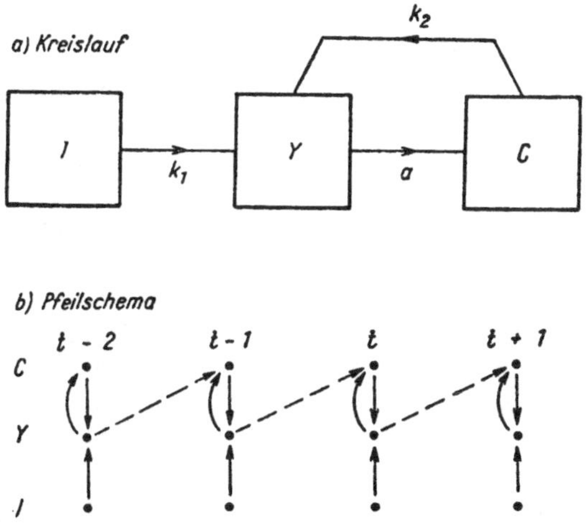

Abb. 9

In dieser Abbildung stellen die Pfeile die abhängigen Sequenzen dar, wobei die Größen entsprechend ihren Koeffizienten verbunden sind. Der in Abb. 9 a) dargestellte Kreislauf gibt nun nichts anderes als das Schema einer Rückkoppelung[2] wieder. Dieses eignet sich vorzüglich für die Erläuterung der Begriffe „vollkommene resp. unvollkommene Koordination der Pläne“.

Wie man aus der Darstellung ablesen kann, ergibt sich für die Größe Y, daß sie von C und I bestimmt wird, denn offenbar ist:

$$Y = k_1 I + k_2 C \tag{9.1}$$

Ebenso sieht man, daß

$$C = aY \tag{9.2}$$

ist, so daß (9. 1) unter Beachtung von (9.2) auch

---

[2] Vgl. *Tustin*, A., op. cit., S. 7 f.

$$Y = \frac{k_1}{1 - k_2\, a}\, I \tag{9.3}$$

lautet. Aus unseren Erörterungen über die Definitionen von Keynes wissen wir, daß $k_1 = 1$ und $k_2 = 1$ sind, so daß der statische Multiplikator unmittelbar aus (9.3) ablesbar ist.

Was diese Aussage für unsere Begriffsbestimmung besagt, wird deutlicher, wenn wir annehmen, daß alle Größen mit Bezugnahme auf die Zeit definiert sind. Dies wird durch das Pfeilschema der Abb. 9 b) veranschaulicht. Wenn wir voraussetzen, daß für die Reaktion von C auf Y eine gewisse Zeit vergeht (dargestellt durch den gestrichelt eingezeichneten Pfeil), während für die Reaktion von Y auf C und I keine Zeit verstreicht[3], erhalten wir das bereits früher dargestellte Theorem des dynamischen Multiplikators. Verfolgen wir diese Reaktionen genauer: Auf eine durch Investitionen ausgelöste Einkommensentstehung folgen nach einer gewissen Zeit Entscheidungen, Konsumausgaben vorzunehmen; mit diesen gehen Entscheidungen, Konsumgüter zu produzieren, einher, so daß erneut Einkommen entstehen. Diese verlangen wiederum das Aufstellen und Durchführen der vorstehend skizzierten Reihe von Plänen, wobei z. B. Konsumtions- und Sparpläne, Produktionspläne, Beschäftigungspläne u. v. a. m. gefaßt und sukzessive durchgeführt werden müssen. Unter der Annahme, daß es sich um eine einmalige Investitionsausgabe gehandelt hatte, werden solche Planungsentscheidungen solange getroffen werden müssen, bis alle diejenigen Einkommensentstehungen realisiert sind, die in der Relation (9.3) ermittelt wurden.

Wenn nun alle im Zeitverlauf erforderlichen Planungen antizipiert (d. h. die gesamten erforderlichen Reaktionen bekannt und durchführbar wären) und auch tatsächlich durchgeführt würden, so würden die Wirtschaftssubjekte mit einer einzigen Reaktion sämtliche erforderlichen Prozesse vollziehen. Das besagt nichts anderes, als daß sie den Gleichgewichtswert sofort realisieren. Dieser hypothetische Vorgang (als Alternative zum vorhergehenden dargestellt durch den gebogenen Pfeil von Y nach C, in Abb. 9 b) würde realiter nichts anderes bedeuten, als daß die Wirtschaftssubjekte ohne jegliche Verzögerungen, also mit unendlich großer Reaktionsgeschwindigkeit reagieren. Formuliert man diese Hypothese, so folgen die Konsumausgaben dem Einkommen in derselben Periode; diese führen unverzögert wieder zu Einkommen usw. Sind die in dieser Zeitspanne vorgenommenen Investitionsausgaben I_t konstant, dann ergeben sich folgende Beziehungen:

---

[3] Dies haben wir durch die definitorische Verwendung der Konsum- und Investitionsgüternachfrage als Bestimmungsfaktoren des Volkseinkommens bedingt, doch ist es unter Beachtung des sog. Lundberg-Lags keineswegs selbstverständlich.

$$C_t = a Y_t \tag{9.4}$$

$$I_t = \bar{I} = \text{const.} \tag{9.5}$$

$$Y_t = C_t + I_t, \tag{9.6}$$

welche uns unmittelbar zu

$$Y_t = \frac{1}{1-a} I \tag{9.7}$$

führen. Dies stellt aber nichts anderes als das Gleichgewicht dar, welches durch die Antizipation der Planungen ohne Verzögerung realisiert wird.

Diese Interpretation der zeitlichen Verzögerungen als Indikatoren fehlender Koordination von Plänen gilt nun nicht nur für solche einfachen interdependenten Strukturen, wie wir sie eben beispielhaft wiedergegeben haben. Sie gilt vielmehr auch für die komplizierteren Systeme, die in der Prozeßanalyse üblicherweise besprochen werden. Auf den ersten Blick mag es unrealistisch erscheinen, in einem die wirtschaftliche Realität beschreibenden System eine koordinierte Reaktionsweise zu erwarten[4]. Man könnte sogar sagen, daß der Fall der vollkommenen Koordination überhaupt keine Dynamik repräsentiert. Dennoch müssen wir — genau genommen — beachten, daß diese Aussage einzig und allein davon abhängt, inwieweit die Wirtschaftssubjekte eine Vorausschau auf die erforderlichen Reaktionen besitzen und ihre Pläne danach gestalten können. Sicherlich aber erfolgen wirtschaftliche Reaktionen nur sehr selten mit einer solchen Geschwindigkeit, daß alle erforderlichen Anpassungsreaktionen in einer endlichen Zeitspanne vollzogen werden. Der formale Einwand, daß die Zahl der notwendigen Reaktionen unendlich ist, reicht nicht aus. Da die letzten Reaktionen immer dann, wenn der Rückkoppelungskoeffizient zwischen Null und Eins liegt, so verschwindend gering sind, daß man sie für jede makroökonomische Dynamik vernachlässigen kann, sind auch Fälle denkbar, in welchen die notwendigen Reaktionen tatsächlich in der betrachteten Zeitspanne realisiert werden.Regelmäßig können wir aber annehmen, daß eine vollständige Anpassungsreaktion nur durch eine entsprechende Gestaltung der Pläne der Wirtschaftssubjekte erfolgen wird. Dabei müssen die Pläne in vielerlei Beziehung übereinstimmen[5], so daß es angezeigt sein dürfte, diesen Fall als den der vollkommenen Koordination von Plänen zu bezeichnen. Die vollkommene Koordination kann sich auf einen bestimmten Teil aller der für den volkswirtschaftlichen Prozeß relevanten Pläne beziehen, sie kann ebenso die Pläne einzelner Produktionsbereiche oder auch die Pläne der

[4] Vgl. dazu auch *Hoppmann*, Periodenanalyse, a.a.O., S. 93.
[5] Vgl. *Bentzel* and *Hansen*, a.a.O., S. 161.

gesamten Volkswirtschaft umfassen. Im letzten Falle würde sich unverzüglich das Gleichgewicht realisieren oder mit anderen Worten: die Gleichgewichtsbetrachtung ist eine Analyse unter der Voraussetzung der Koordination sämtlicher Pläne.

Im folgenden wird mit dem Begriff der „Koordination sämtlicher Pläne" jene Situation gekennzeichnet, in der alle erforderlichen Reaktionen und Anpassungsprozesse durch entsprechende Gestaltung der Pläne vorweggenommen und dadurch innerhalb der betrachteten Periode vollzogen werden. Es dürfte zweckmäßig sein, noch an einem Beispiel kurz zu verdeutlichen, welche Art von Fällen, außer rein hypothetischen, damit erfaßt wird. Eine vollständige Koordination einzelner Pläne findet sich gelegentlich in jeder Verkehrswirtschaft. So kann aus dem Bereich der Einzelwirtschaften der Fall einer Maschinenfabrik genannt werden, deren Ausbringung nicht nur die Nachfrage des Marktes, sondern zugleich auch den „Eigenbedarf" befriedigen soll. Der Leser wird sich ohne Schwierigkeiten ableiten können, daß die oben gegebene allgemeine Darstellung der Rückkoppelung genau den Fall der Koordination der Ausbringungspläne der Maschinenfabrik zu beschreiben vermag. In der Agrarproduktion gibt es eine Vielzahl gleichgelagerter Fälle.

Etwas anders, d. h. komplizierter, liegt ein ebenfalls zu erwähnender Fall. Im Konjunkturaufschwung können die Unternehmererwartungen so geartet sein, daß sämtliche Investitionserfordernisse antizipiert werden. Die in einer Periode vorgenommene Ausweitung der Kapazität entspricht dann genau der Vergrößerung der Ausbringung, d. h. die Unternehmer halten Kapitalbestand und Ausbringung in derselben Periode proportional. Erst an dieser Stelle und nicht bei der allgemeinen unternehmerischen Anpassungsreaktion (die wir im vorausgegangenen Kapitel beschrieben haben), können die Erwartungen für die Gestaltung der Investitionsentscheidungen gelegentlich eine gewisse Rolle spielen und in der Reaktionshypothese — also nicht nur in der Größe der Relation Produktionsmittelbestand : Ausbringung — impliziert sein.

b) Die unter den erwähnten Bedingungen auftretende Reaktionsstruktur wird nicht mehr vollständig durch die oben angegebene Ableitung der Rückkoppelung gedeckt, wenn auch die allgemeinen Prinzipien der Verknüpfung der Größen, d. h. die Prinzipien der aufgezeigten Reaktionsstruktur, dieselben sind. Die Reaktionsstruktur der Koordination der Konsum- und Investitionspläne läßt sich allgemein durch das beigefügte Kreislaufschema beschreiben. Bis auf die Berücksichtigung des Kapitalbestandes (K) deckt es sich mit dem für die Koordination der Konsumpläne wiedergegebenen Schema.

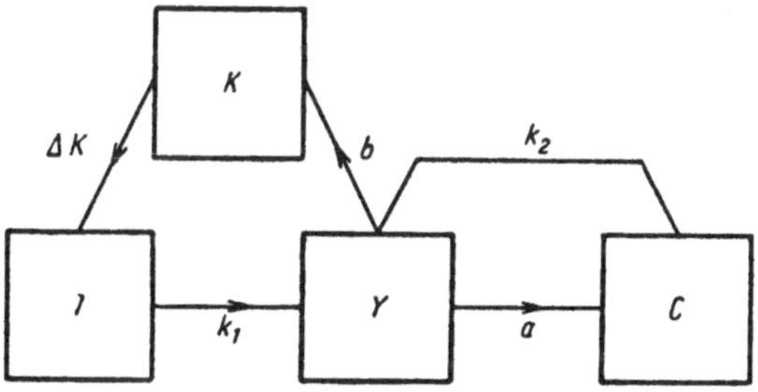

Abb. 10

Unter Beibehaltung der in den Gleichungen (9.6) und (9.4) zum Ausdruck gebrachten Hypothesen, seien ergänzend die Hypothesen über die koordinierten Investitionen angeschrieben. Diesen zufolge halten die Unternehmer den Kapitalbestand dem Volkseinkommen proportional, so daß, analog (8.4),

$$K_t = b \cdot Y_t \tag{10.1}$$

ist, und die Investition, analog (8.3),

$$I_t = K_t - K_{t-1} = \triangle K_t \tag{10.2}$$

der Differenz zwischen dem gewünschten und vorhandenen Kapitalbestand ist.

Mit der koordinierten Konsumtion, analog (9.4),

$$C_t = a\,Y_t = (1-s)Y_t \tag{10.3}$$

kann die Einkommensentstehung nach

$$Y_t = C_t + I_t \tag{10.4}$$

im Falle der vollkommenen Koordination aller Pläne nunmehr durch Reduktion der Gleichungen ermittelt werden:

$$Y_t = \frac{b}{b - s} Y_{t-1}. \tag{10.5}$$

Das beigefügte Pfeilschema (Abb. 11) verdeutlicht, daß die Koordination der Pläne alle Reaktionen in derselben Periode erfolgen läßt.

Neben dem koordinierten Konsumkreislauf bewirken die unternehmerischen Dispositionen, daß der Kapitalbestand genau dem volkswirtschaftlichen Produktionsvolumen entspricht, wodurch Investitionen ausgelöst werden, deren Vollzug in derselben Periode das Volkseinkommensniveau bestimmt. Der unter dieser Bedingung abgeleitete Verlauf deckt sich vollständig mit dem Ergebnis der Analyse Harrods[6],

---

[6] *Harrod,* R. F.: An Essay in Dynamic Theory; op. cit.

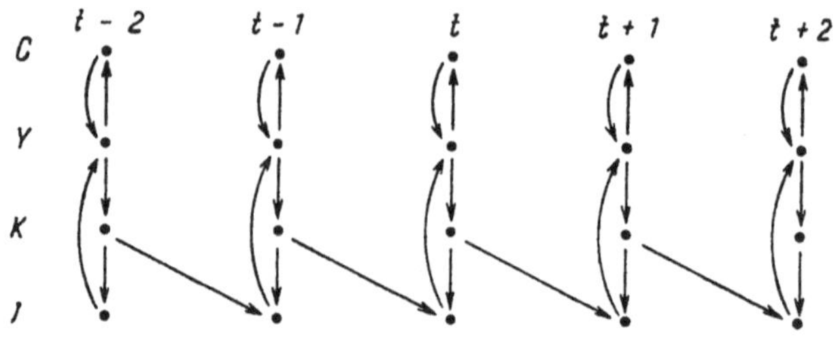

Abb. 11

lediglich untersuchte dieser den Fall der Koordination der Spar- und Investitionspläne, nicht den der Konsum- und Investitionspläne.

In der Gleichung (10.3) wurde die Annahme einer vollständigen Koordination der Konsumpläne zum Ausdruck gebracht. Um die Übereinstimmung mit der bereits traditionell gewordenen Form der Analyse des Wachstums zu wahren, seien die den Verbrauchplänen komplementären Sparpläne für den Vergleich durch

$$S_t = s\,Y_t \tag{11.1}$$

ausgedrückt. Die Gleichungen (10.1) und (10.2) zusammenfassend, sei die Investition durch

$$I_t = b(Y_t - Y_{t-1}) \tag{11.2}$$

bestimmt.

Die vollkommene Koordination aller Pläne ist in diesem System dann und nur dann gegeben, wenn die koordinierten Sparpläne mit den koordinierten Investitionsplänen übereinstimmen, also wenn:

$$S_t = I_t \tag{11.3}$$

ist.

Aus den Gleichungen (11.1) bis (11.3) läßt sich die zeitliche Entwicklung des Einkommens erneut als durch

$$Y_t = \frac{b}{b-s}\,Y_{t-1} \tag{11.4}$$

bestimmt ermitteln.

Mit diesem System kann man auch Harrods „warranted rate of growth" angeben:

$$sY_t = b(Y_t - Y_{t-1}),$$

woraus sich die Wachstumsrate des Einkommens, G_w, als der Ausbringungszuwachs dieser Periode im Vergleich zur vorausgegangenen (bezogen auf die Ausbringung dieser Periode) ergibt:

$$G_w = \frac{Y_t - Y_{t-1}}{Y_t} = \frac{s}{b} \tag{11.5}$$

Mit der Ableitung von Harrods „warranted rate of growth"[7], die endweder einen empirischen Sonderfall der wirtschaftlichen Expansion oder das „moving equilibrium" einer Wirtschaft, welches sich als Ergebnis der vollkommenen Koordination aller Pläne einstellen würde, beschreibt, haben wir gleichzeitig die Zweckmäßigkeit unserer Begriffsbildung nachgewiesen. Es ist offenbar möglich, dem Begriff einen sehr klaren Inhalt zu geben, denn wir können sowohl die ihm entsprechenden Reaktionshypothesen klar definieren, als auch von vorgegebenen Reaktionshypothesen auf den Charakter der implizierten Plankoordination schließen[8].

Bevor wir Modelle besprechen, die eine unvollkommene Koordination der Pläne berücksichtigen, sei die Lösung von (11.4) kurz diskutiert. Dies geschieht wieder am besten durch eine komparativdynamische Analyse mit der Frage, wie ein vergleichsweise größeres Sparen und/oder eine vergleichsweise größere Investition sich auf das dynamische Gleichgewicht auswirken. Wie bereits mehrfach aufgezeigt wurde, bestimmt sich der Verlauf von Y_t bei gegebenem Eingangswert Y_0 — da wir ein homogene Differenzengleichung betrachten — durch:

$$Y_t = Y_0 \left(\frac{b}{b - s} \right)^t. \qquad (11.6)$$

Da $b > s > 0$ ist, ergibt sich, daß $\frac{b}{b-s} > 1$ ist, was besagt, daß das Einkommen von Periode zu Periode um das $\frac{b}{b-s}$-fache wachsen wird, wenn alle Pläne koordiniert sind. Beabsichtigen die Wirtschaftssubjekte bei sämtlichen Einkommensniveaus mehr zu sparen, d. h. wird „s" größer, so wird der Nenner unseres Bruches kleiner, die Wachstumsrate, also der Wert des Bruches, wird aber größer; dasselbe gilt von einem vergleichsweise größeren Akzelerator „b". M. a. W. besagt dies, daß das Gleichgewichtswachstum dann um so größer sein wird, wenn die Wirtschaftssubjekte übereinstimmend mehr zu sparen und/oder zu investieren beabsichtigen. In Harrods Sprechweise läßt sich dies so formulieren, daß bei größerer Sparquote das Einkommen schneller wachsen muß, damit die auf Grund seines Wachstums be-

[7] *Harrod*, R. F.: Essay, op. cit., S. 204. Der Leser beachte, daß *Harrod* die stetige Wachstumsrate mit Differentialgleichungen gewinnt und in Differenzengleichungen dieselbe Relation nur entsteht, wenn wir den Zuwachs auf Y_t beziehen.

[8] Die Interpretation der prozeßanalytisch betrachteten Reaktionsweisen unter Verwendung der schwedischen Terminologie leistet ähnliches, wie auch die Darstellung der *Harrod*schen Wachstumstheorie bei *Baumol* (op. cit., S. 42) zeigt. Allerdings glaube ich nicht, daß sich die gleiche Nützlichkeit der schwedischen Terminologie bei der Besprechung komplizierter Reaktionsstrukturen erweisen kann, besonders wenn diese den aus einer spezifischen Produktionsstruktur resultierenden Problemen Rechnung tragen.

absichtigten Netto-Investitionen mit den Ersparnissen übereinstimmen, resp. daß bei größeren Investitionen das Einkommen schneller wachsen muß, damit die Ersparnisse genügend groß sind, um mit den Investitionen übereinzustimmen. Harrod und Domar[9], sowie einige sich diesen anschließende Autoren haben von dieser Frage ausgehend, die Probleme des Gleichgewichtswachstums der Wirtschaft analysiert[10]. Dabei stand die Frage nach dem notwendigen Wachstum der Investitionen, das sich aus der Übereinstimmung der kapazitiven und einkommenschaffenden Effekte derselben ergibt, zunächst im Vordergrund. Daneben aber, und in gewisser Hinsicht von dem bedeutenderen Teil der Untersuchungen, wurde die Frage nach der dem Wachstum inhärenten Instabilität analysiert[11]. Diese Arbeiten haben kürzlich eine neue Zusammenfassung erfahren, die zugleich einen Höhepunkt der auf Harrods Thesen basierenden Ideen darstellt[12]. Da wir an dieser Stelle keine hinreichende Beschreibung dieser Entwicklung geben können, sei nur soviel angemerkt: Allen Konstruktionen liegt ein Kernprozeß zugrunde, dessen wesentliche Bestandteile von den aufgezeigten Koordinationshypothesen bestimmt werden[13]. Soweit dies als unbefriedigend empfunden wird[14], werden verzögerte Reaktionen zur Beschreibung asynchroner (nicht-koordinierter) Strukturen verwendet und die Hickssche Analyse mutatis mutandis fortgeführt. Im einfachsten Fall (zwei reelle Wurzeln) resultieren zwei Raten stetigen Wachstums, die bei passenden Eingangsbedingungen den weiteren Verlauf bestimmen, oder, wenn Abweichungen von diesen Raten auftreten, Instabilitäten bewirken[15]. Unter Verwendung zusätzlicher autonomer Bestimmungsfaktoren für die Konsumtion und Investition gelingt es schließlich, genügend Flexibilität in der Reaktionsstruktur aufzuwei-

---

[9] *Domar,* Evsey D.: Capital Expansion, Rate of Growth, and Employment; Ec., Vol. 14, 1946, S. 317 ff.; ders.: Expansion and Employment; A.E.R., Vol. XXXVII, 1947, S. 34 ff.; *ders.:* The Problem of Capital Accumulation, A.E.R., Vol. XXXVIII, 1948, S. 777 ff.; *ders.:* Capital Accumulation and the End of Prosperity; Cowles Commission Papers, N.S. Nr. 33, 1951, S. 307 ff. (Proceedings of the Intern. Inst. of Statistics Conference 1951).

[10] Vgl. auch *Bombach,* Gottfried: Zur Theorie des wirtschaftlichen Wachstums ,Ww.A., Bd. 70, 1953, S. 110 ff.

[11] Zu erwähnen sind vor allem die Arbeiten *Alexanders* und *Hambergs.*

[12] *Hamberg,* D.: Economic Growth and Instability, New York 1956. Diese Publikation erschien nach Abschluß meiner Untersuchungen. Eine (wenn auch leider nur oberflächliche) Durchsicht der Arbeit *Hambergs,* konnte mich nicht davon überzeugen, daß der (in Kenntnis der früher veröffentlichten Artikel des Autors) von mir in Fortführung der *Hicks*schen Gedankengänge eingeschlagene Weg zu inferioren Ergebnissen führte.

[13] *Hamberg,* op. cit., hebt im Abschnitt über die „Instability of Full-Capactiy Growth" (S. 214) hervor, daß sowohl ex-ante- als auch ex-post-Sparen und -Investieren übereinstimmen.

[14] *Hamberg,* op. cit., S. 231 ff.

[15] *Hamberg,* op. cit., S. 243 ff.

sen, um sowohl einen „prolonged upswing", als auch eine „major cyclical crisis" zu erklären.

c) Ausgehend von der Überlegung, daß der tatsächliche Verlauf der Wirtschaft wohl kaum durch ein System mit vollkommener Koordination der Pläne adaequat beschrieben werden kann, seien im folgenden Konstruktionen untersucht, die diese Prämisse aufgeben. In einer neueren Publikation erzielt Bodenhorn[16] durch Veränderung der Investitionsfunktion im Wege der Berücksichtigung unbeabsichtigter Investitionen den Wegfall der Koordination der Investitionspläne. Gleichzeitig versucht er zu zeigen, daß Harrods Aussagen[17] über die Divergenz des tatsächlichen Verlaufs vom Gleichgewichtsverlauf nur durch vollständige Berücksichtigung der Reaktionen der Wirtschaftssubjeke abgeleitet werden können. Eine kritische Würdigung dieses Vorgehens führt uns zu weit ab. Deshalb seien hier nur noch kurz die Auswirkungen unkoordinierter Konsumpläne besprochen. Was die Analyse vollkommen unkoordinierter Pläne, d. h. unkoordinierter Konsum- *und* Investitionspläne, seither zu leisten vermochte, wird der anschließende Abschnitt aufzeigen.

Um die Prämisse der Koordination der Sparpläne fallen zu lassen, stehen grundsätzlich zwei Wege zur Verfügung: Man kann dies entweder durch $S_t = s \cdot Y_{t-1}$ zum Ausdruck bringen oder die Konsumpläne entsprechend der Keynesschen Einkommensentstehungsgleichung in das System aufnehmen. Im ersten Fall würden wir implizit die Annahme machen, daß die Wirtschaftssubjekte zunächst festlegen, wieviel sie zu sparen beabsichtigen, diese Größe auf das Einkommen der Vorperiode beziehen und sie in dieser Periode, unabhängig davon wie groß ihr tatsächliches Einkommen sein wird, als Ersparnisse disponieren. Diese Sparhypothese legte Bombach seiner Wiedergabe der Wachstumstheorie zu Grunde[18]. Obwohl sie formal zulässig ist, ist die implizierte Reaktionsweise m. E. von geringem Interesse. Die entstehende Lösung — für $Y_t = \frac{s+b}{b} Y_{t-1}$ — beschreibt jedenfalls ein negatives Abweichen des tatsächlichen Wachstums vom Gleichgewichtswachstum. Wir wollen deshalb die komplementären, unkoordinierten Konsumpläne in unser System aufnehmen. Dieses ist dann wie folgt bestimmt:

---

[16] *Bodenhorn*, Diran: The Stability of Growth Models; A.E.R., Vol. XLVI, 1956, No. 4, S. 607 ff.

[17] *Harrod:* Essay, Wiederabdruck a.a.O., S. 209 ff.

[18] *Bombach*, op. cit., S. 124; er bezieht den Einkommenszuwachs sodann auf das Einkommen der Vorperiode und ermittelt daraus *Harrods* „warranted rate of growth". Diese Ableitung ist nach unserer Begriffsbildung an Hand der Definition der Koordination der Pläne nicht mit *Harrods* Absichten konsistent. (Vgl. auch *Hamberg*, a.a.O., S. 68.)

$$C_t = (1-s)Y_{t-1}, \tag{12.1}$$

$$I_t = b(Y_t - Y_{t-1}) \tag{12.2}$$

und

$$Y_t = C_t + I_t. \tag{12.3}$$

Durch Substitution von (12.1) und (12.2) in (12.3) erhalten wir den zeitlichen Verlauf der Ausbringung in einem System koordinierter Investitions- und unkoordinierter Konsumtionspläne als durch

$$Y_t = \frac{1-s-b}{1-b} Y_{t-1} \tag{12.4}$$

bestimmt. Bezeichnen wir dies als tatsächliches Einkommen in t, und vergleichen es mit dem Gleichgewichtseinkommen dieser Periode (11.4), so sieht man, daß das erstere das letztgenannte zu übersteigen tendiert, weil

$$\frac{1-s-b}{1-b} > \frac{b}{b-s}$$

ist, wenn $b > 1 > s > 0$ gilt. Der Leser achte aber darauf, daß (12.4), obwohl damit ein stetiger Verlauf des Einkommens vorgegeben wird, keinen Gleichgewichtsverlauf des Einkommens beschreibt[19]. Die Divergenz zwischen beiden Einkommensentwicklungen bestimmt sich im Zeitverlauf als Differenz zwischen dem tatsächlichen und dem Gleichgewichtseinkommen und ist nach geeigneter Umformung gegeben durch:

$$D_t = Y_0 \left[\left(1 + \frac{s}{b-1}\right)^t - \left(1 + \frac{s}{b-s}\right)^t \right]. \tag{12.5}$$

Da der erste Ausdruck in runder Klammer mit wachsendem t bei $s < 1$, stärker zunimmt als der zweite Ausdruck, ergibt sich somit, daß die beiden Einkommensentwicklungen von Periode zu Periode stärker divergieren. Es erübrigt sich, hier die Beziehungen zwischen der gebotenen Analyse und Harrods Besprechung der Wirkungen eines positiven Abweichens der tatsächlichen von der Gleichgewichts-Wachstumsrate näher zu untersuchen. Für die weitere Analyse ist nur wichtig, daß die Einführung nicht-koordinierter Konsumpläne keine wesentlich neuen Aussagen über den Kernprozeß erbrachte, da sie nichts an der Stetigkeit des Wachstums änderte.

---

[19] Entgegen der Behauptung *Bombachs* beschreibt m. E. auch

$Y_t = \frac{s+b}{b} Y_{t-1}$ nur ein stetiges, aber nicht das Gleichgewichtswachstum.

2. Makroökonomische dynamische Modelle mit Asynchronisation der Pläne

a) Im vorausgegangenen Abschnitt haben wir Harrods Modell der vollkommenen Koordination der Pläne, welches uns das „moving equilibrium" lieferte und ein Modell der partiellen Koordination der volkswirtschaftlichen Pläne, welches uns die Diskussion einer Divergenz stetigen Wachstums von der gleichgewichtigen Wachstumsrate ermöglichte, besprochen. Fast zur gleichen Zeit als Harrods Analyse des Wachstums, auf dem Akzelerationsprinzip basierend, erschien, hat Samuelson unter Verwendung einer ähnlichen Reaktionsstruktur eine Analyse der unvollkommenen Koordination aller Pläne, d. h. der Asynchronisation der volkswirtschaftlichen Pläne, veröffentlicht[20]. Um den Leser nicht mit dieser allseits bekannten Modellkonstruktion zu langweilen, soll auch sie nur soweit besprochen werden, als sie für die weitere theoretische Entwicklung bedeutungsvoll war.

Samuelson ging davon aus, daß die Entscheidungen zu Investieren und zu Konsumieren die Einkommensentstehung einer Periode bestimmten, kurz also von Keynes' Einkommensentstehungsgleichung:

$$Y_t = C_t + I_t. \tag{13.1}$$

Die Konsumtionsentscheidungen seien durch nicht-koordinierte Konsumpläne bestimmt:

$$C_t = aY_{t-1}, \tag{13.2}$$

die Investitionsentscheidungen seien, der älteren Fassung des Akzelerationsprinzips entsprechend, durch die Investitionserfordernisse der Konsumgüterindustrien bestimmt:

$$I_t = b\,(C_t - C_{t-1}) \tag{13.3}$$

Obwohl auf den ersten Blick die Investitionspläne koordiniert erscheinen, ergibt sich, da sie sich auf die nicht-koordinierten Konsumpläne stützen, daß auch sie nicht-koordiniert sind. Durch Substitution dieser Ausdrücke erhält man für den zeitlichen Verlauf des Einkommens die lineare Differenzengleichung 2. Ordnung:

$$Y_t = a(1+b)Y_{t-1} - abY_{t-2}. \tag{13.4}$$

Samuelson hatte außer den Einkommensentstehungen durch Konsum- und Investitionsausgaben auch diejenigen durch konstante Kredit-

---

[20] *Samuelson,* Paul A.: Interactions between the Multiplier Analysis and the Principle of Acceleration; R.E.Stat., Vol. XXI, 1939, S. 75 ff.

schöpfung in die Analyse einbezogen, da er die Auswirkungen dieser bei gegebenem stationären Niveau der restlichen Gesamtwirtschaft zu besprechen beabsichtigte. Es war also die Zielsetzung seiner Analyse, den zeitlichen Verlauf des zusätzlichen Einkommens, das aus einer im Anschluß an Keynes' Theorie empfohlenen Erhöhung der effektiven Nachfrage durch konstante staatliche Netto-Investitionen auftreten wird, zu untersuchen. Um jenem stationären Niveau Rechnung zu tragen, wollen wir eine Konstante K in die Gleichung (13.2.) aufnehmen, so daß sich die inhomogene Gleichung

$$Y_t = a(1+b)Y_{t-1} - abY_{t-2} + K \tag{13.5}$$

auf das gesamte Volkseinkommen bezieht.

Das Gleichgewicht des Systems wird durch die partikulare Lösung $z_0 = Y_t = Y_{t-1} = Y_{t-2}$ bestimmt und lautet:

$$z_0 = \frac{1}{1-a} K. \tag{13.6}$$

Die homogene Gleichung für die Abweichungen vom Gleichgewicht

$$Y_t - a(1+b)Y_{t-1} + abY_{t-2} = 0$$

läßt sich wiederum mit dem Ansatz $Y_t = x^t$ und erweitern mit $\frac{x^2}{x^t}$ in die charakteristische quadratische Gleichung

$$x^2 - a(1+b)\,x + ab = 0 \tag{13.7}$$

überführen. Die Stabilitätsbedingungen dieser Gleichungen sind oft diskutiert worden[21]. Der zeitliche Verlauf ist abhängig von den beiden Wurzeln x_1 und x_2 der charakteristischen Gleichung (13.7.), die ihrerseits durch die spezifischen Kombinationen der Parameterwerte bestimmt werden. Im Anhang zu dieser Arbeit werden wir zeigen, wie man verhältnismäßig leicht ermitteln kann, daß der stabile Bereich durch $1 > a$ und $\frac{1}{b} > a$ begrenzt wird. Allgemein können wir also sagen, daß jede Kombination von a- und b-Werten, die in den in der folgenden Abbildung schraffiert begrenzten Bereich fällt, entweder als Folge reeller Wurzeln $0 < x_{1,2} < 1$ einen monoton stabilen Verlauf der betrachteten Variablen ergeben wird oder als Folge konjugiert komplexer Wurzeln mit einem Modul der kleiner als Eins ist, einen gedämpft schwingenden Verlauf bewirkt. Für alle Kombinationen außerhalb dieses Bereiches ist das System instabil, weil entweder mindestens

[21] Vgl. auch die systematische Darstellung von *Baumol*, op. cit., S. 161 ff.

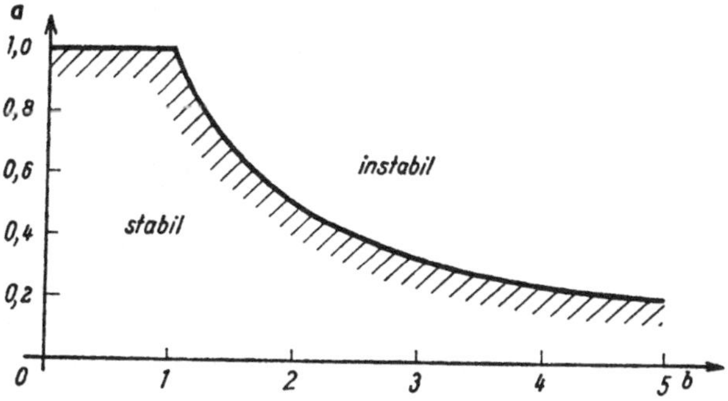

Abb. 12

eine Wurzel größer als Eins ist oder weil die konjugiert komplexen Wurzeln einen Modul größer als Eins aufweisen.

Damit hatte Samuelson nachgewiesen, daß bei asynchroner Verknüpfung der Pläne oder auch durch das sogenannte Zusammenwirken von Multiplikator und Akzelerator eine endogene Theorie der zyklischen Schwankungen aufgebaut werden konnte. Offenbar mußte man künftighin davon ausgehen, daß die verschiedenen Reaktionen der Wirtschaftssubjekte, die sich in ihren Konsum- und Investitionsplänen manifestieren, nur unter sehr spezifischen Bedingungen einen stabilen Verlauf des Systems bewirken. Allerdings blieb auch der annähernd gleichmäßig zyklische Verlauf des Systems an ganz genaue Größenverhältnisse der Parameter gebunden; insbesondere konnte das regelmäßige wirtschaftliche Schwankungen am besten beschreibende Verhältnis zwischen Akzelerator und Grenzneigung zum Konsum, welches durch $a = \frac{1}{b}$ gegeben wird, nicht durch die Jahrzehnte hindurch als konstant vermutet werden. An diesen Problemen hatte sich die gesamte zustimmende oder ablehnende Diskussion entzündet, und die meisten Fragen dürften erst durch das Erscheinen der Hicksschen Theorie in befriedigender, wenn auch nicht vollkommener Weise beantwortet sein.

Das wesentliche Ergebnis der Analyse von Samuelson läßt sich jedoch dahingehend formulieren, daß der makroökonomische Kernprozeß durch das Zusammenwirken verzögerter Konsumtionsentscheidungen und verzögerter Investitionsentscheidungen, wenn sie auf den kapazitiven Anpassungsformen der Unternehmer bei Nachfrageveränderungen beruhen, möglicherweise durch zyklische Schwankungen der wirtschaftlichen Aktivität gekennzeichnet wird. Die Fortentwicklung der Theorie hat dieses Ergebnis erheblich präzisiert.

b) Für die weitere Forschung blieben drei Probleme zu beantworten: Erstens: war es zulässig, die Akzeleratorwirkung auch für den Abschwung anzunehmen? Zweitens: war die von Samuelson implizierte Reaktionsstruktur sinnvoll? Drittens: wie sollte es möglich sein, daß die Konjunktur durch eine und nur eine Kombination der Parameterwerte beschrieben werden kann?

Bereits sehr bald wurde vor allem ein Mangel des Modelles behoben. Wie man sieht, nimmt Samuelson an, daß die Investitionen nur abhängig sind von der Veränderung der Ausbringung der Konsumgüterproduktion; gewiß aber erfordert auch die Ausbringung von Investitionsgütern eine Vermehrung des Kapitalbestandes in diesem Bereich. Das heißt aber nichts anderes, als daß für die Akzeleratorhypothese die gesamte Ausbringung zugrunde zu legen ist. Dieser Tatsache haben Alexander[22] und Schelling[23] Rechnung getragen. Die interessanteste Problemstellung hatte die Arbeit Alexanders, die daher kurz gewürdigt werden soll. Er untersuchte, unter welchen Bedingungen der Akzelerator so beeinflußt werden könne, daß ein stetiges Wachstum für die durch unvollkommene Koordination gegebenen Bestimmung des Volkseinkommens eintreten könne. Er stützt seine Untersuchung auf eine Reihe von Hypothesen über die mit der wirtschaftlichen Expansion verbundenen Preiserhöhungen, die die realen Investitionserfordernisse im Zeitverlauf hinreichend klein zu halten vermochten, so daß ein stetiges Wachstum resultiere, welches nur unerheblich von der gleichgewichtigen Wachstumsrate abweiche. Alexanders Ableitung hat, wie bereits erwähnt, die Forschungen über die Stabilität des Wachstums maßgeblich beeinflußt. Doch ist zu beachten, daß die bremsende Wirkung der Preiserhöhungen das stetige Wachstum an einen kritischen Bereich bindet, unterhalb dessen explosive Schwingungen entstehen. Es ist jedoch nicht generell anzunehmen, daß in der wirtschaftlichen Wirklichkeit genau jener Bereich vorherrscht, so daß wir nach einer allgemeineren Formulierung der Hypothesen über den Kernprozeß suchen müssen.

Baumol hat an anderer Stelle[24] eine bedeutend kompliziertere dynamische Investitionsfunktion in das System der den Kernprozeß bestimmenden Variablen aufgenommen. In jener Untersuchung nimmt er an, daß die tatsächlichen Investitionen außer durch induzierte Investitionen auch durch solche bestimmt werden, die dem Einkommen proportional sind und durch jene, die in der Vorperiode nicht befriedigt wurden. Vom Gesichtspunkt der Vielseitigkeit möglicher Modellkonstruktionen und Verlaufstypen ist dieses Modell sehr auf-

---

[22] *Alexander,* Sidney S.: The Accelerator as a Generator of Steady Growth; Q.J.E., Vol. LXII, 1949, S. 174 ff.

[23] *Schelling,* T. C.: Capital Growth and Equilibrium, A.E.R., Vol. XXXII, 1947, S. 864.

[24] *Baumol,* W. J.: Notes on Some Dynamic Models; E.J., Vol. LVIII, 1948, S. 506 ff.

schlußreich; die bereits durch Samuelsons Modell evident gewordene Problematik solcher dynamischen Konstruktionen konnte Baumols Untersuchung jedoch nicht mindern.

c) Den entscheidenden Beitrag zur Lösung der durch die ersten theoretischen Modelle aufgeworfenen Fragen hat m. E. J. R. Hicks durch seine ausgefeilte Darstellung der Interdependenz der volkswirtschaftlichen Konsumtions- und Investitionsentscheidungen gegeben. Ein großer Teil weiterer Forschung wird vielleicht diesen oder jenen Mangel aufdecken oder in vergleichender Betrachtungsweise auf die logische Übereinstimmung verschiedener Hypothesen über die Strukturrelationen hinweisen können. Im allgemeinen wird man aber noch immer mit Haberler sagen können, daß die auf Keynes aufbauende Konjunkturtheorie ihren vorläufigen Höhepunkt in Hicks' „Contribution to the Theory of the Trade Cycle" gefunden hat und daß kein ökonomisches Werk seit dem Erscheinen der „General Theory" — mit Recht — einen so starken Widerhall gefunden hat wie jenes Buch[25].

Es ist schwierig, auf wenigen Seiten die Grundgedanken der Hicksschen Argumentation wiederzugeben. Um die Kurzfassung möglichst einwandfrei zu halten, stützen wir sie daher auf den Ausgangspunkt der Modellkonstruktion, der sich in einer Besprechung von Harrods Publikation „Towards a Dynamic Economics"[26] findet.

Hicks beginnt seine Argumentation mit einer kritischen Würdigung der Harrodschen Prämisse der vollkommenen Koordination aller Pläne — so läßt sich seine Stellungnahme am besten mit der von uns verwendeten Terminologie beschreiben — und leitet ein System der unvollkommenen Koordination sämtlicher Pläne daraus ab. Wenn wir dieses durch die Keynessche Ex-post-Gleichheit

$$S_t = I_t, \tag{14.1}$$

die Ex-post-Ersparnisse[27] (d. h. die nicht-koordinierten Sparpläne),

$$S_t = Y_t - (1-s)Y_{t-1} \qquad (14.2)^{28}$$

und durch die nicht-koordinierten Investitionsentscheidungen

---

[25] Vgl. *Haberler*, G., in der Festschrift f. *Amonn*, op. cit., S.229.

[26] *Hicks*, J. R.: Mr. Harrods Dynamic Theory, Eca., 1949, S. 106 ff.; wieder abgedruckt: Readings in Business Cycles and National Income, op. cit., S. 249 ff.

[27] Vgl. die Anmerkung 58, S. 59 f., und das System (6), wobei jedoch darauf zu achten ist, daß die Investitionsfunktion nunmehr durch die Veränderung des Volkseinkommens bestimmt wird.

[28] Die nicht-koordinierten Sparpläne sind hier wie im System (12) definiert, welches mit (14.1), (14.2) und (12.2) ebenfalls zu (12.4) führen würde.

$$I_t = b(Y_{t-1} - Y_{t-2}) \qquad (14.3)$$

wiedergeben, so erhalten wir die dynamische Einkommensentstehungsgleichung

$$Y_t = (1-s+b)Y_{t-1} - bY_{t-2}. \qquad (14.4)$$

Die Diskussion der zugehörigen charakteristischen Gleichung und/oder die Anwendung des im Anhang wiedergegebenen Verfahrens zur Ermittlung der Stabilitätsbedingungen weist nach, daß der Verlaufstypus dieses Systems maßgeblich vom Wert des Akzelerationskoeffizieten „b" abhängt. Ist „b" sehr klein, so wird der Verlauf dem sogenannten „dynamischen Multiplikator" ähneln. Mit wachsendem „b" führt das System zunächst zu gedämpften Schwingungen, bei $b = 1$ werden regelmäßige Schwingungen und bei $b > 1$ explosive Schwingungen bewirkt, bis sich schließlich bei sehr großen Werten des Akzelerators das System immer weiter vom Gleichgewicht entfernt[29]. Insoweit eignet dem Modell von Hicks keine Besonderheit, verglichen mit den Modellen anderer Autoren. Es sei lediglich auf einen Sonderfall aufmerksam gemacht. Die charakteristische Gleichung dieses Systems:

$$x^2 - (1-s+b)\,x + b = 0 \qquad (14.5)$$

nimmt nämlich eine außergewöhnliche Form an, wenn $s = 0$ wird. Dann ergibt sich, daß $x_1 = 1$, $x_2 = b$ ist. Irgendeine positive, exogenbedingte Variation des seitherigen Niveaus der wirtschaftlichen Aktivität wird also, wenn $0 < b < 1$ ist, eine stetige Annäherung an ein neues höheres Niveau bewirken oder, wenn $b > 1$, ein stetiges Wachstum des Volkseinkommens hervorrufen[30]. Neben der Tatsache, daß auch hier wieder der kritische Wert bei $b = 1$ liegt, ist hervorzuheben, daß trotz des Auftretens von Akzeleratorwirkungen bei Abwesenheit positiver Ersparnisse eine stetige Annäherung an ein höheres Niveau

---

[29] Die kritischen Akzeleratorwerte für einen monotonen Verlauf vom Gleichgewicht weg resp. zum Gleichgewicht hin sind genau dann gegeben, wenn die beiden Wurzeln von (14.5) reell und einander gleich sind. Wenn die Wurzeln reell sein sollen, darf der Radikand nicht negativ werden, d. h. es muß $\left(\frac{1-s+b}{2}\right) \geq b$ sein. Mit dieser quadratischen Gleichung für b bestimmt man, daß dies dann der Fall ist, wenn $b > (1 + \sqrt{s})^2$, resp. $b < (1 - \sqrt{s})^2$ ist, wobei der erste Fall die Bedingungen für reelle Wurzeln, die größer als Eins sind, der zweite Fall die für reelle Wurzeln, die kleiner als Eins sind, beschreibt. Für alle Werte von „b", die zwischen diesen Grenzen liegen, ergeben sich konjugiert komplexe Wurzeln, die einen Modul von genau $\sqrt{b}$ haben. (Vgl. *Hicks*, Contribution, S. 185 f.)

[30] Dies kann man dadurch überprüfen, daß man das stationäre Niveau K in die Gleichung (14.4) mit aufnimmt und eine positive Veränderung desselben, ΔK, unter den hier gesetzten Bedingungen untersucht.

erfolgen wird, wenn der Akzelerator hinreichend klein ist. Es ist also keineswegs so, daß der Akzelerator immer und in jedem Fall ein „cycle-maker“[31] ist, selbst wenn keine Koordination der Pläne vorliegt. Da ein stetiges konvergierendes Wachstum bei einer solchen Konstellation der Pläne nur in einem — im doppelten Sinne des Wortes — kritischen Bereich der Parameterwerte resultiert, beschreibt dieser Verlauf einen unwahrscheinlichen Sonderfall.

Hicks' wesentlicher Beitrag zur Theorie des dynamischen Kernprozesses bestand darin, die autonome Netto-Investition als gleichmäßig, der Harrodschen Wachstumsrate proportional wachsende Größe in die Theorie der Einkommensentstehung aufgenommen zu haben. Obwohl er damit eine Erweiterung der strukturellen Beziehungen vornahm — die autonomen Investitionen[32] umfassen nämlich auch die öffentlichen Investitionen sowie diejenigen, die durch Erfindungen ausgelöst werden und auch jene, deren Rentabilität sich erst im Verlauf einer langen Zeitspanne erweist[33] —, wollen wir die Argumentation hier skizzieren, da sie ein leichtverständliches Beispiel gibt, wie mit nur stückweise linearen Differenzengleichungssystemen[34] viele Mängel der einfacheren dynamischen Modelle vermieden werden können. — Die Einbeziehung der autonomen Investitionen ermöglichte Hicks die explizite Berücksichtigung eines Trends und verhalf ihm, wie wir zeigen werden, sowohl zu einem Tiefpunkt für den Abschwung, wie auch zur Induktion des Aufschwungs.

Mit der Annahme, daß die autonome Investition einer Periode, A_t, von der natürlichen Wachstumsrate der Wirtschaft abhängig sei, können wir

$$A_t = A_0 (1+g)^t$$

setzen[35]. Nunmehr müssen diese Investition und die induzierte Investition den Ersparnissen gleichen, so daß (14.4) in

$$Y_t = (1-s+b)Y_{t-1} - bY_{t-2} + A_0(1+g)^t \qquad (14.6)$$

übergeht. Aus der Tatsache, daß die autonome Investition von der natürlichen Wachstumsrate der Wirtschaft abhängt, läßt sich leicht folgern, daß nur ein stetiges Wachstum die Gleichgewichtslösung un-

---

[31] *Hicks*, loc. cit., S. 56.

[32] In enger Anlehnung an Harrod bezeichnete *Hicks* diese Größe ursprünglich als „langfristige Investitionen“.

[33] *Hicks*, op. cit., S. 59. Diese Investitionen gehören nicht zu den Investitionen, die wir in einer Theorie des dynamischen Kernprozesses berücksichtigen müssen.

[34] Von dieser Methode werden wir in unserer Modellkonstruktion ebenfalls Gebrauch machen.

[35] Damit ist es *Hicks* möglich, auch Trendelemente in den Konsumausgaben, wie sie von *Duesenberry* aufgezeigt wurden, zu berücksichtigen.

seres Systems bestimmen kann. Wenn dies zutrifft, können wir die inhomogene Gleichung (14.6) durch Berücksichtigung einer geometrisch wachsenden Partikularlösung in eine homogene Gleichung überführen, deren charakteristische Verlaufstypen wie üblich bestimmt werden können. Versuchen wir daher eine Partiallösung

$$Z_t = Y_t = E_0\,(1+g)^t \tag{14.7}$$

mit $E_0 = \text{const.}$ Diese in (14.6) eingesetzt, ergibt uns nach entsprechender Umformung und Erweiterung mit $\frac{(1+g)^2}{(1+g)^t}$

$$A_0(1+g)^2 = E_0(1+g)^2 - (1-s+b)\,E_0(1+g) + b\,E_0 \tag{14.8}$$

oder

$$E_0 = \frac{A_0\,(1+g)^2}{(s+g)\,(g+1) - bg}\,. \tag{14.9}$$ [36]

Daraus ließe sich die homogene Gleichung für die absolute Abweichung des tatsächlichen Einkommens vom Gleichgewichtseinkommen gewinnen, die genau dieselben Verhältnisse erkennen läßt, wie wir sie im Anschluß an (14.4) besprochen haben. Unter Beachtung der Tatsache, daß wir nunmehr zyklische Schwankungen um einen aufsteigenden Gleichgewichtswert behandeln, müssen wir den relativen Abweichungen Rechnung tragen, um die Steigerung des Volkseinkommens entsprechend der Wachstumsrate „g" nicht induzierend auf diejenigen Investitionen einwirken zu lassen, die durch die Akzeleratorwirkung bestimmt sind. Die relative Abweichung des tatsächlichen Einkommens vom Gleichgewichtseinkommen einer Periode ist jener Teil des Gleichgewichtseinkommens, um welchen das tatsächliche Einkommen den Gleichgewichtswert des Einkommens übersteigt, so daß

$$Y_t = E_t + y_t E_t$$

oder

$$Y_t = E_t\,(1 + y_t) \tag{14.10}$$

ist. Da aber das Gleichgewichtseinkommen einer Periode bestimmt wird durch den Wert desselben in der Periode $t = 0$ und die Wachstumsrate $(1 + g)^t$, können wir für (14.10) auch

$$Y_t = E_0\,(1 + g)^t\,(1 + y_t) \tag{14.11}$$

schreiben.

---

[36] Bei einem Vergleich dieser Partiallösung mit *Hicks'* allgemeiner Bestimmung (s. dessen Mathematical Appendix, S. 184) achte man darauf, daß wir hier nur den quadratischen sog. „elementary case" darstellen.

Substituieren wir diesen Ausdruck in (14.6), so erhalten wir unter Beachtung von (14.9) die homogene Differenzengleichung für die relative Abweichung des tatsächlichen Einkommens vom Gleichgewichtseinkommen y_t. Diese lautet:

$$y_t - \frac{1 - s + b}{1 + g} y_{t-1} + \frac{b}{(1 + g)^2} y_{t-2} = 0 \qquad (14.12)$$

Obwohl die kritischen Werte für die stetige Divergenz oder Konvergenz des Einkommens vom resp. zum Gleichgewicht durch die Trendentwicklung nicht berührt werden[37], muß man beachten, daß der kritische Wert des Akzelerators nunmehr etwas höher liegt, da der Modul jetzt

$$| x_{1,2} | = + \sqrt{\frac{b}{(1 + g)^2}}$$

lautet. Im übrigen gelten aber die gleichen Gesetzmäßigkeiten wie in den besprochenen Fällen mit konstantem Gleichgewichtsniveau.

Nachdem wir wiedergegeben haben, wie die geometrisch wachsenden autonomen Netto-Investitionen eine Behandlung des Systems der unvollkommenen Koordination von Plänen auf der Grundlage einer wachsenden Wirtschaft gestatten, bleibt anzufügen, daß Hicks' allgemeinere Fassung der Theorie den verschiedensten Formen der Verteilung der Investitions- und Konsumlags Rechnung zu tragen vermag[38]. Bis zu einem gewissen Grade haftet diesen Erörterungen solange etwas Unrealistisches an, als sich beispielsweise eine weitere Verzögerung gewisser Teile der gesamten Netto-Investitionen nicht mit logischer Notwendigkeit aus der zu Grunde gelegten Reaktionsstruktur ergibt[39].

Folgt die Lösung des Trendmodelles von Hicks nahezu den gleichen Bedingungen, wie sie in den dynamischen Modellen mit stationärem Gleichgewichtsniveau auftreten, so sehen wir uns noch immer dem Problem gegenüber, wie durch eine und nur eine Kombination der Parameterwerte die Zyklen der wirtschaftlichen Entwicklung beschrieben werden können. Es ist nun genau hier, wo sich die beachtliche Überlegenheit der Hicksschen Konstruktion erweisen wird. Obwohl er seine Hypothesen über die Größe des Akzelerators an Hand einiger

---

[37] Der Radikand muß wiederum Null sein, so daß

$$\left(\frac{1 - s + b}{1 + g}\right)^2 = \frac{4\,b}{(1 + g)^2}$$

sein muß; dieser Ausdruck ist von (1 + g) unabhängig.

[38] *Hicks*, Contribution . . ., op. cit., S. 74 ff.

[39] In der später wiedergegebenen Darstellung unserer Modellkonstruktion werden ebenfalls verzögerte Netto-Investitionen auftreten, doch sind diese durch die vorausgesetzte Reaktionsstruktur bedingt.

„rough calculations"[40] überprüft hat, stützt sich seine Erklärung für den in der weiteren Untersuchung vorausgesetzten Wert des Akzelerators[41] ($b > 1$) viel unmittelbarer auf die Realität.

Es ist nicht anzunehmen, daß die zyklische Entwicklung der Wirtschaft durch Modelle mit solchen Parameterkombinationen, die Sinusschwingungen bewirken, adäquat beschrieben wird. Wenn dies ausscheidet, so stehen uns zwei Möglichkeiten offen: explosive Schwingungen und gedämpfte Schwingungen. Die letzteren haben bekanntlich in der Theorie der „erratic shocks", „der Schaukelstuhltheorie" Frischs, eine beachtliche Rolle gespielt. Hicks argumentiert, daß in dieser Theorie die Einflüsse einer systematischen und einer zufälligen Komponente miteinander konkurrieren. Je geringer der Dämpfungsgrad der Schwingungen ist, einen desto stärkeren Einfluß übt die zyklische (systematische) Komponente aus. Zwar eignet der Theorie dann ein größerer Erklärungswert, doch ist es erforderlich, ein Verharren der systematischen Komponente in einem kritischen Bereich vorauszusetzen. Die Problematik der Konstanz dieses Bereichs belastet wiederum die Erklärung. Ein verhältnismäßig starker Dämpfungsgrad mit geringem Einfluß der systematischen und relativ größerem der zufälligen Komponente würde uns hingegen wiederum auf die exogenen Konjunkturerklärungen verweisen, d. h. „fluctuations which are mainly random — with fluctuations, that is, which remain unexplained"[42].

Was bleibt, sind die explosiven Lösungen des Systems, d. h. die Annahme eines instabilen Prozesses. Dies erscheint zunächst als die unrealistische der gegebenen Möglichkeiten, doch wird sich zeigen, daß sie die brauchbarste aller Hypothesen darstellt. Hicks wählte also — im übrigen analog der Marxschen Hypothese — diejenige Alternative, die dem System eine stets zunehmende Instabilität zuschreibt. Der fundamentale Unterschied zu Marx besteht jedoch darin, daß diese Instabilität begrenzt ist, und somit eine regelmäßige Schwankung zwischen den in Übereinstimmung mit der Gleichgewichtsrate wachsenden Grenzen entsteht.

Der Beweis läßt sich am leichtesten unter Zuhilfenahme eines stetig vom Gleichgewicht divergierenden tatsächlichen Einkommens führen. Für dieses gilt[43], daß $b = (1 + \sqrt{s})^2$ ist. Setzt man diesen Wert in (14.12) ein, so erhält man

$$y_t - 2\,r\,y_{t-1} + r^2 y_{t-2} = 0 \quad . \tag{14.13}$$

---

40 Vgl. Contribution, S. 89 ff.

41 oder genauer gesagt, den Wert des Moduls $|x_{1,2}| = \sqrt{\frac{b}{(1+g)^2}} > 1$.

42 *Hicks*, loc. cit., S. 91.

43 Vgl. *Hicks*' Artikel in der Eca.; S. 257 des Wiederabdrucks; op. cit.

wobei $r = \frac{1+\sqrt{s}}{1+g}$ ist; r ist mit Sicherheit größer als Eins[44]. Wenn wir mit einer positiven anfänglichen Abweichung (y_1) den weiteren Verlauf zu analysieren beginnen[45], tendiert das System über alle Grenzen zu wachsen, denn der zeitliche Verlauf wird unter den gemachten Annahmen durch

$$y_t = t\, r^{t-1}\, y_1$$

bestimmt. Dennoch wird das System realiter nicht über alle Grenzen wachsen können, da Mängel im zusätzlichen Angebot an Produktionsfaktoren, d. h. vor allem Vollbeschäftigung der vorhandenen Arbeitskräfte, die Expansion beschränken werden. Wenn die Kreditelastizität weiterhin gleich Eins gehalten wird, kann zwar die monetäre Entwicklung eine zeitlang über diese Grenze hinausgehen, doch werden auch die rein monetär-induzierten Investitionen abnehmen können, falls die geldpolitischen Institutionen nicht gewillt sind, eine Inflation zu betreiben[46]. Die Expansionsgrenze wird sicherlich nicht eine scharf definierte Linie sein, sondern einen Bereich darstellen, der die expansive Tendenz, die aus den kapazitiven Anpassungen der Unternehmer resultiert, erheblich abbremst, so daß der Akzelerator sehr klein, evtl. sogar Null werden wird. Wenn wir für diesen Fall unsere Gleichung (14.6) betrachten, erkennen wir, daß von diesem Augenblick an das tatsächliche Einkommen nur noch von der autonomen Investition und den Konsumausgaben bestimmt wird.

Da wir jedoch seither die relative Abweichung des tatsächlichen Einkommens vom Gleichgewichtseinkommen betrachtet haben, ist ein exakter Beweis erforderlich. Die oberste Grenze des Vollbeschäftigungsbereiches wollen wir mit „f“ bezeichnen und annehmen, daß die wirtschaftliche Entwicklung sich längs dieser Grenze bewegt. Absolut gesehen, ist diese nicht konstant[47], sondern weist die durch das Gleichgewichtswachstum bedingte Wachstumsrate auf; für die relativen Abweichungen vom Gleichgewichtswachstum, deren zeitlicher Verlauf durch die Gleichung (14.13) bestimmt wird, ist „f“ jedoch konstant. Wenn sich das System während zweier Perioden dieser obersten Grenze „f“ entlang bewegt hat, kann man exakt ableiten, daß dies in der 3. Periode nicht mehr gegeben sein kann. In der Gleichung (14.13) tritt dann f für y_{t-1} und y_{t-2}, so daß

---

[44] Für diesen Fall schreibt man die Lösung mit $y_t = (t\,Q + R)\, r^t$, wobei Q und R Konstanten sind, die in Übereinstimmung mit den Eingangswerten bestimmt werden müssen (s. a. *Baumol*, Economic Dynamics, S. 177 ff.).

[45] $y_0 = 0 = B; A = \frac{y_1}{r}$; (vgl. Abb. 13, Pkt. a).

[46] Vgl. *Hicks*, Contribution, op. cit., Chapters X & XI.

[47] So *Hicks* in der Besprechung *Harrods*, op. cit., S. 258.

$$y_t = 2\,r\,f - r^2 f$$

ist. Dann ist aber auch

$$y_t = f\,[1 - (r-1)^2] \tag{14.14}$$

Für jedes $r \neq 1$ wird y_t nach (14.14) kleiner als f sein, d. h. nachdem das System seine Vollbeschäftigungsgrenze erreicht hat, muß es (nach einiger Zeit) beginnen, seinen Verlauf umzukehren, wodurch die Ausbringung, zumindest in Beziehung zur Trendentwicklung, zurückgehen muß (Punkt b der am Ende dieses Abschnittes gegebenen Abbildung).

Nachdem das System seine Abwärtsbewegung begonnen hat, ist es, wie wir oben begründeten, unwahrscheinlich, daß der Akzelerator weiterhin wirksam ist, d. h. daß negative kapazitive Anpassungen durch diesen induziert werden. Das System wird also nicht der Kurve in der Richtung des Punktes c′ folgen, sondern einen anderen Verlauf nehmen. An dieser Stelle ist es nach Hicks nur sinnvoll anzunehmen, daß die bei dem vorhandenen Ausbringungsvolumen gegebenen Ersparnisse lediglich noch der autonomen Investition gegenüberstehen[48], — „the induced investment term b ($Y_{t-1} - Y_{t-2}$) simply drops out"[49]. Die Differenzengleichung nimmt dann die Form

$$A_0\,(1+g)^t = Y_t - (1-s)\,Y_{t-1} \tag{14.15}$$

an; ihre Partiallösung bestimmt sich ähnlich wie die der Expansionsstruktur und lautet:

$$\overline{Z}_t = Y_t = L_0\,(1+g)^t$$

wobei wir den Wert für L_0 durch Einsetzen in (14.15) ermitteln können; er ergibt sich als

$$L_0 = \frac{1+g}{g+s}\,A_0\ . \tag{14.16}$$

Wie man sich durch einen Vergleich mit (14.9) überzeugen kann, liegt die gleichgewichtige Entwicklung von L_0 unterhalb der von E_0[50].

Bezeichnet man nunmehr die relative Abweichung vom unteren Gleichgewicht mit z_t, so bestimmt sich das tatsächliche Einkommen — analog (14.10) und (14.11) — durch

[48] Der Mangel der *Hicks*schen Struktur, weder den notwendigen Veränderungen des „working capital", noch den Lagerbeständen, noch den die Ersatzinvestitionserfordernisse übersteigenden Kapitalbeständen (sprich: den Überkapazitäten) Rechnung tragen zu können, wird an dieser Stelle deutlich. Steht nicht zu vermuten, daß der Verlauf im Abschwung unter Berücksichtigung dieser Größen wesentlich anders wird und auch einem anderen Niveau zustrebt, als es *Hicks* behauptet?

[49] *Hicks*, Besprechungsartikel, op. cit., S. 259.

[50] Dies geschieht am besten dadurch, daß man beide Ausdrücke gleichsetzt und überprüft, ob sie tatsächlich gleich sein können.

$$Y_t = L_0(1 + g)^t(1 + z_t)$$

Durch Substitution dieses Ausdruckes in (14.15) unter Beachtung von (14.16) erhalten wir

$$z_t = \frac{1 - s}{1 + g} z_{t-1} \quad . \tag{14.17}$$

eine homogene Differenzengleichung erster Ordnung, deren Wurzel notwendigerweise zwischen Null und Eins liegt, was nichts anderes besagt, als daß das System dem niedrigeren Gleichgewichtsniveau zustrebt. Der Kontraktionsprozeß wird also erneut mittels einer linearen Differenzengleichung beschrieben, die jedoch eine völlig andere Reaktionsweise der Wirtschaftssubjekte zum Ausdruck bringt, als sie während der Expansion vorherrscht.

Das System tendiert nunmehr nach dem Punkt c″ der beigefügten Abbildung, wird diesen Punkt aber nicht erreichen. In irgendeiner Periode wird die Wachstumskomponente des tatsächlichen Einkommens durch die Zunahme des (niedrigeren!) Gleichgewichtsniveaus größer sein, als die durch die Verminderung der relativen Abweichung abnehmende Komponente[51]. An dieser Stelle muß das System wieder zu seiner alten Reaktionsgleichung zurückkehren, denn das Wachstum des tatsächlichen Einkommens bewirkt Netto-Investitionen. Damit wird, wie sich beweisen läßt, notwendigerweise ein neuer Aufschwung eingeleitet. Der Beweis soll im Anschluß an Hicks[52] wie folgt geführt werden: Nehmen wir der Einfachheit halber an, das System habe noch keinen Aufschwung begonnen und das untere Gleichgewicht erreicht. Die Werte der relativen Abweichung vom oberen Gleichgewicht E_0 sind dann negativ und konstant; sie seien gleich — k. Nach (14.13) ergibt sich

$$y_t = -2rk + r^2k \ ,$$

so daß

$$y_t - y_{t-1} = -2rk + r^2k + k \qquad \text{oder}$$

---

[51] Zum Beweis: Das Einkommen wächst, durch das Gleichgewicht bedingt, entsprechend:

$$\Delta Y_t = Y_t - Y_{t-1} = L_0 \left[(1 + g)^t - (1 + g)^{t-1}\right]$$

es vermindert sich durch die relative Abweichung entsprechend:

$$-\Delta Y_t z_t = Y_{t-1} z_{t-1} - Y_t z_t$$

durch Einsetzen der Werte für Y_t in diesen Ausdruck ergibt sich:

$$-\Delta Y_t z_t = L_0 (1 + g)^{t-1} z_{t-1} - L_0 (1 + g)^t z_t$$

oder unter Beachtung von (14.17)

$$-\Delta Y_t z_t = L_0 z_{t-1} \left[(1 + g)^{t-1} - (1 + g)^{t-1}(1 - s)\right]$$

Nun muß $-\Delta Y_t z_t < \Delta Y^t$ sein. Durch Einsetzen ermittelt man, daß dies dann der Fall ist, wenn $z_{t-1} < \frac{g}{s}$.

[52] *Hicks*, Artikel, op. cit., S. 260.

$$y_t - y_{t-1} = k(r-1)^2 \tag{14.18}$$

ist, was mit Notwendigkeit positiv ist. Die erneute Expansion des Systems vom Punkte c der Abbildung an ist gewährleistet und die zyklische Entwicklung um den aufsteigenden Trendwert begründet. Der durch Hicks' Theorie beschriebene Prozeß hat den in der nachstehenden Abbildung gezeigten Verlauf.

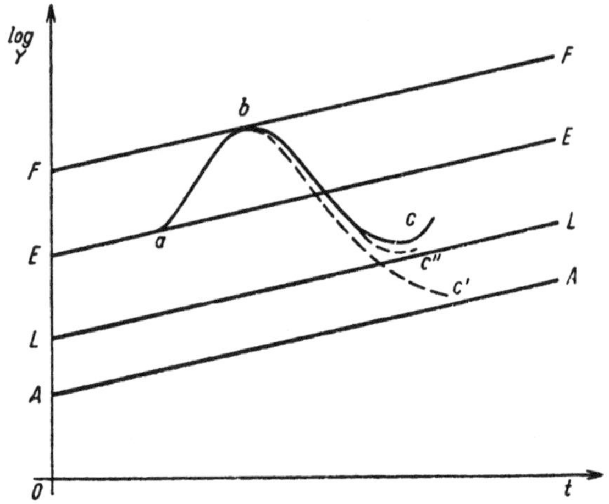

Abb. 13

Die verhältnismäßig breite — und doch in vieler Hinsicht zu knappe — Darstellung war erforderlich, um den Leser auf die wenigen Mängel der Hicksschen Theorie genau so deutlich aufmerksam machen zu können, wie auf die Vorzüge dieser Erklärung verwiesen wurde. Lassen wir die positiven Seiten dieser Theorie — die Verwendung nur „stückweise" linearer Gleichungen, die Erklärung der zyklischen Schwankungen unabhängig von einer spezifischen Kombination der Parameterwerte[53], die vollständigere Reaktionsstruktur (besonders unter Beachtung der hier nur erwähnten Verteilung der Investitionen u. ä.), die Vermeidung der Akzeleratorhypothese für den Abschwung, die explizite Berücksichtigung des langfristigen Wachstums und vieles mehr — für sich sprechen und summieren statt dessen kurz die Mängel der Theorie. Für die Verzögerung der induzierten Investitionen über zwei Perioden hinaus stattet uns Hicks' Theorie nur mit einem formalen Instrumentarium aus[54], nicht aber mit einer hinreichend spezifizierten Hypothese über die notwendige Verteilung. Die Investi-

[53] Solange der Expansionsprozeß tendenziell explosiv ist, können die Parameterwerte jede beliebige Kombination eingehen und beeinflussen dann lediglich die Expansionsgeschwindigkeit, nicht aber den Typus der gesamten Schwankung.

[54] Vgl. Contribution, S. 182 ff.

tionen, die der an Keynes angelehnten Aggregationshypothese entsprechend definiert sind, sind nicht alle in der von Hicks angegebenen Form von der Veränderung der Ausbringung abhängig. Zwar trägt er dieser Tatsache im Aufschwung durch die Überlagerung einer Reihe von Induktionen Rechnung[55], doch werden diese Investitionen, soweit sie das „zirkulierende Kapital" (das „working capital") betreffen, im Abschwung völlig vernachlässigt. Durch die Hickssche Fassung des Kernprozesses in einem Netto-Modell (d. h. einem Modell, welches die Ersatzinvestitionen nicht ausdrücklich als Variablen des Systems ansieht), welches außerdem nur unvollständig die Produktionsstruktur berücksichtigt, hat sich zugleich ein weiterer Mangel in die Erklärung eingeschlichen. Nur wenn das Depressionsgleichgewicht infolge der wachsenden autonomen Netto-Investitionen ebenfalls wächst, wird es erneut zu einem Aufschwung kommen! Zwar muß es nicht sein, daß jeder Aufschwung auf einem höheren Niveau beginnt, aber es muß sein, daß die autonomen Investitionen zunehmen[56]. Gilt dann nicht, mutatis mutandis, für Hicks' Theorie, was er Frisch entgegenhielt? —

Mit unserer kritischen Haltung gegenüber den bisher erschienenen Fassungen einiger den Kernprozeß beschreibende Modelle, ist kein endgültiges und allgemeines Urteil über die Leistungsfähigkeit solcher Konstruktionen verbunden. Hicks' Beitrag zur Konjunkturtheorie hat bedeutsame Mängel früherer Konstruktionen überwunden, wenn auch in seiner Gedankenführung Unzulänglichkeiten geblieben sind. Wie wir zu zeigen hoffen, sind einige dieser durchaus behebbar, was die Vermutung nahelegt, daß noch lange nicht alle Möglichkeiten, die diese Methoden der Erforschung der ökonomischen Entwicklung bieten, erschöpft sind. Daher kann sich die Kritik vielleicht gegen einzelne Versionen, nicht aber gegen die Grundlagen selbst richten[57]. Es ist diese Haltung und nicht eine die Leistung negierende, die uns veranlaßte, auf die kritischen Punkte mit Nachdruck hinzuweisen. Vielmehr kann bereits jetzt festgestellt werden, daß die Einbeziehung der Produktionskapazität und die Voraussetzung unvollkommen koordinierter Pläne bei der Analyse der volkswirtschaftlichen Ströme befriedigende Erklärungen des Kernprozesses geliefert hat. Dürfen wir dann vielleicht erwarten, daß durch die Berücksichtigung weiterer Besonderheiten der produktionswirtschaftlich bedingten Verknüpfung der volkswirtschaftlichen Größen zusätzliche Aufschlüsse über die Bewegungsgesetze der Wirtschaft nicht ausgeschlossen sind?

---

[55] *Hicks*, op. cit., S. 53 ff.

[56] *Hicks*, op. cit., S. 120 f.

[57] Trotz gegenteiliger Versicherungen (S. 576, S. 582, S. 626) verkennt z. B. *Jöhr* (op. cit.) dies letzten Endes doch (bes. S. 630 f.) und *Hoppmann*, E., op. cit., verneint sogar jeden Erkenntniswert.

F. Exkurs über die Elemente der Theorie des dynamischen makroökonomischen Kernprozesses

Nachdem unsere Untersuchung bereits bis zu einigen Versionen der den makroökonomischen Kernprozeß beschreibenden Modelle fortgeschritten ist, dürfte es angezeigt sein, in einem Rückblick die Elemente solcher Theorien zusammenzufassen. Die ersten Kapitel der vorliegenden Untersuchungen dienten, wie wir eingangs hervorhoben, nicht allein theoriengeschichtlichen Reminiszensen. Wir versuchten vielmehr alle diejenigen Prinzipien und Elemente der Theorie des Kernprozesses klarzulegen, die in einzelnen Fassungen oft stillschweigend verwendet werden, tatsächlich aber eine wesentliche Rolle spielen.

Die implizierende Argumentation ist oft dafür verantwortlich, daß z. B. häufig völlig abwegig gefolgert wird, das Theorem der kapazitiven Anpassungen der Unternehmer bei Variationen der Ausbringungsmenge, kurz das Akzelerationsprinzip, sei der eigentliche Zyklenerzeuger dynamischer Modelle[1]. Betrachten wir die Wirkungsweise des Prinzips bei vollkommener Koordination der Pläne (Harrods Wachstumsrate) oder bei unvollkommener Koordination einzelner Pläne, so wird evident, daß es Fälle gibt, in denen bei voller Wirksamkeit des Akzelerators keine Schwankungen erzeugbar sind, solange die Werte der Koeffizienten in Grenzen bleiben, die mit der ökonomischen Realität verträglich sind. Nicht weniger irrig wird gelegentlich argumentiert, daß eine hinreichend große Zahl von „lags" das System zu allen gewünschten Schwingungen bringen werde, m. a.W. geeignete Annahmen über die Asynchronisation der Pläne würden gewiß jede Hypothese als für die Erklärung von Schwankungen brauchbar erweisen.

Vielleicht liegt jeder ernstzunehmenden Kritik die Überlegung zu Grunde, daß eine zufällig durch gewisse mathematische Proportionen bestimmter Gleichungstypen auftretende Abbildung von Lösungen mit mehr oder weniger Gewalt in das Prokrustes-Bett ökonomischer Sophistik gespannt werde, et vice versa, so daß Systeme entstehen, „which display regular, damped, or explosive oscillations, or exponential movements up or down, as desired. However, the more models we have, the less we seem to know of the real business cycle"[2].

---

[1] Dieser Auffassung scheint auch *Jöhr* zu sein, vgl. op. cit., S. 576 ff., insbes. S. 581.

[2] *Haberler* in der Stellungnahme zu *Koopmanns;* loc. cit.

Wer neue Fakten dieses Zyklus sucht, sucht in den Modellen selbstredend vergeblich. Wer aber eine Antwort darauf begehrt, wie der menschliche Geist das reale Phänomen der wirtschaftlichen Schwankungen zu bewältigen versucht und welche Setzungen seinem konjunkturpolitischen Handeln zu Grunde liegen oder gelegt werden können, wird sein Mühen gelohnt finden. Es ist unnütz, über den Wert von „Stoffhuberei" und „Sinnhuberei" zu streiten; auch und gerade in der nationalökonomischen Wissenschaft herrscht keine Einhelligkeit über die Zielsetzung unserer Erkenntnis, noch weniger über die Wege derselben. Deshalb haben wir diese Fragen alle auf sich beruhen lassen und wollen es hier auch weiterhin so halten; unsere Antwort ist aus der Darstellung sowieso erkennbar.

Der vorstehende Abschnitt dieser Arbeit diente der Untersuchung der notwendigen Voraussetzungen für eine Erklärung des Phänomens der zyklischen Schwankungen. Die Darstellung griff an keiner Stelle auf metaökonomische Aussagen zurück. In dem Bestreben, jede Behauptung exakt zu fassen und in beweisbaren Sätzen vorzutragen, wurden diejenigen Hypothesen gesucht, die die Eigenart der wirtschaftlichen Handlungen der Menschen in größeren Einheiten zu beschreiben vermögen. Dabei hatten wir gefunden, daß das klassische Prinzip des „effektiven Angebotes" für alle sinnvollen Parameterwerte einen und nur einen, nämlich den konvergierend wachsenden Verlauf zu erklären vermochte. Keynes' systematische Würdigung des „Prinzips der effektiven Nachfrage" vermittelte durch die Einbeziehung der kreislaufmindernden Wirkung der Ersparnisse die Möglichkeit, eine Divergenz der Gleichgewichtslage vom Niveau der vollen Ausnutzung der vorhandenen Resourcen zu erklären. Seine Theorie ergab aber noch keine modelltheoretische Fassung der zyklischen Variation der effektiven Nachfrage. Erst die zusätzliche Berücksichtigung des Akzelerationsprinzips, welches wir durch die unternehmerischen Anpassungsreaktionen bei Nachfrageveränderungen als makroökonomische Relation begründeten, versetzte uns in die Lage, zyklische Schwankungen zu beschreiben. Dies gelang allerdings erst dann, als wir den Grad der Koordination der Pläne hinreichend verringert hatten. Mit dem Fehlen der kreislaufvermindernden Wirkung der Ersparnisse entfiel jedoch auch bei unvollkommener Koordination sämtlicher Pläne die Möglichkeit, eine fluktuierende wirtschaftliche Entwicklung zu erklären.

Aus dieser Zusammenfassung der Untersuchungsergebnisse der einzelnen Abschnitte können wir eine sehr weitreichende Vermutung ableiten. Offenbar müssen die Modelle des dynamischen Kernprozesses die Wirksamkeit des Prinzips der effektiven Nachfrage und die kreislaufvermindernde Wirkung der Ersparnisse, sowie die Notwendigkeit kapazitiver Anpassungen der Unternehmer als auch die unvollkommene Koordination der makroökonomisch bedeutsamen Pläne voraussetzen, um zyklische Veränderungen der betrachteten Variablen im Zeitverlauf beschreiben zu können. Für eine Reihe von Kombinationen dieser Elemente haben wir Systeme wiedergegeben und aufgezeigt, daß, solange eines der Elemente fehlte, der konjunkturelle Ablauf oder allgemeiner gesagt, die zyklische Variation der wirtschaftlichen Aktivität nicht beschrieben werden konnte[3].

Bevor wir diese Vermutung als gesichert aussprechen können, muß jedoch überprüft werden, ob die sukzessive zu dem Prinzip der effektiven Nachfrage hinzugefügten Elemente nicht auch mit dem Prinzip des effektiven Angebots zu einem schwingungsfähigen System geführt hätten. Die neuere theoretische Erforschung der wirtschaftlichen „Wechsellagen" ging unmittelbar von einem System aus, welches eine Divergenz des tatsächlichen Ausbringungsvolumens vom Niveau der vollen Ausnutzung der vorhandenen Resourcen beschreiben konnte. Wenn geklärt ist, daß dies der einzig sinnvolle Weg war, können wir die Elemente der Theorie des makroökonomischen Kernprozesse als die notwendigen Grundlagen einer Theorie der wirtschaftlichen Entwicklung akzeptieren. Ob diese Grundlagen hinreichend sind, werden hingegen erst darauf aufbauende Modellkonstruktionen erweisen können. Die Skizze einer solchen wird in dem zweiten Teil dieser Arbeit gegeben werden.

Zur Klärung der notwendigen Voraussetzungen dürfte es zweckmäßig sein, in ein Modell, welches das Prinzip des effektiven Angebotes voraussetzt, die übrigen Elemente der Theorie des Kernprozesses einzufügen und nach den Verlaufstypen des so entstehenden Modells zu fragen. Dies soll im folgenden geschehen.

Das „Prinzip des effektiven Angebots" hatten wir in unseren Modellen der klassisch-liberalen Entwicklungstheorie [Systeme (1) und (2)] durch die Gleichungen

$$P_t = p\,M_t + P_0 \tag{15.1}$$

$$M_t = k\,K_t \tag{15.2}$$

und

$$K_t = K_{t-1} + A_t \tag{15.3}$$

zum Ausdruck gebracht. Die Einkommensverwendung nach klassischer (und moderner!) Auffassung sei wiederum durch

$$V_t = P_t - S_t \tag{15.4}$$

---

[3] Dies war auch der Grund, warum eine beachtliche Vielfalt möglicher Hypothesen überprüft werden mußte.

bestimmt. Um den kreislaufvermindernden Wirkungen des Sparens Rechnung zu tragen, sollen diese einen durch „s" bestimmten Bruchteil des Produktionsergebnisses umfassen:

$$S_t = sP_t \tag{15.5}$$

Die Akkumulation, so müssen wir jetzt annehmen, sei entsprechend der modernen Hypothese über die nicht-koordinierten Investitionspläne von der Veränderung der Verbrauchsgüternachfrage bestimmt[4], so daß dem Akzelerationsprinzip durch die folgende Gleichung Eingang in das System verschafft werde:

$$A_t = b\,(V_{t-1} - V_{t-2}) \tag{15.6}$$

Durch Substitution von (15.6) in (15.3) und unter Beachtung von (15.4), (15.1) und (15.5) sowie (15.2) erhalten wir eine homogene Differenzengleichung für den Kapitalbestand K_t, die wir wegen der Gültigkeit des Superpositionsprinzips sofort auch für das Produktionsergebnis P_t anschreiben können:

$$P_t = [1 + bkp\,(1 - s)]\; P_{t-1} - bkp\,(1 - s)\,P_{t-2}\,. \tag{15.7}$$

Da wir nur an der Frage interessiert sind, welche Verlaufstypen dieses System beschreiben kann, ist es unbedeutend, daß das System nur eine Gleichgewichtslösung bei P_t für $t = 0$ von Null haben kann[5]. Obwohl es sich um eine Differenzengleichung zweiter Ordnung handelt, die ansonsten ein schwingendes System zu beschreiben vermag, läßt sich zeigen, daß das Modell nur den üblicherweise speziellen Fall stetigen Verlaufs für jede beliebige Wertekombination zuläßt, solange die per definitionem positiven Werte von b, k und p auch positiv in das System eingehen und $o < s < 1$ ist, was ebenfalls aus (15.5) und (15.4) mit Notwendigkeit folgt. Unter diesen Bedingungen ist $h = bkp\,(1-s)$ notwendig positiv, so daß wir für die charakteristische Gleichung

$$x^2 - (1 + h)\,x + h = 0 \tag{15.8}$$

erhalten. Das betrachtete System weist somit genau dieselben Lösungsverhältnisse auf, wie die Gleichung (14.5), wenn dort $s = 0$ ist.

Das Ergebnis ist vielleicht in mehrfacher Hinsicht aufschlußreich: Es zeigt nämlich, daß ein auf dem Prinzip der effektiven Nachfrage

---

[4] Eine andere Hypothese ist mit der klassischen Struktur nicht verträglich.

[5] Dieses Modell, hierauf möge der Leser besonders achten, wird nicht als ein „analytisches System" vorgetragen, sondern dient nur der formalen Vervollständigung der Modelle, die die Elemente der Theorie des dynamischen Kernprozesses kombinieren.

aufgebautes System genau dann einen Verlaufstypus aufweist, der dem eines pseudo-klassischen Systems ähnelt, wenn in dem erstgenannten System keine Ersparnisse auftreten. Was ein Sonderfall der modernen Theorie ist, ist in der Klassik — offenbar auch bei einer sehr willkürlichen Modellkonstruktion — der allgemeine Fall.

Wenn wir Schwankungen der wirtschaftlichen Aktivität erklären wollen, müssen daher folgende Elemente — gleichgültig in welcher speziellen Fassung dies geschehen mag — in jeder Modellkonstruktion berücksichtigt werden:

1. Das „Prinzip der effektiven Nachfrage", resp. die durch dieses Prinzip vorgegebene Einkommensentstehungshypothese;
2. die kreislaufvermindernden Wirkungen des Sparens, d. h. des Überschusses des Einkommens über die Konsumausgaben;
3. die kapazitiven Anpassungen der Unternehmer bei Variation ihrer Ausbringung[6] und
4. die Unvollkommenheit der Koordination der makroökonomisch relevanten Pläne.

Damit ist das erste Ergebnis unserer Untersuchung über die Grundfragen der Theorie des makroökonomischen dynamischen Kernprozesses gewonnen und wir können mit vergleichsweise großer Sicherheit die Nützlichkeit dieser Hypothesen weiter untersuchen.

---

[6] Mit der Frage, inwieweit das Akzelerationsprinzip durch andere dynamische Relationen ersetzt werden kann oder sollte, habe ich mich hier nicht befassen können. Zu dem Problem selbst vgl. C. *Föhl*, op. cit.

Zweiter Teil

Die Grundzüge einer Theorie des dynamischen makroökonomischen Kernprozesses

G. Produktionsstruktur und Kreislaufschemata im Kernprozeß

1. Die Strukturhypothesen dynamischer Modelle

a) Immer wieder ist die den dynamischen Modellen zu Grunde gelegte Hypothese über die Produktionsstruktur als unzulänglich angegriffen worden[1]. Zumeist richtet sich die Kritik gegen die angeblich „zu geringe Zahl übergroßer Kollektivgrößen" der Keynesschen Theorie (Haberler), die der Mobilität gewisser Faktoren im Fall disproportionaler Entwicklung nicht Rechnung zu tragen vermögen (Lowe). Haberler ist der Meinung, daß der von den älteren Theorien analysierte „Mangel an Anpasssung der Produktionsstruktur an die Nachfragestruktur", den die neuere Theorie völlig unberücksichtigt läßt, in dieser unbedingt durch „Entglobalisierung" und „disaggregation" erneut berücksichtigt werden sollte. Da auch die beispielsweise von Hicks implizierte Produktionsstruktur unvollständig erschien, lag die Frage nahe, ein disaggregiertes Modell der Produktionsstruktur einer dynamischen Analyse zu unterwerfen. Gang und Ergebnis dieser Untersuchungen werden im folgenden wiedergegeben.

b) Samuelson hatte seiner Analyse eine einfache Zweistufigkeit zu Grunde gelegt, und zwar derart, daß die Veränderungen in der Konsumgüterproduktion Netto-Investitionen verlangten, die offenbar selbst aber keine weiteren Investitionen induzierten. Eine solche Hypothese über die Verknüpfung der beiden Bereiche ist mit jeder kreislauftheoretischen Überlegung inkonsistent[2]. Hingegen ist es mit diesen durchaus verträglich, daß die volkswirtschaftlichen Netto-Investitionen als von der Veränderung des Volkseinkommens abhängig

---

[1] *Haberler*, G.: Festschrift für *Amonn*, op. cit., S. 236 ff.; *Lowe*, Adolph: A Structural Model of Production; S.R., Vol. 19, 1952, S. 135 ff.; *Chipman*, Somerset John: The Theory of Intersectoral Money Flows and Income Formation, Baltimore 1951, bes. S. 13 sowie *Rose*, Klaus, op. cit., S. 360.

[2] Vgl. die (S. 66) im Anschluß an *Herzog* wiedergegebenen Gleichgewichtsbedingungen des Kreislaufes.

angesehen werden, da eine solche Fassung lediglich denselben Akzelerationskoeffizienten für jeden Produktionsbereich voraussetzt.

Der Beweis kann wie folgt erbracht werden: Wie üblich ist

$$Y_t = C_t + I_t^T \quad (16.1)$$

und

$$C_t = (1 - s) Y_{t-1} \; ; \quad (16.2)$$

die Netto-Investitionen für die Konsumgüterproduktion, I_t^C, und die Investitionsgüterproduktion, I_t^I, ergeben summiert die volkswirtschaftliche Netto-Investition, I_t^T, so daß

$$I_t^T = I_t^C + I_t^I \quad (16.3)$$

ist. Für jeden Produktionsbereich sei die erforderliche Netto-Investition abhängig von der Veränderung seiner Ausbringung, also

$$I_t^C = b_1 \left(C_{t-1} - C_{t-2}\right) \quad (16.4)^3$$

und

$$I_t^I = b_2 \left(I_{t-1}^T - I_{t-2}^T\right) \quad (16.5)$$

wodurch, wenn $b_1 = b_2 = b$, auch

$$Y_t = (1 - s) Y_{t-1} + b \left(C_{t-1} - C_{t-2} + I_{t-1}^T - I_{t-2}^T\right)$$

ist. Unter Berücksichtigung von (16.1) und (16.3) folgt:

$$Y_t = (1 - s) Y_{t-1} + b \left(Y_{t-1} - Y_{t-2}\right) \quad (16.6)$$

Hierdurch ist zugleich nachgewiesen, daß Hicks eine strukturelle Verknüpfung der makroökonomischen Größen voraussetzt, wie wir sie in der Abbildung 7 dargestellt hatten[4].

c) Clark[5] hatte bereits in seiner ursprünglichen Fassung angedeutet, daß das Akzelerationsprinzip bei Hintereinanderschaltung der Produktionsstufen der Kapitalgüterindustrien um so heftiger wirken könne. Richters Analyse[6] des Vertikaleffektes und des anschließenden Hori-

---

[3] Diese Gleichung bringt *Samuelsons* Struktur- (aber nicht Reaktions-) hypothese zum Ausdruck; der gleichen Auffassung ist auch *Neißer*, op. cit., jedoch nicht *Rose* (op. cit.).

[4] S. 68; der Leser beachte, daß *Hicks'* Größen jedoch nur Netto-Größen darstellen.

[5] Business Acceleration . . ., op. cit., S. 252 ff.

[6] *Richter*, Rudolf: Die Verteilung der Nettoinvestitionen auf die Konsumgüter- und Produktionsmittel-Industrie; Z.f.g.St., Bd. 107, 1951, S. 460 ff. und Bd. 108, S. 257.

zontaleffektes ist von dieser Hypothese ausgegangen. Da wir den Akzelerationseffekt als die „ultima ratio“ der unternehmerischen Anpassung begründeten, den Akzelerator damit aber als einen echten durchschnittlichen, d. h. makroökonomischen Koeffizienten definierten, ist es uns für den allgemeinen Fall verschlossen, das Erfordernis der kapazitiven Anpassung für jede Ausweitung der Ausbringung vorauszusetzen. Damit können wir der Richterschen Prämisse der Vollbeschäftigung jeder Produktionsstufe nicht folgen. Darüber hinaus sind die Definitionen von Produktionsstruktur und Produktionsstufe[7] in Übereinstimmung mit den Definitionen der andern Begriffe zu halten, so daß eine mikroökonomische Konzeption der „Zulieferungsindustrie“ für die von uns gewählte Akzelerator-Definition ausfällt.

Die Struktur der Wirtschaft, worunter wir die Gesamtheit aller Relationen verstehen, die zwischen einzelnen Sektoren, Produktionsbereichen, Produktionsstufen oder anderen ähnlich definierten Aggregaten wirtschaftlicher Einheiten — insbesondere — einer Volkswirtschaft bestehen[8], ist von der gegenwärtigen Wirtschaftswissenschaft oft zum Gegenstand ihrer Untersuchungen gemacht worden. Mit der Analyse der sogenannten „volkswirtschaftlichen Konten“ konkurriert vor allem die „Input-Output-Analysis“ Leontiefs. Die Nationalkontierung ist für unsere Probleme nicht geeignet, da sie eine Ex-post-Rechnung darstellt, aus der funktionale Verknüpfungen abzuleiten sehr fragwürdig ist. Leontiefs[9] Frage nach der „innergewerblichen Verflechtung“, obwohl mit unserem Problem eng verbunden, ist durch eine sehr weitgehende Disaggregation soweit auf die statistische Untersuchung der Kreislaufströme zugeschnitten — bekanntlich stellen die Industrien einzelner technologisch gleichartiger Güter, z. B. die Textilindustrie, die Stahlindustrie usw., die betrachteten Sektoren dar —, daß eine allgemeine Theorie der interdependenten Verknüpfung keinen unmittelbaren Ansatzpunkt finden kann. Zwei Autoren, Chipman und Krelle, haben auf Leontiefs Strukturhypothese aufzubauen versucht. Chipman hat in seiner allgemeinen Darstellung der zwischen den Sektoren einer Wirtschaft fließenden Geldströme darauf verwiesen, daß das Volumen der Ausgaben einzelner Firmen nicht

[7] Mir ist die Problematik jeder dieser Begriffsbestimmungen und Abgrenzungen gegenwärtig. Da ich zu der großen Diskussion, die sich an die Struktur- und Stufenbegriffe der Kreislauf- und Rückversetzungstheorie anschloß, materiell nichts beizutragen habe, kann ich nur darauf bedacht sein, diejenige Hypothese auszuwählen, die mit den anderen verwendeten Begriffen verträglich ist.

[8] Diese allgemeine Begriffsbestimmung ist mit der internationalen Begriffsverwendung konsistent. Vgl. *Sakai*, Shozaburo: On the Method of Structural Analysis: Economic Papers, Nagoya, Japan, 1953.

[9] *Leontief*, W.: The Structure of the American Economy, 1919—1939, New York, 1951.

notwendigerweise funktional mit dem Volumen der Einnahmen verknüpft sein müsse, sondern auch der Veränderungsrate des Einnahmenvolumens entsprechen könne[10]. Sein allgemeiner Ansatz zur Behandlung der Beschleunigungseffekte[11] reicht aber nicht unmittelbar für eine Analyse der Produktionsstruktur im dynamischen Kernprozeß aus.

Gleichermaßen für unsere Zwecke unverwendbar bleibt Krelles Untersuchung des Problems der Produktionsstruktur und der Disproportionalitäten in der fortschreitenden Wirtschaft[12]. Während Chipmans Ansatz eine Berücksichtigung der unvollkommenen Koordination der volkswirtschaftlichen Pläne enthält, ist Krelle das eigentliche Problem einer solchen Untersuchung durch die Annahme einer stetigen Wachstumsrate entgangen. Zwar kommt er zu dem Ergebnis, daß bei einer Veränderung der durchschnittlichen Konsumquote bzw. der Investitionsquote (die er reziprok der Konsum-, d. h. eigentlich als Sparquote definiert) Disproportionalitäten entstehen können[13], doch bleibt die Veränderung der Quoten unerklärt. Für alle übrigen abgeleiteten Aussagen, die bei konstanter Wachstumsrate die Entstehung von Disproportionaliäten verneinen, ist das Ergebnis keineswegs überraschend. Krelle nimmt nämlich durchweg lineare funktionale Verknüpfungen an, so daß wegen der Gültigkeit des Superpositionsprinzips überhaupt keine ungleichmäßigen Entwicklungen der einzelnen Sektoren auftreten können. Einer eingehenderen Besprechung bedarf es unter diesen Bedingungen überhaupt nicht, denn das Ergebnis ist a priori durch die den Voraussetzungen adaequate Methode — lineare Differenzengleichungen 1. Ordnung — bestimmt. Das Problem liegt jedoch gerade in der Untersuchung der Auswirkungen sich verändernder Wachstumsraten, in der Begründung der Veränderung dieser Raten, sowie in der Frage, ob die strukturellen Anpassungen genügend groß sein können, den Verlaufstypus, d. h. die mittelfristigen Wachstumsraten zu beeinflussen. Damit ist auch Krelles Untersuchung nicht geeignet, irgendwelche Aufschlüsse über unser Problem zu vermitteln.

2. Die Produktionsstruktur als Kreislaufmodell

a) Den älteren Kapitalbildungstheorien hat stets eine verhältnismäßig klare Strukturvorstellung zu Grunde gelegen. Diese hatten zugleich mit den Produktionsstufen die Dimension der Zeit verknüpft,

---

[10] *Chipman*, loc. cit., S. 17.

[11] ibidem, S. 140 ff.

[12] *Krelle*, Wilhelm: Investitionsquote, Wachstum, Kapazitätsausnutzung und Disproportionalitäten in der fortschreitenden Wirtschaft, J.f.N.St., 1954, S. 261 ff.

[13] ibid., S. 275.

jedoch beschränkte sich die Bedeutung des Zeitfaktors auf die Frage, welche Zeitspanne vergeht, bis ein Produkt, von den höheren zu niedrigeren Stufen weitergeleitet, schließlich Konsumreife erlangt hat. Die Verlängerung der so definierten Ausreifungszeit, mit der eine „Steigerung der Ergiebigkeit" einhergeht, kann dieser Theorie zufolge gegebenenfalls auf zweifache Art erfolgen, und zwar durch Rückversetzung und oder Verlängerung des Produktionsweges. Die Rückversetzung eines Gutes führt dieses aus der Nähe der Konsumgutreife heraus und leitet es erneut in einen Produktionsprozeß, der zeitlich weiter von der Konsumgutreife entfernt ist. Eine, die Rückversetzung begleitende oder ohne dieselbe stattfindende Verlängerung des Produktionsweges — d. h. ein Einschlagen von Produktionsumwegen — ermöglicht es außerdem, die Ausreifungszeit zu dehnen. Hier werden im ersten Akt Güter höherer Ordnung erzeugt, mit deren Hilfe es im zweiten Akt möglich ist, Güter niedrigerer Ordnung zu erstellen. Dabei wird zumeist nicht nur eine extensivierende Investition angenommen, sondern regelmäßig eine Substitution des einen Produktionsverfahrens durch ein Verfahren höherer Ergiebigkeit postuliert[14].

Sauermann[15] stellt mit Recht fest, daß diese Theorien eine Anaylse des vertikalen Aufbaues der Produktionsstruktur vermittelt haben, die eigentlichen Probleme (der dynamischen Kapitalbildungstheorie) aber erst dann beginnen, wenn man die Produktionsstruktur prozeßanalytisch untersucht. Zweifellos trägt man damit in diese Theorie ein ihr letztlich fremdes Element hinein, da es Wertvergleiche sind, die allen von der traditionellen Theorie behaupteten Vorgängen zu Grunde liegen und die von einer Prozeßanalyse im Sinne der modernen Theorie nicht unmittelbar zum Ausdruck gebracht werden können. Es ist nun aber sehr aufschlußreich zu sehen, daß jeder Versuch, die von der „reinen Theorie" angenommene Produktionsstruktur oder Teile derselben explizit zu machen, zu nichts anderem als einer ausgebauten Kreislauftheorie, resp. — wie Sauermann[16] und Richter[17] zeigten —, zu entsprechenden Ausschnitten aus den gesamtwirtschaftlichen Kreislauftheoremen führt.

---

[14] Obwohl gerade dieses Postulat zu weiterem Kommentar reizt (ist es doch nur ein anderer Ausdruck für *Ricardos* Prinzip des effektiven Angebots), ist hier nicht der Platz, die in Anlehnung an *Eucken* (Die Grundlagen der Nationalökonomie, Godesberg, 1947, S. 214 ff.) gegebene Skizze zu vertiefen. Die Darlegungen dienten lediglich dazu, die Verbindungslinien zwischen der klassischen und modernen Kapitalbildungstheorie aufzeigen zu können.

[15] *Sauermann*, Heinz: Kapitalbildung und Kapitalverwendung im volkswirtschaftlichen Wachstumsprozeß; in: „Schriften des Vereins für Sozialpolitik, N. F., Bd. 5, Kapitalbildung und Kapitalverwendung, Berlin 1953, S. 25 ff., loc. cit.: S. 32.

[16] ibidem, S. 33 und S. 37 ff.

[17] loc. cit., S. 464 ff.

b) Lowe[18] hat neuerdings den Versuch unternommen, die Komplexität der Kreislaufströme in einem solchen, die Produktionsstruktur repräsentierenden Modell darzustellen. Von der Überlegung ausgehend, daß einerseits durch die Keynessche Aggregation wesentliche Probleme verdeckt werden könnten, andererseits für die theoretische Analyse ein höherer Aggregationsgrad als im Leontiefschen System geboten erscheine, versuchte er jenes Niveau der Aggregation darzustellen, welches gering genug war, „to reflect those physical properties of an industrial market which affect its general stability"[19].

Mit unvergleichbarer Akribie legt Lowe die Proportionen dieser Struktur dar, betonend, daß die Produktion als technischer Prozeß eine ununterbrochene Kette von Operationen darstellt, bei der jeder Schnitt, der gemacht wird, um wohldefinierte Stufen der Vervollständigung eines Gutes wiederzugeben, willkürlich erscheinen muß. Die Struktur, die bei Beachtung aller notwendigen Voraussetzungen entsteht, kann füglich nur ein Modell möglicher Verknüpfungen darstellen[20]. In einem solchen Modell muß grundlegend zwischen den Konsumgüterindustrien und den Industrien, die die Kapitalausrüstungsgüter (equipment-goods-industries) erzeugen, unterschieden werden. In jeder Kategorie findet sich eine Reihe von produktionswirtschaftlichen Einheiten, die die verschiedenen Stadien der Vollendung der Güter verändern, so zwar, daß alle diejenigen Produktionseinheiten in einer Kategorie zusammenzufassen sind, die der endgültigen Stufe vorgelagert sind, also diejenigen Güter herstellen, die zu Fertiggütern der betreffenden Kategorien heranreifen[21]. Innerhalb der Investitionsgüterindustrien (wie man Lowes Begriff der equipment-goods-industries vielleicht am zweckmäßigsten übersetzt, wobei man jedoch zu beachten hat, daß es sich nur um die Fixkapital darstellenden Güter handelt[22]), unterscheidet er zwischen jenen, die In-

---

[18] *Lowe*, op. cit., S. 143 ff.

[19] *Lowe*, op. cit., S. 141.

[20] *Lowe*, op. cit., S. 143.

[21] *Lowe* nennt die in den vorgelagerten Stufen erstellten Güter „unfertige Güter" (unfinished goods), zu denen er Rohmaterialien, wie auch „halbfertige" Güter (semi-manufactured goods) rechnet. Um jeglichen Begriffswirrwarr, der aus der Definition von Gütern, Waren usw. resultieren könnte, zu vermeiden, haben wir davon abgesehen, uns dieser Bezeichnung zu bedienen.

[22] Dies dürfte weitgehend *Lowes* Kriterium der „divisibility" entsprechen. „Divisibility as an economic concept depends on the prevailing terms of purchase or hire, no less than on the technical properties of the good in question" (S. 144). *Lowe* zieht diesen Terminus dem der Dauerhaftigkeit (etwa in der von uns S. 79 definierten Form) vor, obwohl er für die meisten Investitionsgüter offenbar die Gültigkeit beider Kriterien annimmt, zumal er als Hilfskriterium heranzuziehen wünscht, ob die Güter durch „Einkommen" oder „capital, in the sense of savings funds and business funds" gekauft werden. Für das von ihm als „semidurable good" bezeichnete Auto-

vestitionsgüter für Konsumgüterindustrien und jenen, die Investitionsgüter für die Investitionsgüterindustrien herstellen.

Bei dieser so beschriebenen strukturellen Verknüpfung der Produktionsbereiche ist natürlich darauf zu achten, daß sich keine Definition in einer betrieblichen Einheit manifestert. Ein und derselbe Betrieb kann mit seinen technologisch-homogenen Produkten an mehreren Stellen dieses Modells der Produktionsstruktur in die Analyse einbezogen werden. Obwohl es im konkreten Fall gewiß erhebliche Schwierigkeiten bereiten wird, die verschiedenen Anteile seiner Gesamtausbringung, die diesem oder jenem Bereich zufließen, zu ermitteln, ist das Konzept vom theoretischen Standpunkt aus eindeutig.

Unter dem Gesichtspunkt eines kontinuierlichen Stromes der Ausbringung, was hier nichts anderes besagt, als unter den Bedingungen des stationären Prozesses, analysiert Lowe die für den Prozeß relevanten Ströme. Dies erfordert, daß die vorhandenen Bestände der Resourcen[23], „assigned to the individual productive unit in every stage of every group, are arranged in a definite order“[24].

Dieser Aufbau, so führt er aus, ändert sich in der Regel mit einer Veränderung der Produktionstechnik, aber bei gegebener Produktionstechnik sind die relative Größe, sowie die Folge der Gruppen und Stufen determiniert. Unter ausdrücklicher Berufung auf die Tatsache, daß weder Marx noch Böhm-Bawerk dies bestritten haben, ist, wie man aus der beigefügten Abbildung erkennen kann, der Übergang von der Produktionsstrukturhypothese der traditionellen Kapitalbildungstheorie zur Kreislauftheorie vollzogen. Eine angemessene Bewertungshypothese vorausgesetzt — hierin ist ja die neuere Theorie, wie jede Kreislauftheorie, der traditionellen weitaus überlegen —, können alle erforderlichen Kreislaufrelationen abgeleitet werden. Auf deren Wiedergabe sei verzichtet[25] und kurz auf die Übereinstimmung gewisser Aussagen Lowes mit der kreislauftheoretischen Grundlegung der Jöhrschen Konjunkturerklärung[26] — et vice versa — verwiesen. Jöhr begründet seinen „Kreislauf der partiellen Selbstproduktion des Realkapitals“ aus der Unmöglichkeit, daß auf der letzten Produktions-

---

mobil ergibt sich keine Besonderheit mit beiden Definitionen; anders wäre es mit „auxiliary material like coal, industrial fuel“ (S. 145), wenn *Lowe* annähme, daß diese stets aus „funds“ gekauft würden, auch wenn sie nicht als Lagerbestände in bestimmten Proportionen zur Ausbringung gehalten werden. — Wie dem auch sei, in jedem Fall würde eine verbleibende Diskrepanz in der Definition nichts anderes sein, als eine Differenz in diesem oder jenem Parameter.

[23] *Lowe* nennt vier: stocks of labour, of natural resources, of equipment, of other commodities, S. 143.

[24] *Lowe*, loc. cit., S. 146.

[25] Bereits im ersten Teil (S. 63 ff.) wurden einige wesentliche Bedingungen genannt.

[26] *Jöhr*, W. A., op. cit., S. 210 f.

stufe sämtliche Ausgaben den Charakter der Einkommenszahlung besitzen, was einen „regressus ad infinitum" bewirke. Bei Lowe verhütet die „capacity for self-reproduction" der Fixkapitalgüter, daß wir die Produktionsstufen zurückverfolgen müssen, bis zum Beginn der Geschichte, „when primitive man first picked up a stone to use it as a tool"[27]. Damit aber ist gesichert, daß die Annahme einer Produktionsstruktur, in der die „Eigennachfrage" berücksichtigt wird, mit beiden Formen der Kapitalbildungstheorie verträglich ist. Lowe nennt für sein Modell fünf Kreisläufe (vgl. Abb. 14)[28]: In jedem Produktionsbereich gibt es einen Kreislauf, der einen Teil des Ergebnisses zurückversetzt [im Konsumgüterbereich, K, werden an die eingesetzten Bestände der Arbeitskräfte Konsumgüter zurückgeleitet (K, $S_{1,2,3}$ an L, L an K); imInvestitionsgüterbereich, I, sind es Fixkapitalgüter (von I an $U_{1,2,3}$)]; außerdem beziehen sich zwei Kreisläufe auf den Austausch zwischen den Produktionsbereichen [Konsumgüter an die Arbeitskräfte im Bereich I; K an L, L an I, $U_{1,2,3}$ gegen Investitionsgüter, die im Bereich K verbraucht wurden, I an K, $S_{1,2,3}$]; der fünfte Kreislauf stellt die Selbstreproduktion des Investitionsgüterbereiches dar [I an I].

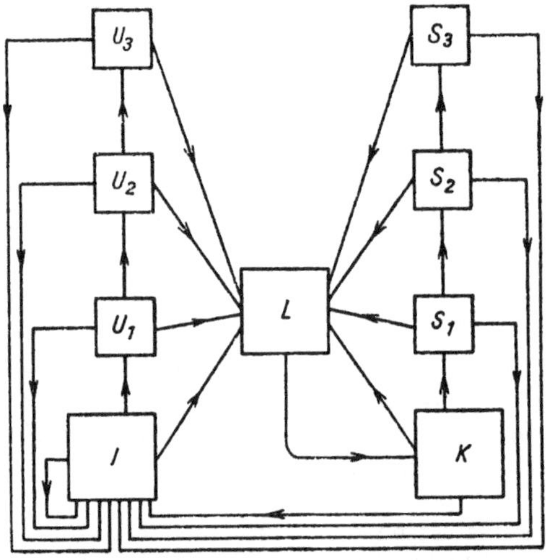

Abb. 14

Bevor wir die weiteren Argumente Lowes verfolgen, die sich vor allem auf die möglichen Einflüsse der veränderten Austauschquoten — oder genauer gesagt, der Veränderung von Strukturkoeffizienten — und deren stabilisierende Tendenzen beziehen, wollen wir die aus dem

[27] *Lowe*, op. cit., S. 148 f.
[28] ibid. S. 155.

gegenwärtigen Stand der Kapitalbildungstheorie verbliebenen Probleme mit diesem Modell der Produktionsstruktur konfrontieren. Lowe erscheint eine solche Fragestellung durchaus zulässig[29], denn er betont selbst, daß es mit diesem Schema möglich sei, die nach irgendwelchen evolutorischen Prozessen erforderlichen Anpassungsvorgänge zu untersuchen und dabei vor allem die notwendige Verschiebung der Faktoren von der Investitionsgüter- an die Konsumgüterindustrie im Anschluß an eine Anpassung des Kapitalbestandes an ein neues, höheres Gleichgewichtsniveau zu ermitteln. „We know from the discussion of the acceleration principle that this backward shift may lead to the abandonment of a part of the newly built capital stock. Analysis with the help of the schema enables us to establish the precise conditions under which such ‚waste' occurs, and to calculate its size[30]." Die nachfolgenden Darlegungen sollen einen Eindruck von diesen Größenverhältnissen vermitteln.

c) Die Lowesche Struktur enthält noch immer einige für unsere Untersuchung unnötige Komplikationen, deren Beseitigung eine geringe Vereinfachung gestattet. Da die Produktionssektoren $S_{1,2,3}$ und $U_{1,2,3}$ nach Lowes Begriffsbestimmung diejenigen Güter herstellen, die für die nach- (d. h. näher zum Fertigprodukt) gelagerten Stufen „working-capital" darstellen, können wir aus einer einfachen Überlegung die Berechtigung zu einer weiteren Aggregation folgern. Die Ausbringung dieser Sektoren muß, wie wir in unserer Darstellung der unternehmerischen Anpassungsformen zeigten, proportional derjenigen Ausbringung sein, für die diese Güter zirkulierendes Kapital, also „halbfertige" Güter usw. darstellen. Die mit einer Vergrößerung der Ausbringung unmittelbar einhergehende Vergrößerung der investierten Kapitalien dieser Art war zwar in Keynes' Aggregation berücksichtigt, konnte aber durch Hicks' dynamische Investitionsfunktion nicht erfaßt worden sein. Offenbar stellen die genannten Sektoren genau den fehlenden Teil der Hicksschen Struktur dar[31].

Folgt jedoch die Ausbringung der Stoffe produzierenden Sektoren unmittelbar der Ausbringung jener, die die Stoffe nachfragen, so können wir vollkommene Koordination der Produktionen annehmen, d. h. es ist möglich, diese Sektoren zu aggregieren. Nur im Falle einer zwischengeschalteten Verzögerung würde die Aggregation einen wesentlichen Effekt verwischen, m. a. W., nur wenn wir irgendeiner Hypothese über vorhandene Lagerbestände Rechnung tragen wollten, müßten wir auf die Hypothese der vollkommenen Koordination dieser

[29] Vgl. *Lowe*, op. cit., S. 161 ff.
[30] *Lowe*, op. cit., S. 163.
[31] Es sei nochmals betont, daß dies für *Hicks* Erklärung der Expansion kein erheblicher Mangel ist.

Produktionspläne verzichten. Somit aber können diese Sektoren in einem Sektor zusammengefaßt werden, denn entsprechend dem Ausbringungsvolumen von S_1 liefert S_2 unmittelbar Roh-, Hilfs- und Betriebsstoffe inkl. Halbfabrikate an S_1, und ebenso liefert S_3 diese an S_2 und damit auch unmittelbar an S_1; dasselbe gilt für die Beziehungen zwischen U_1, U_2 und U_3. Die Fixkapitalnachfrage dieser Sektoren wird in ihrer zeitlichen Dimensionierung nicht beeinflußt. Die zusammengefaßten Sektoren wollen wir mit S resp. U bezeichnen[32]. Zugleich verschwindet damit eine nicht gerade realistische Annahme Lowes, daß die letzten Stufen der Stoffproduktionen (S_3 und U_3) ohne eigenen Bedarf an Stoffen, also durch die alleinige Kombination von Arbeitskräften, Kapitalausrüstung und natürlichen Resourcen (für die keine Zahlungen erfolgen) ihre Ausbringung erstellen. Es mag Fälle in der Realität geben, denen eine solche Voraussetzung gerecht wird, doch ist diese weder für Lowes Argumentation noch für unsere Fragestellung wesentlich. Neben die in Anlehnung an Lowe genannten Kreisläufe treten daher noch zwei, die Eigennachfrage der Stoffproduktionssektoren repräsentierende Rückversetzungen. Gleichzeitig ist es möglich, die enge Annahme aufzugeben, daß nur Lohnzahlungen erfolgen. Vielmehr wollen wir annehmen, daß alle Sektoren Einkommen zu zahlen haben. Um zum Ausdruck zu bringen, daß nur die Einkommensentstehung aus produktionswirtschaftlicher Aktivität berücksichtigt wird[33], soll diese als Wertschöpfung bezeichnet werden und

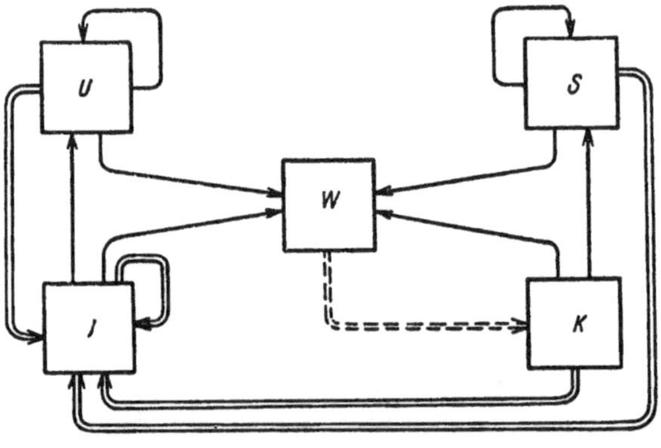

Abb. 15

[32] Formal wäre es zulässig, unter diesen Bedingungen S und U mit K resp. I zu aggregieren, so daß der *Keynes*sche Aggregationsgrad entstünde. Obwohl die Abteilungen eine geringere Zahl von Koeffizienten zu berücksichtigen hätten, würden möglicherweise einige Schlußfolgerungen unübersichtlicher. Daher soll die Aggregation nicht weiter getrieben werden.

[33] Sämtliche z. B. durch die finanzwirtschaftliche Aktivität des Staates entstehenden Einkommen sind auch weiterhin von der Analyse ausgeschlossen.

diejenigen Zahlungen darstellen, die von den Unternehmern an alle Haushalte, auch ihre eigenen, geleistet werden. Die zu analysierende Strukturbeziehung läßt sich somit durch die vorstehende Abbildung 15 wiedergeben.

Die Pfeile stellen Zahlungen dar; ihnen gegenläufig erfolgen die Lieferungen. Die einfach gezeichneten Pfeile symbolisieren unverzögerte, die doppelt eingetragenen gegebenenfalls verzögerte Reaktionen.

Die von dieser Struktur veranschaulichten Beziehungen werden wir zunächst in formal-klassifizierender, anschließend in prozeßanalytischer Weise untersuchen.

3. Die Klassifikation der Kreislaufschemata und ihre Verlaufstypen

a) Die Aufstellung der Gleichungssysteme für die verschiedenen Kreislaufschemata wird uns erleichtert, wenn wir die durch das Modellbild veranschaulichten Strukturbeziehungen in eine Strukturmatrix für den stationären Prozeß eintragen. In Umkehrung der Leontiefschen Anordnung der Einsätze und Ausbringungen[34] geben die Zeilen der folgenden Tabelle die Zahlungen der einzelnen Sektoren an die in den Spalten genannten Sektoren an. Die auf der Diagonale eingetragenen Strukturkoeffizienten kennzeichnen die Rückversetzung durch „Eigennachfrage", so daß die in diesen Sektoren eingeschlagenen Produktionsumwege unmittelbar zum Ausdruck kommen. Die übrigen Rückversetzungen, die in der Abb. 15 die allgemeine Interdependenz repräsentieren, werden nun durch die Bedingung der Gleichheit zwischen Einsatz und Ausbringung eines jeden Sektors exakt erfaßt.

Obwohl wir nach Möglichkeit jede Bezugnahme auf die Größe der Strukturkoeffizienten vermeiden, ist es in einigen Grenzfällen unumgänglich, den Abschätzungen Zahlenverhältnisse zu Grunde zu legen. Daher seien einige allgemeine Größenverhältnisse besprochen, die jedoch nur einen gewissen Anhalt vermitteln sollen. Da die Wertschöpfungskoeffizienten nicht nur die Lohnintensität erfassen, darf man vermuten, daß sie jeweils verhältnismäßig groß sind. Die Fixkapitalabnutzungskoeffizienten (stationäre Lieferungskoeffizienten der Investitionsgüterindustrie) sind nicht unmittelbar mit den Kapitalintensitäten der Industrie vergleichbar. Sie dürften klein sein, da sonst unter Beachtung der durchschnittlichen Lebensdauer — bei der auf etwa ein Jahr gerechneten Investitionsreaktionsperiode — sehr große Akzeleratorwerte resultieren müßten. Der Kapitalbestand eines

---

[34] Die Vertauschung der beiden Seiten erfolgte nur aus Gründen der Betonung des Unterschieds zwischen *Leontiefs* empirischer und der hier gebotenen rein theoretischen Analyse.

Sektors während einer Periode ist definiert als Abnutzungskoeffizient mal durchschnittliche Lebensdauer der Fixkapitalgüter (bezogen auf die Periode) multipliziert mit dem Ausbringungsvolumen in der Periode. Aus dieser Definition folgt, daß bei einer Verkürzung der Referenzperiode, etwa weil für die induzierten Investitionen nur eine Reaktionsperiode von einem halben Jahr[35] angenommen wird, sich durchschnittliche Lebensdauer und Kapitalbestand verdoppeln. Zwar ist auch die Veränderung einer vorgegebenen Ausweitung der Ausbringung in einer kürzeren Periode kleiner, doch gleichen sich die erforderlichen Investitionssummen nur dann an, wenn sich die Anpassung an das neue Gleichgewichtsniveau tatsächlich vollziehen kann. Andernfalls bedingen kürzere Reaktionsperioden eine vergleichsweise größere Instabilität, denn nur der Akzelerator ist in seiner Größe von der Länge der Reaktionsperiode abhängig. Diese Definition macht zugleich deutlich, daß der Akzelerator bei einer ganz allgemeinen Vermutung verhältnismäßig groß angesetzt werden kann.

Strukturmatrix

Ausbringung des Sektors \ Einsatz des Sektors	K	S	I	U	W	Σ
K	–	s_K	i_K	–	w_K	K
S	–	s_S	i_S	–	w_S	S
I	–	–	i_I	u_I	w_I	I
U	–	–	i_U	u_U	w_U	U
W	$a(W)+C$	–	–	–	–	W
Σ	K	S	I	U	W	

Die Strukturmatrix des analysierten Modells kann durch folgende Koeffizienten gekennzeichnet werden:

35 So *Hicks*, op. cit., S. 93 f.

w_K, w_S, w_I, w_U: die Wertschöpfungskoeffizienten der Sektoren K, S, I, U;

i_K, i_S, i_I, i_U: die Abnutzungskoeffizienten des Fixkapitals dieser Sektoren;

s_K, s_S, u_I, u_U: die Lieferungskoeffizienten der Stoffproduktionssektoren, wobei die mit s bezeichneten dem Bereich der Konsumgüterindustrie, die mit u bezeichneten dem der Investitionsgüterindustrie angehören.

Außerdem eignet dem Kapitalbestand in jedem Sektor eine durchschnittliche Lebensdauer, die für die einzelnen Sektoren mit l_K, l_S, l_I und l_U bezeichnet wird. Üblicherweise wird in den dynamischen Modellen das Verhältnis zwischen Ausbringungsvolumen und Kapitalbestand durch den Akzelerator angegeben. Da dort die Ausbringung ohne Vorlieferungskosten definiert wurde, müßten wir durch die Berücksichtigung des Marktwertes der Ausbringung diesen mit dem Wertschöpfungskoeffizienten multiplizieren und den Kapitalbestand hierzu in Beziehung setzen. Dieselbe Relation kann aber auch durch die Lebensdauer „l“ definiert werden, so daß wir den Kapitalbestand, P, der einzelnen Sektoren wie folgt bestimmen:

$$\begin{aligned} P_K &= i_K l_K K = b_K K \\ P_S &= i_S l_S S = b_S S \\ P_I &= i_I l_I I = b_I I \\ P_U &= i_U l_U U = b_U U \end{aligned}$$

so daß b_K, b_S, b_I, b_U die Akzeleratoren der einzelnen Sektoren sind. Die Lieferungen der Konsumgüterindustrie, K, an die Haushalte, W, sei durch die Konsumfunktion bestimmt. Sie wird linearisiert angeschrieben und lautet: $K = a(W) + C$.

Damit sind sämtliche Strukturkoeffizienten unserer Modelle erläutert; sie werden für die algebraische Behandlung der Probleme als konstant vorausgesetzt. Abschließend soll hierzu nur noch vermerkt werden, daß diese Koeffizienten sowohl von rein ökonomischen und produktionstechnischen Fakten, als auch von der gewählten Aggregation bestimmt werden.

b) In der Klassifikation der Kreisläufe unterscheiden wir zwischen solchen, in denen Netto-Investitionen auftreten und denjenigen, in denen sich die Wirtschaftssubjekte darauf beschränken, den in einer Periode verbrauchten Kapitalbestand zu ersetzen. Die in der erstgenannten Kategorie zu besprechenden Kreisläufe beschreiben den „erweiterten volkswirtschaftlichen Produktionsprozeß“, die letztgenannten den „volkswirtschaftlichen Reproduktionsprozeß“. In allen Kreisläufen wird die Gültigkeit des Prinzips der effektiven Nachfrage vorausgesetzt, sowie der Möglichkeit kreislaufmindernder Sparwirkungen durch die funktionale Verknüpfung der Konsumausgaben mit der Wertschöpfung Rechnung getragen. Soweit im erweiterten volkswirtschaftlichen Produktionsprozeß Netto-Investitionen analysiert werden, sind diese durch die kapazitiven Anpassungen der Unternehmer bestimmt. Innerhalb der Kategorien unterscheiden sich die Prozesse durch einen verschiedenen Grad der Koordination der Pläne. Die Reihenfolge der zu besprechenden Kreisläufe ist zwar beliebig, doch wollen wir, in etwa dem Prinzip abnehmender Abstraktion folgend, zunächst mit den „Reproduktionsprozessen“ beginnen und die „erweiterten Produktionsprozesse“ anschließend wiedergeben[36].

(a) Der volkswirtschaftliche Reproduktionsprozeß

α) die vollkommene Koordination aller Pläne: Synchronisation

In diesem Fall beziehen sich per definitionem sämtliche Variablen auf dieselbe Periode.

Die Einkommensentstehung ist nach dem Prinzip der effektiven Nachfrage abhängig von dem in jedem Produktionsbereich gewährten Beschäftigungsvolumen, welches seinerseits von der Ausbringung des Sektors abhängt. Die Wertschöpfung aller Bereiche bestimmt die gesamte volkswirtschaftliche Wertschöpfung.

Damit gilt

$$W_t = w_K K_t + w_S S_t + w_I I_t + w_U U_t \,. \tag{17.1}$$

Die koordinierten Konsumpläne bestimmen sich nach

$$K_t = a W_t + C \,. \tag{17.2}$$

Die Stoffproduktionen sind dann koordiniert, wenn

$$S_t = s_K K_t + s_S S_t \tag{17.3}$$

und

$$U_t = u_I I_t + U_U U_t \tag{17.4}$$

gilt. Die Investitionsgüterproduktion beschränkt sich auf die Re-Investition, so daß diese koordiniert durch

$$I_t = i_K K_t + i_S S_t + i_I I_t + i_U U_t \tag{17.5}$$

zum Ausdruck gebracht wird.

---

[36] Um dem Leser, der an den mathematischen Reduktionen und Stabilitätsdiskussionen nicht interessiert ist, die Lektüre zu erleichtern, wurden diese im Kleindruck wiedergegeben. Es dürfte jedoch zweckmäßig sein, die den jeweiligen Prozeß charakterisierende kurze Besprechung der Stabilitätsaussagen zu verfolgen.

Die Lösung dieses Gleichungssystems

$$W_t = \frac{1}{1 - a} C \tag{17.6}$$

bestätigt unsere Erwartungen.

Wie wir aus der begrifflichen Bestimmung der Koordination herleiten konnten, ist die Wertschöpfung in jeder Periode im Falle vollkommener Koordination genau dem Gleichgewichtseinkommen. Sie entspricht genau dem Keynesschen Multiplikator.

β) *Die unvollkommene Koordination einzelner Pläne: partielle Synchronisation durch Koordination der Reinvestitionspläne*

Zunächst gilt weiterhin:

$$W_t = w_K K_t + w_S S_t + w_I I_t + w_U U_t \tag{18.1}$$

Jedoch sind jetzt die Konsumpläne nicht koordiniert, so daß

$$K_t = aW_{t-1} + C \tag{18.2}$$

gilt, während die Stoffproduktionen koordiniert sein müssen, um unserer Hypothese über das zirkulierende Kapital zu entsprechen:

$$S_t = s_K K_t + s_S S_t \tag{18.3}$$

und

$$U_t = u_I I_t + u_U U_t \tag{18.4}$$

Die Koordination der Reinvestitionspläne bleibt noch erhalten:

$$I_t = i_K K_t + i_S S_t + i_I I_t + i_U U_t \tag{18.5}$$

Ersetzt man in (18.3), nachdem es nach $S_t = \frac{s_K}{1 - s_S} K_t$ umgeformt wurde, (18.2) und form (18.4) ebenfalls um, so kann man (18.1) auch

$$W_t = \left(w_K + \frac{w_S \; s_K}{1 - s_S}\right) (aW_{t-1} + C) + \left(w_I + \frac{w_U \; u_I}{1 - u_U}\right) I_t$$

schreiben; setzen wir

$$w_K + \frac{w_S \; s_K}{1 - s_S} = w_{KS} \text{ und } w_I + \frac{w_U \; u_I}{1 - u_U} = w_{IU},$$

so kann der Ausdruck für die Wertschöpfung vereinfacht werden

$$W_t = w_{KS} (aW_{t-1} + C) + w_{IU} I_t .$$

Setzt man (18.3) und (18.4) umgeformt in (18.5) ein, so ergibt sich die Investitionsfunktion als

$$I_t = i_{KS}(aW_{t-1} + C) + i_{IU} I_t$$

wobei

$$i_K + \frac{i_S\ s_K}{1 - s_S} = i_{KS} \quad \text{und} \quad i_I + \frac{i_U\ u_I}{1 - u_U} = i_{IU}$$

ist. Formt man den Ausdruck für die Investitionsfunktion um und setzt ihn in die Wertschöpfungsgleichung ein, so lautet diese:

$$W_t = w_{KS}(aW_{t-1} + C) + \frac{w_{IU}\, i_{KS}(aW_{t-1} + C)}{1 - i_{IU}} \,. \tag{18.6}$$

Wie man sich durch Einsetzen der entsprechenden Ausdrücke überzeugen kann, sind

$$w_{KS} + i_{KS} = 1 \quad \text{und} \quad w_{IU} + i_{IU} = 1,$$

wodurch wir für

$$W_t = aW_{t-1} + C \tag{18.7}$$

erhalten, dessen Gleichgewichtslösung, $W_t = W_{t-1} = z_0$,

$$z_0 = \frac{1}{1 - a}\, C$$

lautet.

Da die Wertschöpfung bei nicht-koordinierten Konsumplänen somit genau dem von dem Theorem des sog. dynamischen Multiplikators beschriebenen Prozeß folgt, können wir auf die Diskussion des Ergebnisses verzichten. Es sei jedoch darauf verwiesen, daß offenbar dieses Theorem eine Koordination volkswirtschaftlicher Pläne mit Ausnahme der Konsumpläne voraussetzt. Zugleich ist nachgewiesen, daß Hicks' Theorie nur denjenigen Abschwungsprozeß zu erklären vermag, in dem die Wirtschaftssubjekte bestrebt sind, den verbrauchten Kapitalbestand sofort zu ersetzen.

γ) *Die unvollkommene Koordination aller Pläne: die Asynchronisation der relevanten Produktionsbereiche*

Dem Fall der partiellen Synchronisation durch Koordination der Konsumpläne und Asynchronisation der Reininvestitionspläne messe ich geringe analytische und sehr begrenzte theoretische Bedeutung bei; er soll daher außer Betracht bleiben. Von den volkswirtschaftlichen Reproduktionsprozessen ist somit als letzter derjenige zu analysieren, bei dem weder die Konsumtionspläne noch die Reinvestitionspläne koordiniert sind.

Unter Beachtung der Vereinfachungen, die wir bei der Behandlung des vorstehend besprochenen Kreislaufes eingeführt hatten — unter der Prämisse, daß die Ausbringungsvolumina der Stoffproduktionssektoren S und U stets mit jenen der K-resp. I-Sektoren vollkommen koordiniert sind, gelten sie ja für alle zu betrachtenden Kreisläufe —, können wir das Modell vereinfacht schreiben. Die Wertschöpfungsgleichung lautet daher

$$W_t = w_{KS}K_t + w_{IU}I_t \tag{19.1}$$

die Konsumgüterproduktion entspricht

$$K_t = aW_{t-1} + C \tag{19.2}$$

und die unkoordinierten Ersatzinvestitionen entsprechen, d. h. die Ausbringung des Investitionsgüterbereiches folgt der Beziehung:

$$I_t = i_{KS}K_{t-1} + i_{IU}I_{t-1}\,. \tag{19.3}$$

Die Reduktion des Systems führt zu dem die Wertschöpfung beschreibenden Ausdruck:

$$W_t = W_{t-1}\,(1 + aw_{KS} - w_{IU}) - W_{t-2}\,(aw_{KS} - aw_{IU}) + w_{IU}C. \tag{19.6}$$

Als Gleichgewichtslösung ermittelt man für $z_0 = W_t = W_{t-1} = W_{t-2}$

$$z_0 = \frac{1}{1 - a}\,C;$$

die den Prozeß der Abweichungen vom Gleichgewicht im Zeitverlauf beschreibende homogene Gleichung lautet

$$W_t = W_{t-1}\,(1 + aw_{KS} - w_{IU}) - W_{t-2}\,(aw_{KS} - aw_{IU})\ . \tag{19.6}$$

Da man aus der charakteristischen Gleichung nicht ohne weiteres bestimmen kann, ob und wann diese Differenzengleichung 2. Ordnung stabil sein wird, empfiehlt sich die Anwendung eines Stabilitätskriteriums. Wie im Anhang zu dieser Arbeit gezeigt wird, ist das System dann stabil, wenn $w_{IU} > aw_{IU}$, was für $a < 1$ gesichert ist.

Daraus folgt, daß der volkswirtschaftliche Reproduktionsprozeß für jeden Grad der Koordination der Pläne stabil ist, wenn und nur wenn die marginale Konsumneigung $a < 1$ ist. Dieses Ergebnis war sicherlich auch aus allgemeinen theoretischen Überlegungen zu gewinnen, jedoch konnte nicht ohne weiteres gefolgert werden, daß das Ausmaß der Koordination den Stabilitätsgrad beeinflußt, und zwar derart, daß mit geringerem Grad der Koordination die Gleichgewichtstendenz geringer ist. Dies läßt sich für $w_{KS} = w_{IU}$ nachweisen, indem man die Wurzel aus (18.7) mit der dieses Systems — aus (19.6) — vergleicht.

Dann bestimmt sich W_t nämlich nach (18.7) als

$$W_t = W_{t-1}\,(1 + aw_{KS} - w_{KS})\ .$$

Behauptung: $1 + aw_{KS} - w_{KS} > a$; daraus folgt, daß $1 - a > w_{KS}(1 - a)$ sein muß, was offenbar erfüllt ist, weil $1 > w_{KS}$ gilt.

Ergebnis der analytischen Behandlung des volkswirtschaftlichen Reproduktionsprozesses

Die Analyse des volkswirtschaftlichen Reproduktionsprozesses hat gezeigt, daß in jedem Fall das Niveau der unter diesen Bedingungen gegebenen wirtschaftlichen Aktivität durch die Lage des Gleichgewichtes bestimmt wird. Eine längere Divergenz zwischen tatsächlichem und Gleichgewichtsniveau ist nicht möglich. Da sich wegen der Gültigkeit des Prinzips der effektiven Nachfrage das Gleichgewicht da befindet, wo die durchschnittliche Konsumneigung gleich Eins ist, müssen zusätzliche Bedingungen erfüllt sein, damit das Gleichgewichtsniveau der wirtschaftlichen Aktivität mit dem Niveau der vollen Auslastung zusammenfällt.

(b) Der erweiterte volkswirtschaftliche Produktionsprozeß

α) *Die vollkommene Koordination aller Pläne: Synchronisation*

Bei der Betrachtung der erweiterten volkswirtschaftlichen Produktionsprozesse beginnen wir mit einer Kreislaufanalyse, die das Problem Harrods untersucht.

Das Modell kann unter Beachtung der bereits eingeführten Vereinfachungen wie folgt angeschrieben werden:

Für die Wertschöpfung:

$$W_t = w_{KS}K_t + w_{IU}I_t, \tag{20.1}$$

für die Konsumgüterproduktion, da sie koordiniert erfolgt:

$$K_t = aW_t + C \tag{20.2}$$

und für die Investitionsgüterproduktion, wenn sowohl die Ersatz — wie die Netto-Investitionen koordiniert erfolgen:

$$\begin{aligned} I_t = {} & i_{KS}K_t + i_{IU}I_t + b_K(K_t - K_{t-1}) + b_S(S_t - S_{t-1}) \\ & + b_I(I_t - I_{t-1}) + b_U(U_t - U_{t-1}). \end{aligned} \tag{20.3}$$

Da $S_t = \frac{s_K}{1 - s_S} K_t$ und $U_t = \frac{u_I}{1 - u_U} I_t$ ist, können wir auch die Akzeleratoren vereinfacht schreiben, wenn wir

$$b_K + \frac{b_S \; s_K}{1 - s_S} = b_{KS} \quad \text{und} \quad b_I + \frac{b_U \; u_I}{1 - u_U} = b_{IU}$$

setzen. Dann geht (20.3) über in

$$I_t = i_{KS}K_t + i_{IU}I_t + b_{KS}(K_t - K_{t-1}) + b_{IU}(I_t - I_{t-1}).$$

Reduziert man dieses System, so ergibt sich die Gleichgewichtslösung wieder bei

$$z_0 = \frac{1}{1-a} C^{37}; \tag{20.4}$$

für die Abweichung vom Gleichgewicht lautet die homogene Gleichung:

$$W_t = \frac{b_{KS}a + \frac{b_{IU}}{w_{IU}}(1 - w_{KS}a)}{a-1 + b_{KS}a + \frac{b_{IU}}{w_{IU}}(1 - w_{KS}a)} W_{t-1}\,. \tag{20.5}$$

Schreiben wir für den Zähler v, so ergibt sich

$$W_t = \frac{v}{a-1+v} W_{t-1}.$$

Da wir den Fall $a < 1$ betrachten, ist $\frac{v}{a-1+v} > 1$. Die Wurzel von (20.5) wird mit wachsendem a kleiner und erreicht mit $a = 1$ den Wert 1.

Die Analyse des erweiterten volkswirtschaftlichen Produktionsprozesses unter der Bedingung der vollkommenen Koordination aller Pläne führt somit exakt zu allen an Harrod anschließenden Aussagen über das Gleichgewichtswachstum, auch der, daß eine verminderte Ersparnis ein verringertes stetiges Gleichgewichtswachstum bewirkt. Man beachte, daß aber auch bei synchronem Kreislauf die stetige Wachstumsrate nur erwartet werden kann, solange die Linearität der von Kaufkraftschwankungen bereinigten Strukturrelationen gilt, m. a. W., solange die ermittelte Wachstumsrate nicht die natürliche Wachstumsrate übersteigt.

β) *Die unvollkommene Koordination der Pläne: partielle Synchronisation*

Hier ist es angezeigt, zwei Fälle zu unterscheiden.

αα) Koordinierte Investitionspläne — nicht koordinierte Konsumpläne

Dies bedingt folgendes Modell:

$$W_t = w_{KS}K_t + w_{IU}I_t \tag{21.1}$$

$$K_t = aW_{t-1} + C \tag{21.2}$$

$$I_t = i_{KS}K_t + i_{IU}I_t + b_{KS}(K_t - K_{t-1}) + b_{IU}(I_t - I_{t-1}) \tag{21.3}$$

[37] Der Leser beachte, daß z_0 kein echtes Gleichgewicht ist.

Die Gleichgewichtslösung liegt wieder bei $z_0 = \frac{1}{1-a} C$, da die inhomogene Differenzengleichung

$$W_t - (M + N) W_{t-1} + MW_{t-2} = gC \quad (21.4)$$

lautet, wobei

$$M = \frac{a(w_{IU}b_{KS} - w_{KS}b_{IU})}{w_{IU} - b_{IU}}$$

$$N = \frac{b_{IU} - aw_{IU}}{b_{IU} - w_{IU}}$$

und

$$g = \frac{w_{IU}}{w_{IU} - b_{IU}}$$

ist.

Weil $a < 1$ und damit stets $N > 1$, ist das System, wie im Anhang nachgewiesen wird, instabil; da jedoch der Radikand der charakteristischen Gleichung $\sqrt{\left(\frac{M+N}{2}\right)^2 - M}$ wegen $M < N$ nicht negativ werden kann und auch keine negativen reellen Wurzeln möglich sind, resultiert die Instabilität aus einer reellen Wurzel größer als Eins und bewirkt eine stetige Divergenz der Wertschöpfung vom Gleichgewicht, wobei eine Verminderung von a die Wachstumsrate vergrößert. Außerdem ist die Wurzel (weil M regelmäßig klein ist) $\approx N$, so daß wir sagen können:

Eine vollkommene Koordination der Investitionspläne bei Asynchronisation der Konsumpläne wird ein stetiges Wachstum bewirken.

ββ) Koordinierte Konsumpläne — nicht koordinierte Investitionspläne

In diesem Fall lautet das Modell:

$$W_t = w_{KS}K_t + w_{IU}I_t \quad (22.1)$$

$$K_t = aW_t + C \quad (22.2)$$

$$I_t = i_{KS}K_{t-1} + i_{IU}I_{t-1} + b_{KS}(K_{t-1} - K_{t-2}) + b_{IU}(I_{t-1} - I_{t-2}). \quad (22.3)$$

Die Reduktion des Systems führt zur Wertschöpfungsgleichung

$$W_t = (M + N) W_{t-1} - M W_{t-2} + gC \quad (22.4)$$

mit

$$M = b_{IU} + \frac{b_{KS}\, aw_{IU}}{1 - aw_{KS}}, \quad N = i_{IU} + \frac{i_{KS}\, aw_{IU}}{1 - aw_{KS}} \text{ und } g = \frac{w_{IU}}{1 - aw_{KS}}.$$

Die Gleichgewichtslösung liegt erneut bei $z_0 = \frac{1}{1-a} C$.

Um die Größe von N abschätzen zu können, empfiehlt es sich, den vorstehenden Ausdruck durch Verwendung der Bedingungen $w_{KS} + i_{KS} = 1$ und $w_{IU} + i_{IU} = 1$ so umzuformen, daß $N = 1 - \frac{w_{IU} - aw_{IU}}{1 - aw_{KS}}$ wird. Da der Bruch in jedem Fall ($a < 1$) positiv ist, ist $N < 1$. Aus der charakteristischen Gleichung folgt, daß $N < 2\sqrt{M} - M$ sein muß, wenn konjugiert komplexe Wurzeln auftreten. Dies ist aber für alle ökonomisch sinnvollen Werte der Fall, da $M \approx b_{IU} + b_{KS}$ ist. Man muß sogar beachten, daß nur bei unrealistisch kleiner Lebensdauer der Kapitalgüter resp. sehr großer Investitionsreaktionsperiode der unbedingt instabile Fall $M > 1$ verhindert wird. Es wäre leicht möglich, nachdem man den Ausdruck für M in seine Bestandteile zerlegt hat, mit empirischen Daten eine grobe Überprüfung vorzunehmen, ob $M > 1$ ist. Da aber bereits bei durchschnittlich zehnjähriger Lebensdauer des Produktionsmittelbestandes im Investitionsgütersektor, P_I, mit $i_I = 0{,}1$ sich $b_I = 1$ ergibt und die restlichen Glieder von M positiv sind, erübrigt sich dies.

Ergebnis: In nahezu jedem Fall führt eine Nicht-Koordination der Investitionspläne selbst bei Koordination der Konsumpläne zu einem instabilen System mit wachsender Schwingungsamplitude.

Die Ergebnisse der Analyse der unvollkommenen Koordination einzelner Pläne im erweiterten volkswirtschaftlichen Produktionsprozeß zusammenfassend, stellen wir fest:

Eine vollkommene Koordination der Investitionspläne führt mit sehr großer Wahrscheinlichkeit zu einem stetigen Wachstum der Wertschöpfung (bis zur Kollision mit der natürlichen Wachstumsrate); die Asynchronisation der Investitionen macht — selbst bei vollkommener Koordination der Konsumpläne — das System im allgemeinen instabil.

γ) *Die unvollkommene Koordination aller Pläne: Asynchronisation*

Der erweiterte volkswirtschaftliche Produktionsprozeß wird in der nicht-vollmonopolisierten, interventionsfreien Verkehrswirtschaft regelmäßig nicht nur durch mangelnde Koordination der Investitionspläne gekennzeichnet sein; die Asynchronisation ist vielmehr typisch für diese Wirtschaftsordnung. Da freie, von den Interessen bestimmte Entscheidungen der Wirtschaftssubjekte Zeit benötigen, gehen die Ereignisse der Vergangenheit in die auf die Zukunft gerichteten gegenwärtigen Dispositionen ein. Im Bereich der Mikroökonomie sind die Preis-Mengen-Variationen auf einzelnen Märkten für diesen Sachverhalt kennzeichnend. Für die Gesamtwirtschaft trägt man den Gegebenheiten in der allgemeinen Weise durch die Analyse des asynchronen Kreislaufes Rechnung.

Hier wird vorausgesetzt, daß die Einkommensentstehung wieder durch

$$W_t = w_{KS}K_t + w_{IU}I_t \tag{23.1}$$

gegeben ist, und die Wirtschaftssubjekte ihrem disponiblen Einkommen entsprechend ihre Konsumausgaben gestalten,

$$K_t = a\,W_{t-1} + C, \qquad (23.2)$$

weil weder die Einkommenszahlungen mit der Einkommensentstehung zusammenfallen, noch im allgemeinen den Wirtschaftssubjekten in der Verausgabungsperiode der reale Wert des während dieser Zeitspanne verdienten Einkommens bekannt ist, da der Wert zum Zeitpunkt der Disponibilität erheblich verändert sein kann. Ebenso werden die erforderlichen Netto-Investitionen nur in Ausnahmefällen vollkommen antizipiert und ebenso ist es realistisch anzunehmen, daß die Ersatzinvestitionen nach der vorausgegangenen Fixkapitalabnutzung gestaltet werden. Den Ausnahmefällen werden wir prozeßanalytisch Rechnung tragen. Füglich ist:

$$I_t = i_{KS}K_{t-1} + i_{IU}I_{t-1} + b_{KS}(K_{t-1} - K_{t-2}) + b_{IU}(I_{t-1} - I_{t-2})\,. \qquad (23.3)$$

so daß die Wertschöpfung, nach entsprechender Reduktion, durch

$$\begin{aligned} W_t = {} & W_{t-1}(b_{IU} + aw_{KS} + i_{IU}) - W_{t-2}[(b_{IU} + aw_{KS} - aw_{IU}) \\ & - a(w_{IU}b_{KS} - w_{KS}b_{IU})] - W_{t-3}\,a(w_{IU}b_{KS} - w_{KS}b_{IU}) \\ & + w_{IU}C \end{aligned} \qquad (23.4)$$

gegeben ist.

Man erkennt, daß die zeitlichen Verzögerungen der Reaktionen eine strukturell eindeutige Distribution der induzierten Investitionen bedingen; Akzeleratorkoeffizienten treten bei allen Eingangswerten auf. Da eine allgemeine Diskussion der Lösung, wenn auch schwierig, so im Hinblick auf komplexere Strukturen, doch „gerade noch" möglich ist, verdiente dieser Kreislauf über die Frage nach der Stabilität hinaus eigentlich größeres Interesse. Vorläufig müssen wir uns auf die Diskussion dieser Bedingungen beschränken.

Auch dieser Prozeß hat sein Gleichgewicht bei $z_0 = \frac{1}{1 - a}C$. Die absoluten Abweichungen vom konstanten Gleichgewicht werden durch die homogene Gleichung

$$W_t = (M + N)\,W_{t-1} - (M - Q - R)\,W_{t-2} - R\,W_{t-3} \qquad (23.5)$$

bestimmt, wobei

$$M = b_{IU} + aw_{KS} \qquad Q = aw_{IU}$$
$$N = i_{IU} \qquad \text{und } R = a(w_{IU}b_{KS} - w_{KS}b_{IU})$$

sind.

Mit der im Anhang wiedergegebenen Stabilitätsuntersuchung kann man ermitteln, daß das System bei hinreichend großen Akzeleratorwerten für jede beliebige Kombination der sonstigen Koeffizienten instabil wird. Da die Größe der Akzeleratoren von der Dauer der Reaktionsperiode abhängt, darf man vermuten, daß in der Realität die kritische Grenze im allgemeinen überschritten wird. Wie ebenfalls im Anhang nachgewiesen ist, rührt die Instabilität nicht von negativen reellen Wurzeln.

Damit können wir festhalten, daß für nahezu alle Größenverhältnisse der Strukturkoeffizienten der erweiterte volkswirtschaftliche Produktionsprozeß auch bei der Asynchronisation instabil sein wird.

Ergebnis der analytischen Behandlung des erweiterten volkswirtschaftlichen Produktionsprozesses

Nur in den Fällen der vollkommenen Koordination aller volkswirtschaftlichen Pläne oder mindestens der Investitionspläne kann eine stetige Wachstumsrate der Wertschöpfung erwartet werden. Aber auch diese braucht und wird zumeist nicht mit der natürlichen Rate des Wachstums der Resourcen usw. übereinstimmen. Wir können daher allgemein festhalten, daß dem erweiterten volkswirtschaftlichen Produktionsprozeß unter allen Bedingungen der Koordination und für sämtliche ökonomisch sinnvollen Werte der Strukturkoeffizienten Instabilität innewohnt. Mangelt die Synchronisation der Investitionspläne, so eignet dem Prozeß eine sehr erhebliche, zumeist von Fluktuation begleitete Tendenz, vom Gleichgewicht zu divergieren.

4. Der Einfluß der Strukturkoeffizienten auf den volkswirtschaftlichen Prozeß

Begrenztheit und Tragweite der Ergebnisse dieser Analysen der zeitlichen Verläufe volkswirtschaftlicher Produktionsprozesse ließen sich durch eine formale Diskussion der verschiedenen Relationen, insbesondere der dynamischen Einkommensentstehungsgleichungen, sehr präzise bestimmen. Der Verzicht auf diese soll durch eine kritische Würdigung der Ergebnisse — soweit wie möglich — ausgeglichen werden.

Die Durchsicht der Kreisläufe im Hinblick auf die von ihnen beschriebenen Verlaufstypen wird dann enttäuschen, wenn man in einem dieser eine Beschreibung des dynamischen Kernprozesses zu finden hofft. Man muß sich jedoch vergegenwärtigen, daß die Lösung eines linearen Differenzengleichungssystems jeweils nur diejenigen zeitlichen Verlaufstypen beschreibt, die bei unbeschränkter Gültigkeit der analysierten Reaktionsstruktur entstehen. Es wird deshalb eine genaue Überprüfung dieser Voraussetzung vorzunehmen sein, um Aufschlüsse über den Kernprozeß zu erhalten. Diese Überprüfung ist dem nächsten Abschnitt vorbehalten.

Da die Modelle nun auch weder explizit den Substitutionsproblemen, noch den Preisvariationen und auch nicht der staatswirtschaftlichen Aktivität Rechnung tragen, wird der Vorwurf der Fragwürdigkeit wohl geradezu provoziert. Es ist richtig, daß wir eine Reihe drastischer Vereinfachungen machen mußten, doch ist zu beachten, daß wir den

Kernprozeß zu analysieren beabsichtigen, nicht die volkswirtschaftliche Dynamik in ihrer Gesamtheit. Im vorausgegangenen Abschnitt wurde dabei gezeigt, daß die Stabilität bzw. Instabilität der Prozesse ausnahmslos durch Bezugnahme auf die mittlere Lebensdauer der Fixkapitalgüter und/oder die marginale Konsumneigung ermittelt werden konnte. Die restlichen zwölf Strukturkoeffizienten bildeten, wie es auch sein sollte, lediglich das Gerippe der dynamischen funktionalen Relationen. Obwohl die Koeffizienten selbst Funktionen darstellen, verwendeten wir sie bewußt nicht mit ihren spezifischen funktionalen Werten, sondern haben sie gewissermaßen als logische Konstanten der Systeme[38] behandelt, deren Eigenschaften darin bestanden, zwischen Null und Eins zu liegen und sich ggf. mit anderen Koeffizienten zu Eins zu ergänzen. Oftmals wäre die Ermittlung der Stabilitätsgrenze weitaus erleichtert und präzisiert worden, wenn wir diesen Koeffizienten engere Wertbereiche zugeordnet hätten.

Die Verwendung der Strukturkoeffizienten als sehr allgemeine Operatoren bewirkte einige Schwierigkeiten in den Stabilitätsdiskussionen, vermittelt uns jetzt aber unmittelbar eine Antwort auf die früher erwähnten Fragen Haberlers und Lowes: Welche Bedeutung und welche Einflüsse haben „shifts of factors", „transfer of labor and equipment", „technical changes that alter the ratio of the technical coefficients"[39], und wie wirkt die Mobilität auf die Anpassung der Struktur[40]? Es ist richtig, daß solche relativen Veränderungen in den Strukturkoeffizienten Veränderungen in den Strömen zwischen den Hauptgruppen bewirken. Eine ausgedehnte komparativ-dynamische Diskussion der die Einkommensentstehung beschreibenden Gleichungen würde dann zu allgemein interessanten Aussagen führen, wenn man die umfassende Interdependenz der zu variierenden Strukturkoeffizienten beachtet. Aber die Frage Lowes ist weitaus traditioneller, d. h. „klassisch". Dies beweist seine Auseinandersetzung mit Hicks' „ceiling", sowie Harrods und Domars stetiger Wachstumsrate, wobei er für das letztgenannte Theorem bezweifelt[41], daß hinreichende Bedingungen aufgezeigt wurden[42]. Hicks' Erklärung des oberen Wende-

---

[38] Genauer: „des Systems", da alle Koeffizienten in allen Kreisläufen dieselbe Bedeutung besaßen.

[39] *Lowe*, op. cit., S. 162 f.

[40] *Haberler*, i. d. *Amonn*-Festschrift, op. cit., S. 237 f.

[41] *Lowe*, op. cit., S. 167.

[42] Tatsächlich ist es aber, wie die dargestellte Kreislaufanalyse(b. α) zeigt, für ein stetiges Wachstum hinreichend, daß alle volkswirtschaftlichen Pläne vollkommen koordiniert sind, was auch das Ergebnis der Anwendung dieser Begriffe auf *Harrods* Wachstumstheorie war. Die übrigen Kreislaufbedingungen sind subsidiär, weil sie aus der definitorischen Gleichheit von Einsatz und Ausbringung resultieren. Allerdings ist weder mit (b. α) noch mit (b. β. αα) die Diskussion des stabilen Wachstums vollständig. Die obenerwähnten Kreislaufbedingungen (vgl. S. 66) leisten nämlich zweierlei.

punktes stellt Lowe in neoklassischer Weise einen Umlenkungsprozeß der Resourcen gegenüber, der — „falls prompt genug" — eine Kontraktion verhindere.

Hinter einer Überschätzung der Bedeutung von „Variationen der Strukturkoeffizienten" verborgen, liegt Lowes Argumentation — wie bei allen traditionellen Kapitaltheoretikern — eine Verkennung der logischen Natur dieser Koeffizienten zugrunde. Strukturkoeffizienten, wenn man ausnahmsweise eine Metapher gebrauchen darf, gehören zur ökonomischen Anatomie, der Produktionsprozeß einer Volkswirtschaft zur ökonomischen Physiologie. Diese Unterscheidung erweist sich als eine brauchbare Analogie, denn tatsächlich sind die Verlaufstypen der im produktionswirtschaftlichen Kreislauf verknüpften Variablen — im Hinblick auf die Stabilität oder Instabilität des Prozesses — ziemlich unempfindlich gegenüber einer Variation der Strukturkoeffizienten. Auf die Stabilität wirken sie im allgemeinen nur über die Differentiation des Grades, nicht aber die Determination des Typus ein. Wie aus der Verwendung der Koeffizienten in jeder Stabilitätsbestimmung ersichtlich ist, bestimmen sie lediglich die Größenverhältnisse der Relationen der sog. „funktionellen Theorie" näher, also jener Relationen, die das Volumen der Ströme und nicht ihre Distribution determinieren.

Damit ist aber nicht gesagt, daß der tatsächliche Ablauf nicht doch einer vorgegebenen oberen Grenze folgen kann. Wir werden in der abschließenden Betrachtung der unterschiedlichen Kernprozesse auf diese Verlaufsmöglichkeiten zurückkommen. Sie sind jedoch nicht im engeren Sinne Ergebnis einer Veränderung von Strukturrelationen dergestalt, daß der durch eine „ceiling" als möglich vorgegebene Verlauf mit dem durch das System determinierten Verlauf unmittelbar

---

Analytisch verwendet beweisen sie, daß bei den nicht-koordinierten erweiterten Produktionsprozessen jede tatsächliche Ausbringung, die vom Gleichgewicht $z_0 = G_1$ abweicht, keine Übereinstimmung der Wertschöpfung des I-Bereichs mit dem Kapitalverschleiß des K-Bereiches aufweist. Eine normative Verwendung der Bedingungen, d. h. die Annahme, eine außerhalb der Produktionswirtschaft gegebene Institution garantiere eine genaue Übereinstimmung zwischen Wertschöpfung im I-Bereich und Kapitalverzehr im K-Bereich, führt unmittelbar zu einer ganzen Reihe aufschlußreicher Aussagen. So kann man beweisen, daß selbst bei Asynchronisation aller volkswirtschaftlichen Pläne ein stetiger Wachstumsprozeß resultiert und die Wachstumsrate vergleichsweise unempfindlich gegenüber Veränderungen des Grades der Koordination ist. Da die Prozesse unter diesen Bedingungen gleichzeitig so lange frei von Preisveränderungen sein müssen, als das natürliche Wachstum nicht mit dem erzwungenen stetigen Wachstum kollidiert, dürfte dieser Fragestellung ein gewisses wirtschaftspolitisches Interesse nicht fehlen. Leider führt das Problem über den Rahmen dieser Untersuchungen hinaus, so daß es dem Leser überlassen bleiben muß, die Ableitung aus (23.2), und (23.3) mit geeigneter Verwendung von (23.1), sowie der Bedingungen $i_{KS}K_t = w_{IU}I_t$; $w_{IU} + i_{IU} = 1$ und $w_{KS} + i_{KS} = 1$, selbst durchzuführen.

zusammenfällt. Vielmehr würde das System — wenn uneingeschränkt gültig — einen anderen Verlauf beschreiben. Dieser wird jedoch durch den exogen vorgegebenen möglichen Verlauf ersetzt. Nur wenn man unter „Veränderung der Strukturrelationen“ die unter solchen Bedingungen erzwungene Differenz zwischen der seitherigen Größe der Koeffizienten und der nun jeweils realisierten — weil allein möglichen — Größe versteht, kann man von einem „Umleitungsprozeß der Resourcen“ sprechen. In eben diesem Sinne, so werden wir zeigen, hat Lowe recht, und es muß nicht unter allen Bedingungen eine Kontraktion auf die unbeschränkte — wenn auch „begrenzte“ — Expansionsbewegung folgen.

Die Bedeutung der vorstehenden Analyse der Kreislaufdynamik kann sich jedoch nicht nur in der Kritik an der älteren Theorie erweisen. Es wird zu zeigen sein, was die Kreislauftheoreme bei der Beschreibung der Kernprozesse leisten können. Dieser Aufgabe wollen wir uns nun unterziehen.

H. Verlaufstypen des dynamischen makroökonomischen Kernprozesses

Die Analyse der Kreislaufdynamik hat bis hierher gewissermaßen nur vorhandene Resultate bestätigt. Die Elemente der Kreislaufdynamik erwiesen sich als wesentlich mit jenen identisch, die die dynamische Theorie seit längerem heranzieht. Die zusätzliche Berücksichtigung der Struktur komplizierte und verfeinerte die Analyse, gestaltet sie aber nicht von Grund auf neu. Hierzu wären wir gezwungen worden, wenn den Strukturkoeffizienten ein großer Einfluß auf den Verlaufstypus zugekommen wäre. Dieses Ergebnis veranlaßt die Frage: warum sollten wir dann unsere Aussage nicht auf die gebotenen Theoreme beschränken? Meine Gründe, dies zu verneinen, wird die nachfolgende Darstellung möglicher Verläufe des makroökonomischen Kernprozesses unter Verwendung der bereits abgeleiteten dynamischen Kreislaufschemata zeigen.

Der Definition des Kernprozesses folgend, werden wir weder eine Konjunkturtheorie noch eine ökonomische Wachstumsdynamik geben; beide umfassen mehr. Die Theorie des makroökonomischen Kernprozesses bezieht sich ja nur auf diejenigen Variablen, die die Leistungserstellung einer Volkswirtschaft in interdependenten Strukturen beschreiben. Die Dynamik des Produktionsprozesses bietet füglich die Grundlage der Theorie des Kernprozesses. Sie stellt, wie selbst ein erster Blick auf die Kreislaufanalyse zeigt, auch in *jenem* Wortsinne einen Kernprozeß dar, der den beschriebenen Vorgängen unter allen ökonomisch möglichen Bedingungen eine so beachtliche Instabilität beilegt, daß die Prozesse leicht für die gesamte Dynamik dominierend werden. Allerdings darf man erwarten, daß die Kombination mit anderen Partialanalysen — insbesondere der finanzwirtschaftlichen Aktivität, des Kreditsystems und evtl. der Außenwirtschaft — für die Gesamtwirtschaft ein vom einfachsten Fall des Kernprozesses unterschiedliches Bild ergeben wird. Dies liegt um so näher, als die Zeit, in der die produktionswirtschaftliche Dynamik den volkswirtschaftlichen Prozeß nahezu allein bestimmte, wohl seit der großen Krise der dreißiger Jahre dieses Jahrhunderts zu Ende gegangen ist. Die Beziehungen, die der Kernprozeß erläutert, sind aber grundsätzlicher Art und so bis heute unverändert. Die Zeitverläufe der Variablen werden lediglich durch wirtschaftspolitische Maßnahmen und andere Gestaltung der exogenen Fakten in verschiedener Weise modifiziert, teilweise überlagert — vielleicht auch akzentuiert. Um bestimmte gewünschte zeitliche Verläufe des Gesamtsystems realisieren zu können, dürfte es zweckmäßig sein, beispielhaft zu zeigen, wie der allgemeinen Theorie der Kreislaufdynamik folgend, verschiedene Kernprozesse zu erklären sind. Zunächst werden wir den einfachsten Fall des ziemlich regelmäßigen Zyklus besprechen, anschließend den Problemen längerwährender Ausweitung der wirtschaftlichen Aktivität kurz einige Aufmerksamkeit schenken.

Um die Lektüre nicht unnötig zu erschweren, wird die Argumentation nicht in mathematischer Formulierung vorgetragen. Der Leser bedarf im allgemeinen nur der Kenntnis der Stabilitätsaussagen der verschiedenen produktionswirtschaftlichen Kreislaufschemata. Dort, wo die in den Schemata vorausgesetzten Reaktionsstrukturen nicht mit der zu erwartenden Reaktionsweise übereinstimmen, werden sowohl die formalen Verknüpfungen der abweichenden Strukturen, als auch ihre dynamischen Lösungen ergänzend angemerkt werden.

a) Die Expansion als erweiterter volkswirtschaftlicher Produktionsprozeß

Beginnen wir unsere Analyse mit einer Situation der Ausweitung der produktionswirtschaftlichen Aktivität[1]. Dies impliziert, daß Netto-Investitionen und füglich eine Abweichung des Systems von seiner Gleichgewichtslage $G_1 = \frac{1}{1-a} C$ auftreten. Diese Gleichgewichtslage eignet sämtlichen betrachteten Kreisläufen. Sie ist ihrer Natur nach eine ausgezeichnete Position, über die wir noch einige Bemerkungen machen werden. Zunächst sei nur soviel gesagt, daß wir regelmäßig keines Anstoßes für die Abweichung der tatsächlichen Wertschöpfung, W_t, von der Gleichgewichtswertschöpfung, G_1, bedürfen.

Gewiß wäre es leicht, einen solchen Anstoß für den Fall zu finden, daß das System vorher tatsächlich lange genug im Gleichgewicht verharrt hatte. Jede gegenwärtige wirtschaftliche Aktivität setzt Netto-Investitionen in vergangenen Zeiträumen voraus. Da aber durch die Theoreme der Reinvestitionszyklen begründet werden konnte, daß einmal vorgenommene Netto-Investitionen cet. par. nur in Ausnahmefällen nicht immer wieder Häufungen der Ersatzinvestitionen verlangen, würde eine solche Häufung hinreichen, das tatsächliche Niveau von der Gleichgewichtslage divergieren zu lassen. In allen Kreislaufschemata hatten wir jedoch die Abhängigkeit der Ersatzinvestitionen vom Volumen der Ausbringung angenommen, so daß die Hypothese der Reinvestitionszyklen systemfremd wäre. Eine allgemeine Betrachtung jeder tatsächlichen Wirtschaftslage gibt uns zunächst genügend Berechtigung für die Voraussetzung, daß das System nicht lange genug im Gleichgewicht verharren konnte. Dieses Niveau ist ja eine einzelne — man ist fast geneigt zu sagen: die einzige — sehr exakt bestimmte Lage der

---

[1] Zum besseren Verständnis möge der Leser die Besprechung dieses Prozesses auch an der Abb. 16 verfolgen.

Ausbringung unter allen möglichen, die die Volkswirtschaft einnehmen kann. Je nachdem welchen Grad der Koordination des erweiterten Produktionsprozesses wir annehmen, muß diese einzelne Position mindestens zwei, gegebenenfalls drei Perioden lang von dem System eingenommen worden sein, damit es bei der partiellen Koordination (b. β) bzw. der Asynchronisation (b. γ) weiterhin im Gleichgewicht verharrt[2]. Keine tatsächlich beobachtete Wirtschaftslage gibt uns Anlaß, einem solchen Modellfall irgend eine Bedeutung beizumessen. Daher können wir einfach $W_t \neq G_1$ voraussetzen.

Unter dieser Bedingung gilt aber, daß die Wertschöpfung einer Periode regelmäßig von der vorausgegangenen abweicht, so daß wir immer $W_t \gtrless W_{t-1}$ annehmen können.

Setzen wir zunächst voraus, daß W_t nach (b.γ) bestimmt werde und $W_t > W_{t-1}$ sei. Das System wird expandieren, wobei der Prozeß genau determiniert ist. Den Anpassungsvorgängen an die im Produktionsprozeß auftretenden Reaktionen ist in unseren Modellen Rechnung getragen. Der erwähnte Mangel nicht-expliziter Berücksichtigung der Lagerinvestitionen ist nur in der Hinsicht bedeutsam, als diese Anpassungen, die grundsätzlich denselben Reaktionsfunktionen unterliegen wie die Investitionen im Fixkapital, nicht notwendig denselben Koordinationsweisen der Pläne gehorchen, wie sie für die Investitionen im Fixkapital gelten. Die Tatsache, daß sich die Lagerinvestitionen in K an S und in I an U richten, die Ausbringungsvolumina dieser Sektoren aber nicht von investitorischen Reaktionsweisen bestimmt werden, ist hingegen nicht erheblich. Die Diskussion des disaggregierten Modelles hat gelehrt, daß veränderte Strukturrelationen — und in nichts anderem äußert sich letztlich die Berücksichtigung der Lagerinvestitionen — keinen wesentlichen Einfluß auf die Instabilität haben.

Alle Koordinationsweisen und auch alle ökonomisch sinnvollen Werte der Strukturkoeffizienten bewirken im erweiterten Produktionsprozeß eine beachtliche Instabilität. Damit können die gebotenen Schemata sehr wohl der Tatsache Rechnung tragen, daß erhebliche Veränderungen in den wirtschaftlichen Handlungen während der Expansion eintreten. Solange Investitionen auftreten, erklären die Schemata des erweiterten Prozesses die Entwicklung unzweideutig; sie tragen zugleich der Vielfalt der Ereignisse Rechnung. Die Expansion bleibt aufrecht erhalten, es sei denn, daß sie unter sehr speziellen Bedingungen, die nur in den Kreislaufschemata (b.γ) und (b.β.ββ) gelten, zum Einhalt kommt[3]. Ist während der Expansion sogar eine Koordination der Pläne eingetreten, so tendiert das System, unbedingt über alle Grenzen zu wachsen. Der von ihm beschriebene Weg ist in

---

[2] Der Leser beachte, daß in (b. α) und (b. β. αα) das System immer vom Gleichgewicht divergiert.

[3] Dies dann, wenn konjugiert komplexe Wurzeln mit einem Modul > 1 vorliegen, jedoch die Amplitude der Schwingung von W_t nicht bis zu V reicht.

Abb. 16 durch die Linie, die aus der Nähe von Punkt I in die Nähe von Punkt II führt, angedeutet.

b) Der obere Wendepunkt und die Reproduktionsprozesse

Wenn das System in dem erweiterten Produktionsprozeß (nur in: b.γ oder b.β.ββ) von sich aus zum Einhalt kommt, so bedarf es zunächst keiner weiteren Erklärung für die Beendigung der Expansion. Aber auch bei stetigen Wachstumsvorgängen kann das System nicht beliebig lange nach der ihm eigenen Expansionsgesetzmäßigkeit wachsen. Dies gilt auch, wenn die Amplitude der unbeschränkten Schwingung von (b.γ) und (b.β) sehr groß ist. Aus der Diskussion des Prinzips der effektiven Nachfrage wissen wir nämlich, daß der Schnittpunkt der Gesamtangebotsfunktion mit der Gesamtnachfragefunktion die tatsächliche Ausbringung bestimmt. Da aber die Nachfrage von der Ausbringung bzw. deren Veränderung abhängig ist, kommt es in den zuletzt genannten Expansionstypen zunächst nur darauf an, ob die Gesamtangebotsfunktion noch eine weitere Ausbringung gestattet oder nicht[4]. Wenn es jedoch, um zuerst den einfachsten Fall herauszugreifen, unmöglich geworden ist, extensive Anpassungen oder/und kapazitive Anpassungen zu vollziehen, muß die Expansion ein Ende finden. Beide Anpassungsformen sind aber nur dann ausgeschlossen, wenn keine Arbeitskräfte unfreiwillig ohne Beschäftigung sind, d. h. wenn wir eine für eine hinreichend lange Zeit konstante obere Grenze voraussetzen[5].

Ein Blick auf (23.3) zeigt uns, daß der erweiterte Produktionsprozeß unter dieser Bedingung in den Reproduktionsprozeß übergeht. Dies ist etwa in der Nähe des Punktes II der Abb. 16 der Fall[6].

Nehmen wir zunächst an, die Ersatzinvestitionspläne seien unkoordiniert (a.γ). Aus der Besprechung der Kreislaufschemata des Reproduktionsprozesses wissen wir, daß die Prozesse notwendig stabil sind, d. h. sie streben nach G_1. Das System läuft also nicht der Linie V, sondern etwa der oberen gestrichelten Linie der Abb. 16 entlang.

Wenn jedoch das Ausbringungsvolumen zu sinken beginnt, wäre es für die Unternehmer unwirtschaftlich, ihre Ersatzinvestitionen nach

---

[4] In Abb. 5, S. 46, würde dies davon abhängen, ob der sich über die Fläche des Bildes bewegende Schnittpunkt der Kurven D und Z irgendwo einen Anstiegswinkel der Kurve Z von 90° zur N-Achse findet.

[5] Man beachte, daß die Vollbeschäftigungssituation sicherlich durch einen Bereich, nicht durch eine Linie repräsentiert wird. Jeder Bereich ist aber begrenzt.

[6] Der Leser beachte die Voraussetzung konstanter Maximalgröße der Einkommensentstehung. Im Schlußabschnitt werden wir kurz einige andere Hypothesen über die „ceiling“ besprechen.

dem höheren Niveau der vergangenen Periode zu richten. Wenn sie überhaupt Ersatzinvestitionen vornehmen, so disponieren sie diese nach dem Verschleiß der gegenwärtigen Periode, der geringer ist als in der vorausgegangenen Periode. Es ist ja nicht anzunehmen, daß die Unternehmer längere Zeit geneigt sind, entstandene Überkapazitäten zu erhalten. Dies bedeutet aber, daß die Unternehmer ihre Ersatzinvestitionspläne koordinieren, so daß die Reaktionsstruktur nunmehr durch das Kreislaufschema (a.β) wiedergegeben wird. Ein stärkeres Sinken (etwa entlang der unteren gestrichelten Linie der Abbildung) ist eingeleitet.

c) Der Verfallsprozeß durch den Ausfall der Reinvestitionen

Obgleich man für eine gewisse Zeit am oberen Umkehrpunkt unterstellen kann, daß die aus der Expansion überkommenen Produktionskapazitäten aufrecht erhalten werden, ist diese Annahme für eine längere Zeit des Rückganges unrealistisch. Die gesamte Zeitspanne, während der sich das System in der Nähe der Vollbeschäftigung befindet, ist einerseits von der Annäherungsgeschwindigkeit an die Vollbeschäftigung, andererseits von der unternehmerischen Anpassungsgeschwindigkeit abhängig. Je schneller die Unternehmer entstandene Überkapazitäten[7] zu beseitigen wünschen, desto früher werden sie ihre Reinvestitionspläne koordinieren und schließlich die Ersatzinvestitionen unterlassen. Damit entsteht ein neuer Prozeß, der in keinem der dargestellten Kreislaufschemata berücksichtigt wurde. Für die Beschreibung des Kernprozesses erweist sich somit die formale Klassifikation der Schemata nach dem Kriterium „Reproduktionsprozesse" — „erweiterte Produktionsprozesse" als unzureichend. Sie muß daher um das Modell des „Verfallsprozesses" ergänzt werden.

Wenn die Ersatzinvestitionen unterbleiben, verkürzt sich die Wertschöpfung des volkswirtschaftlichen Reproduktionsprozesses um die Wertschöpfung aus dem Investitionsgüterbereich; sie ist jetzt nur noch durch die Wertschöpfung des Konsumgüterbereiches und der ihm vorgelagerten Stoffproduktionen, die, wie erinnerlich, das sog. „working capital" bereitstellen, bestimmt[8]. Die formale Diskussion[9] der im Ver-

---

[7] Diese sind von R. *Richter* mit dem Vertikaleffekt beschrieben worden und ergeben sich in unserem Modell für die Investitionsgüterproduktion schon dann, wenn die Expansion zu Ende geht, für die Konsumgüterproduktion, sobald der Abschwung beginnt. Sie stellen ein exaktes Maß der entstandenen Disproportionalität dar.

[8] Dies kann auch so ausgedrückt werden, daß in Gleichung (18.6) $i_{KS} = 0$ wird, ohne das sich w_{KS} verändert!

[9] Unter den gegebenen Bedingungen bestimmt sich die Wertschöpfung durch

$$W_t = w_K K_t + w_S S_t. \tag{24.1}$$

fallsprozeß vorherrschenden Reaktionsweise stattet uns mit folgenden Ergebnissen aus: Das Gleichgewichtsniveau des volkswirtschaftlichen Verfallsprozesses[10], welches wir mit G_2 bezeichnen, liegt unterhalb des Gleichgewichtsniveaus der volkswirtschaftlichen Produktionsprozesse, G_1. Das System selbst strebt mit größerer Geschwindigkeit jenem Niveau zu, als es vorher auf das höhere Gleichgewicht zulief, da sich die Wertschöpfung nur noch auf den Konsumgüterbereich im weiteren Sinne beschränkt.

Der Verfallsprozeß beschreibt den typischen Depressionsprozeß, in dem die Arbeitslosigkeit rapide steigt, ein Teil der Fabriken stillsteht und verfällt, den Prozeß also, welcher den Fortbestand der gesellschaftlichen Ordnung nicht unerheblich gefährdet und die Wirtschaftsordnung der völlig interventionsfreien Verkehrswirtschaft als unbrauchbar erweist. Der Verfallsprozeß ist in Abb. 16 durch die von Punkt II nach Punkt III führenden Kurve verdeutlicht.

d) Der untere Wendepunkt und das Erfordernis der Ersatzinvestitionen

Während des Verfallsprozesses unterbleiben Reinvestitionen. Dies wird bedingen, daß ein erheblicher Teil der vorhandenen Überkapazi-

---

Konsumgüternachfrage und -Produktion sind wie seither durch

$$K_t = a\,W_{t-1} + C \tag{24.2}$$

gegeben. Unter Verwendung der bei der Behandlung des Kreislaufschemas (a. β) gegebenen Vereinfachung der Beziehung

$$S_t = s_K K_t + s_S S_t \tag{24.3}$$

wird der zeitliche Verlauf der Wertschöpfung von der reduzierten inhomogenen Gleichung

$$W_t = w_{KS} a\,W_{t-1} + w_{KS}\,C \tag{24.4}$$

beschrieben. Allerdings weist das System eine andere Partiallösung als seither auf:

$$\bar{z}_0 = \frac{w_{KS}}{1 - a w_{KS}}\,C = G_2. \tag{24.5}$$

Auch ist die Wurzel der homogenen Gleichung anders als für (18. 7), und zwar ist

$0 < w_{KS} a < a < 1$, weil $0 < w_{KS} < 1$. Wie man ohne weiteres sieht, ist

$G_2 = \bar{z}_0 < z_0 = G_1$, denn $\dfrac{1}{1-a} > \dfrac{w_{KS}}{1 - a w_{KS}}$, weil $1 > w_{KS}$ ist.

[10] Es stellt kein echtes „Gleichgewicht" dar, denn während der Prozeß dorthin strebt, nimmt er sich selbst die Basis für seine Existenz, da er unter der Bedingung abgeleitet ist, daß zum Zwecke des Abbaues von Überkapazitäten die Ersatzinvestitionstätigkeit unterbleibt. Dies zwingt dazu, für die Situation, in der vorhandener und gewünschter Kapitalbestand übereinstimmen, anzunehmen, daß die Linearität der Beziehungen nicht weiter erhalten bleibt. Wenn wir dennoch vom „Gleichgewicht" sprechen, so deshalb, weil diesem Begriff nur eine formale Bedeutung zugemessen wird. G_1 hat ebenfalls keinen chiliastischen Charakter.

täten abgebaut wird. Je nach der Größe des im oberen Wendepunkts vorhandenen Kapitalbestandes kann es länger oder kürzer dauern, bis das System den Bestand an überschüssigem Fixkapital verbraucht hat. Es ist sehr wahrscheinlich, daß dies dann der Fall ist, wenn das System nicht unerheblich unter das Gleichgewichtsniveau G_1 abgesunken ist.

Dies entspricht nicht nur der von vielen Konjunkturforschern vermerkten Tatsache, daß am Ende der Depression Ersatzinvestitionen stehen, sondern läßt sich auch aus der in der Analyse verwendeten Strukturbeziehung folgern. Sie ist bekanntlich nicht nach dem Gesichtspunkt technisch-homogener Produktionseinheiten gegliedert. Ein und derselbe Betrieb, so stellten wir fest, kann sowohl zum K- wie zum I-Bereich gehören. Dem Unternehmer tritt eine einheitliche (d. h. nicht oder nur selten nach Bereichen differenzierte) Nachfrage am Markt gegenüber. Genau so wenig kann der Leiter des Unternehmens seine Sachkapitalbestände danach unterscheiden, ob sie für die Produktion von Investitions- oder Konsumtionsgütern eingesetzt sind. Daraus können wir schließen, daß dem erforderlichen Sachkapitalbedarf während des Verfallsprozesses, wenn nicht die gesamte am oberen Wendepunkt vorhandene und zu einer weiteren Produktionsausweitung befähigte Kapitalausrüstung, so doch ein erheblicher Teil derselben gegenübersteht. Wir setzen daher voraus, daß die Ersatzinvestitionen dann wieder einsetzen, wenn $G_2 < W_t < G_1$ ist.

Mit dem Beginn der Ersatzinvestitionen ist nun aber erneut ein Übergang in eine andere Reaktionsstruktur als der seither gültigen verbunden. Da die Reproduktionsprozesse einen stabilen Verlauf auf das produktionswirtschaftliche Gleichgewicht, G_1, hin beschreiben, ist mit dem Wiederbeginn der Ersatzinvestitionen eine absolute Erhöhung der Wertschöpfung verbunden. Das System hat seinen nach G_2 gerichteten Verlauf beendet.

e) Die Erholung: Koordination der Ersatzinvestitionen und Beginn der Nettoinvestitionen

Es wird wohl realistisch sein, davon auszugehen, daß die Ersatzinvestitionen zunächst unkoordiniert erfolgen (a.γ). Die auf das Gleichgewicht gerichtete Tendenz wird noch gering sein, aber immerhin eine Steigerung der Ausbringung bewirken. Tatsächlich kann eine Ausweitung erfolgen, denn es ist regelmäßig mit gewissen Elastizitäten zu rechnen, die aus dem vorhandenen Anpassungsspielraum der einzelnen Industrien resultieren. Koordinierte Ersatzinvestitionen werden den Übergang von einer niedrigeren auf eine höhere, zum Gleichgewicht G_1 tendierende Wachstumsrate bewirken. Die allzu bedeutenden Überkapazitäten sind abgebaut und die Tendenz der Wirtschaft zum Gleichgewicht ist von einer zunehmenden Wertschöpfung und Ausbringung begleitet, so daß auch in der Erholung eine steigende

Auslastung der vorhandenen Produktionskapazität erfolgt. Damit werden allmählich Netto-Investitionen erforderlich, so daß sich ein allgemeiner Übergang von der Reaktionsstruktur des Reproduktionsprozesses zu der des erweiterten volkswirtschaftlichen Prozesse vollzieht. Der neue Aufschwung ist eingeleitet und wird das System in Richtung G_1 vorwärts treiben. Aber der Aufschwung wird nicht G_1 anstreben, sondern dieses über kurz oder lang überschreiten. Da er von der für die Expansion typischen Instabilität gekennzeichnet ist, wird die Produktionswirtschaft wieder der oberen Grenze — der Vollbeschäftigung — zustreben (vgl. Abb. 16).

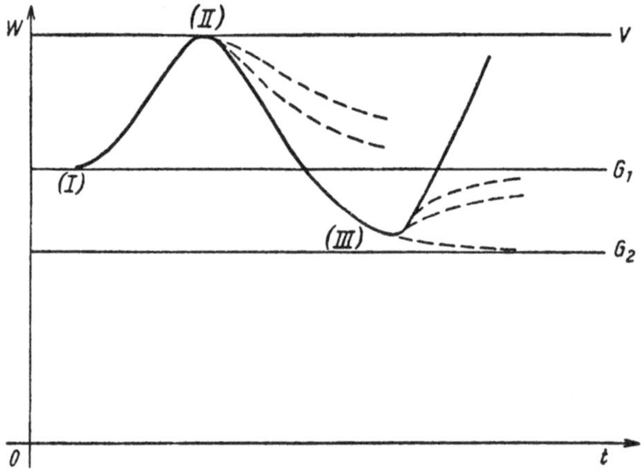

Abb. 16

f) Unterschiedlichkeiten im Kernprozeß und ihre Abhängigkeit von den Gleichgewichtslagen und der oberen Grenze

Die geschilderten Vorgänge werden im Aufschwung und Abschwung von derselben Kraft getrieben: die Anpassung der Produktionskapazitäten an die Veränderungen der Ausbringung, die ihrerseits unmittelbar gleich den Variationen der effektiven Nachfrage sind. Da aber Anpassungen der Produktionskapazitäten nur dann notwendig sind, wenn die effektive Nachfrage irgendeiner Periode im Vergleich zur vorausgegangenen Periode gewachsen ist, erfährt die Expansion ihr Ende, sobald die Nachfrage nicht mehr wächst[11]. Unter diesen Um-

[11] Unter spezifischen Bedingungen, die üblicherweise durch die sog, engere Fassung des Akzelerationsprinzips beschrieben wurden, kann ein vermindertes Wachstum ausreichen, um nur noch so geringe Investitionen zu induzieren, daß letztlich die Erhöhung der Ausbringung aus sich heraus beendet wird. Da wir die Expansion als bis zu dem Punkte vorliegend definieren, an dem die Nachfrage nicht mehr wächst, unterscheiden sich beide Fälle formal

ständen geht der erweiterte volkswirtschaftliche Prozeß in den Reproduktionsprozeß über, da induzierte negative Netto-Investitionen nicht auftreten können, m. a. W., das Akzelerationsprinzip nur in der Expansion wirkt[12]. Sobald nun, sei es durch den Prozeß selbst oder durch eine für die Ausbringungssteigerung vorgegebene obere Grenze die Nachfrage dieser Periode gleich der der vorausgegangenen ist, beginnt regelmäßig die Kontraktion, da die Reproduktionsprozesse die Wirtschaft zu ihrem Gleichgewicht G_1 führen müssen.

Je nachdem wie nun die obere Grenze geartet ist und wo sich die Gleichgewichtslagen befinden, wird der Kernprozeß jedoch einen von dem geschilderten Fall abweichenden Verlauf aufweisen können. Zunächst seien deshalb über dieses Gleichgewicht, d. h. seine Lage, noch einige Bemerkungen gemacht, anschließend mögliche Einflüsse der „ceiling" erwähnt. Wie wir aus der Diskussion der Systeme wissen, ist das volkswirtschaftliche Gleichgewicht, G_1, durch z_0 bestimmt[13]. Die Darstellung des Kernprozesses ging in Keynesscher Tradition davon aus, daß $G_1 < V$ sei. Es ist eine Tatfrage, ob diese Voraussetzung stets und immer gegeben ist. Nehmen wir beispielsweise mit Duesenberry an, die Konstante C der Konsumfunktion sei einer vom höchsten erreichten Niveau der realen Ausbringung abhängigen Veränderung unterworfen — oder sie werde von systemfremden, sprich: wirtschaftspolitischen Gegebenheiten verändert —, so wird der Prozeß nicht den geschilderten Verlauf nehmen müssen. Denn nur wenn G_1 erheblich von V divergiert, ist der Verfallsprozeß unvermeidlich. Nur dann wird die zunächst durch die Reproduktion bedingte Kontraktion Überkapazitäten entstehen lassen und schließlich das Unterlassen der Ersatzinvestition auslösen. Die imaginäre Natur des Gleichgewichts würde sich erneut erweisen.

Obwohl es unter solchen Umständen realistisch sein dürfte, den Punkt wiedereinsetzender Ersatzinvestitionen bei einer Wertschöpfung zu erwarten, die durch $G_1 > W_t > G_2$ gekennzeichnet ist, kann es in Ausnahmefällen möglich sein, daß die Überkapazitäten früher abgebaut sind. Dann wird das System von dem Wiederbeginnen der Ersatzinvestitionen an nicht mehr der in Abb. 16 von Punkt II nach Punkt III führenden Linie folgen, sondern an einer Stelle für $W_t > G_1$ von der gezeichneten Linie abweichen und nach G_1 streben. Nur in diesem Fall verliert G_1 seine immaterielle Natur, und einzig in einer

---

überhaupt nicht, materiell möglicherweise durch die absolute Entfernung dieses Punktes von G_1 resp. V.

[12] In den Gleichungen des erweiterten Prozesses müßte folgende Existenzbedingung für den Akzelator, b, aufgenommen werden: nur wenn $W_t > W_{t-1} > W_{t-2}$. Diese Bedingung ist mit der Anpassungstheorie konform, würde jedoch keine formale Stabilitätsdiskussion der Gleichungen zulassen.

[13] Siehe oben Kapitel G, 3, b.

solchen Situation bedarf es eines systemfremden Anstoßes, z. B. durch autonome Netto-Investitionen oder Reinvestitionszyklen. Diesem letztgenannten Verlaufstypus des Kontraktionsprozesses gebührt u. E. nur wenig Interesse, denn sowohl der Abbau von Überkapazitäten wie die einsetzende Ersatzinvestition im Tiefpunkt der Depression sind Züge des Konjunkturbildes, die zu vernachlässigen im Modell des Kernprozesses weder zulässig ist, noch notwendig sein darf.

Diese hier gebotene Erklärung der um das volkswirtschaftliche Gleichgewicht, G_1, schwingenden wirtschaftlichen Aktivität, die dieses Gleichgewicht nie erreicht[14], obwohl sie es gelegentlich anstrebt, ist allerdings nur durch die Analyse des gesamten Kreislaufes unter Zuhilfenahme eines Systems nur stückweise linearer Differenzengleichungen möglich. Mit der Keynesschen Aggregation, die nur noch Größen enthält, welche die Dynamik dieser Aggregate auf den Bereich oberhalb eines nicht berührten stationären Prozesses beschränkt, können die Verfallsprozesse der Verkehrswirtschaft, die wirklich bedrohlichen Prozesse, nicht beschrieben werden.

Es gilt nun aber zu beachten, daß nicht nur ein hinreichend kleines Abweichen der Gleichgewichtslage[15] vom (konstanten) Vollbeschäftigungsniveau das Auftreten des Verfallsprozesses verhindern wird, sondern daß auch die Größe der marginalen Konsumneigung — „a" — einen bedeutsamen Einfluß ausübt. Wird nämlich „a" nahe an Eins kommen, so werden die reproduktiven volkswirtschaftlichen Prozesse nur gering kontrahierende Verläufe aufweisen. Da unter solchen Bedingungen auch G_1 höher liegt, braucht keineswegs die Beendigung der Expansion in eine Depression überzugehen.

Ohne damit allen möglichen Variationen Aufmerksamkeit geschenkt zu haben — so wäre noch der Fall einer Erhöhung der Gleichgewichtslage, nachdem eine Kontraktion stattgefunden hat[16], der näheren Analyse wert —, seien die Betrachtungen über den Einfluß der Gleichgewichtslage hier abgeschlossen und einige Effekte der „ceiling" besprochen. Wir hatten oben dargelegt, daß Reproduktionsprozesse beginnen, wenn hinreichend lange[17] keine Steigerung der Ausbringung über eine vorgegebene konstante Produktionsgrenze hinaus stattfinden konnte. Nun ist es jedoch keineswegs sicher, daß die gewiß vorhandene obere Grenze wirklich konstant ist. Wenn der Expansions-

---

[14] Sie ist aus diesem Grunde stets durch Disproportionalitäten in ihrer Struktur gekennzeichnet.

[15] Der Leser beachte, daß eine Variation der dieses mitbestimmenden Größe C, sc. ihre Erhöhung, auch das Ergebnis der Auswirkungen anderer dynamischer Partialsysteme, z. B. der öffentlichen Finanzwirtschaft oder der Kreditpolitik u. a. widerspiegeln kann.

[16] Der Prozeß ist, wenn dadurch $W_t < G_1$ wird, ähnlich dem, der den unteren Wendepunkt erläuterte.

[17] Im Falle asynchroner Expansion: nach 3 Perioden.

prozeß hinreichend stark war, diese Grenze zu treffen, so wird die tatsächliche Gestaltung dieser „ceiling" während der kritischen Phase, in der sich das System im Hochschwung befindet, von maßgeblichem Einfluß sein. Wenn wir beispielsweise annehmen, daß die obere Grenze von Periode zu Periode um einen bestimmten Betrag wächst, so ist es nicht ausgeschlossen, daß das System ebenfalls mit diesem Betrag wächst. Solange wir nur wenig über die tatsächliche Gestaltung der oberen Grenze wissen (kann sie doch irgendeinem gleichmäßigen Wachstum folgen, von Periode zu Periode regelmäßig oder unregelmäßig um einen bestimmten Betrag zunehmen, oder sogar, gerade wegen der hohen wirtschaftlichen Aktivität qua freiwilliger Einschränkung der angebotenen Arbeitsleistung, abnehmen), erschien es fehl am Platze, eine vielgestaltige theoretische Analyse durchzuführen[18]. Es ist aber erforderlich zu beachten, daß unter entsprechenden Bedingungen der Expansionsprozeß nicht zu Ende gehen muß. Wie lange solche Bedingungen vorherrschen können, ist eine andere Frage[19].

Von theoretischem Interesse ist nur, daß auch die Grundlagen längerwährender Perioden der wirtschaftlichen Expansion mit den dar-

---

[18] Um diese Aussagen wenigstens an einem möglichst einfachen Fall zu beweisen, sei eine linear wachsende obere Grenze angenommen. Diese ist durch

$$V_t = \alpha + \beta t \tag{25.1}$$

definiert, und ihr entsprechend seien in den drei typischen Expansionssystemen die Bedingungen für den Verlauf längs der „ceiling" bestimmt. Für (23.5) führt diese Hypothese zu den Eingangswerten

$$W_{t-3} = \alpha, \quad W_{t-2} = \alpha + \beta \quad \text{und} \quad W_{t-1} = \alpha + 2\beta .$$

Wenn dann die Bedingung

$$\alpha(1-a) + \beta \left[3 - a\,(1 + b_{KS}) + \frac{b_{IU}}{w_{IU}}\,(1 + 2\,a\,w_{KS}) \right] \leqq C$$

erfüllt ist, wird auch $W_t = \alpha + 3\beta$ sein, d. h. das System verläuft entlang der Obergrenze.

Falls (22.4) oder (21.4) die Wertschöpfung beschreiben, so ergibt sich, daß die Bedingung

$$\alpha(1 - N) + \beta(2 - M - N) \leqq g\,C \tag{25.3}$$

erfüllt sein muß, wenn die Systeme der „ceiling" folgen sollen. Für eine Entwicklung, die adaequat von dem System (21) beschrieben wird, ist die Bedingung unter anderen Umständen als bei dem System (22) erfüllt, was einige Hinweise dafür gibt, wie beim Entlanggleiten an der oberen Grenze durch eine Variation in der Koordination der Pläne eine Veränderung der Expansionstendenz ausgelöst werden kann.

Die hier verwendeten Symbole, auch M, N und g, besitzen jeweils den Wert, den sie bereits in dem betrachteten System aufweisen; vgl. dazu Kapitel G, 3, b.

[19] Diese kann nicht im Rahmen einer Untersuchung des Kernprozesses beantwortet werden, da eine solche Situation regelmäßig von inflationären Tendenzen begleitet ist. Alle Einwirkungen des Kreditsystems, soweit sie derartig spezifischer Natur sind, hatten wir aber aus unserer Fragestellung ausgeklammert.

gestellten dynamischen Kreislaufschemata beschrieben werden können. Die Fortführung dieser Überlegung würde einerseits zur Konjunkturtheorie, andererseits zur Wachstumstheorie überleiten können. Für die letztgenannte würde es zusätzlich erforderlich sein, gewisse Hypothesen über die Veränderung der oberen Grenze der wirtschaftlichen Aktivität mit solchen über die Variation der Gleichgewichtslage zu verknüpfen, um auch die Prinzipien stetiger Ausweitung der Volkswirtschaft aufzeigen zu können. Darüber hinaus müßte den Einflüssen anderer Partialsysteme Aufmerksamkeit geschenkt werden. Solche Fragen reichen aber über die Zielsetzung dieser Untersuchungen, die den dynamischen makroökonomischen Kernprozeß erhellen sollten, weit hinaus. Wenn die Leistungsfähigkeit der erarbeiteten Theoreme das Interesse an der volkswirtschaftlichen Kreislaufdynamik als begründet erweisen konnte, so ist das Ziel dieser Untersuchungen erreicht.

Mathematischer Anhang[1]

a) Den von A. Hurwitz entwickelten Kriterien für die Stabilität (d. h. das Vorliegen von Wurzeln mit nur negativen Realteilen) einer Differentialgleichung entsprechend, können Kriterien für die Stabilität (d. h. das Vorliegen von Wurzeln mit einem absoluten Wert kleiner als Eins) einer Differenzengleichung aus den Hurwitzschen Bedingungen durch die Anwendung einer komplexen Transformation gewonnen werden[2]. Wir geben nur die Bedingungen für die Stabilität der charakteristischen Gleichung der reduzierten homogenen Differenzengleichung 2. und 3. Ordnung wieder.

Im quadratischen Fall:

$$x^2 + k_1 x + k_2 = 0$$

ist

$$1 + k_1 + k_2 > 0 \tag{1.I}$$

$$1 - k_2 > 0 \tag{1.II}$$

$$1 - k_1 + k_2 > 0 \tag{1.III}$$

eine notwendige und hinreichende Bedingung für die Stabilität, wenn

$$1 + k_1 + k_2 \neq 0 \tag{1.IV}$$

ist.

Im kubischen Fall:

$$x^3 + k_1 x^2 + k_2 x + k_3 = 0$$

ist

$$1 + k_1 + k_2 + k_3 > 0 \tag{2.I}$$

$$3 + k_1 - k_2 - 3k_3 > 0 \tag{2.II}$$

$$1 - k_1 + k_2 - k_3 > 0 \tag{2.III}$$

$$1 - k_2 + k_3 k_1 - k_3^2 > 0 \tag{2.IV}$$

eine notwendige und hinreichende Bedingung für die Stabilität, wenn

---

[1] Herrn Professor Dr. E. *Burger* und Herrn Dipl.-Math. D. *Jobsky* danke ich für die bei einigen mathematischen Problemen gewährte Hilfe. Selbstverständlich liegt die Verantwortung für alle Ansätze, die wiedergegebenen reduzierten Gleichungen und die Überprüfungen der Stabilität allein bei mir, zumal sich die wertvollen Ratschläge beider Herren nur auf einzelne Ausschnitte beziehen konnten.

[2] Vgl. *Samuelson*, P. A.: Foundations of Economic Analysis, Cambridge, Mass., 1953, S. 435 ff.

$$1 + k_1 + k_2 + k_3 \neq 0 \tag{2.V}$$

ist.

Wenn jeweils eine Bedingung nicht erfüllt ist, ist das System instabil; wenn dies durch eine Bedingung nachgewiesen ist, braucht keine weitere Prüfung zu erfolgen. Ein einziger Stabilitätsnachweis genügt nicht.

Da wir für unsere Probleme oszillatorische Instabilität (als Folge negativer Wurzeln) auch ausgeschlossen haben, muß neben den genannten Bedingungen im kubischen Fall

$$k_1 - k_2 + k_3 \leqq 1 \tag{2.VI}$$

sein, damit keine Wurzel < -1 ist.

b) Anwendungen im I. Teil der Untersuchungen.

ba) Samuelson:

$$x^2 - a(1 + b)\,x + ab = 0 \tag{13.7}$$

mit

$$k_1 = -a(1 + b), \qquad k_2 = ab.$$

Stabilitätsbedingungen:

(1.IV): $1 - a - ab + ab \neq 0$, wenn $1 \neq a$

(1.I): $1 - a - ab + ab > 0$, wenn $1 > a$

(1.II): $1 - ab > 0$, wenn $\frac{1}{b} > a$

(1.III): $1 + a + ab + ab > 0$, wenn $a > -\frac{1}{1 + 2b}$.

Da angenommen wird, daß $a > 0$, wurde in Abb. 12 nur der von $a = 0$, $a < 1$, $a < \frac{1}{b}$ begrenzte Bereich angedeutet.

bb) Hicks („elementary case"):

$$x^2 - (1 - s + b)\,x + b = 0 \tag{14.5}$$

mit

$$k_1 = -(1 - s + b), \qquad k_2 = b.$$

Stabilitätsbedingungen:

(1.IV): $1 - 1 + s - b + b \neq 0$, wenn $s \neq 0$

(1.I): $1 - 1 + s - b + b > 0$, wenn $s > 0$

(1.II): $1 - b > 0$, wenn $1 > b$

(1.III): $1 + 1 - s + b + b > 0$, wenn $2 + 2b > s$;

die letztgenannte Bedingung ergibt Maximal- und Minimalwerte für die Koeffizienten.

c) Anwendungen im II. Teil der Untersuchungen.

ca) Asynchronisation im Reproduktionsprozeß:

Die charakteristische Gleichung für (19.9) lautet:

$$x^2 - (1 + aw_{KS} - w_{IU})\,x + (aw_{KS} - aw_{IU}) = 0$$

mit

$$k_1 = -(1 + aw_{KS} - w_{IU}), \qquad k_2 = aw_{KS} - aw_{IU}.$$

Bedingungen für die Stabilität des Prozesses:

(1.IV): $1-1-aw_{KS}+w_{IU}+aw_{KS}-aw_{IU} \neq 0$, wenn $w_{IU}\,(1-a) \neq 0$, d. h., wenn $a \neq 1$;

(1.I): $1-1-aw_{KS}+w_{IU}+aw_{KS}-aw_{IU} > 0$, wenn $w_{IU}-aw_{IU} > 0$; d. h. wenn $0 < a < 1$;

(1.II): $1-aw_{KS}+aw_{IU} > 0$, wenn $1-a\,(w_{KS}-w_{IU}) > 0$; da $0 \leqq |\,w_{KS}-w_{IU}\,| < 1$, also wenn $a \leqq 1$;

(1.III): $1+1+aw_{KS}-w_{IU}+aw_{KS}-aw_{IU} > 0$, d. h. wenn $2\,(1+aw_{KS}) > w_{IU}\,(1+a)$; wenn $0 < a < 1$, ist $2\,(1+aw_{KS}) > 2$ und da $0 < w_{IU} < 1$, ist $w_{IU}\,(1+a) < 2$, so daß auch (1.III) erfüllt ist.

Die Bedingungen sind stets erfüllt.

cb) Partielle Synchronisation des erweiterten volkswirtschaftlichen Prozesses (b.β).

(α.α): Nicht koordinierte Konsumpläne:

Die charakteristische Gleichung für (21.4) lautet:

$$x^2 - (M + N)\,x + M = 0$$

mit

$$M = \frac{a\,(w_{IU}b_{KS} - w_{KS}b_{IU})}{w_{IU} - b_{IU}}, \quad N = \frac{b_{IU} - aw_{IU}}{b_{IU} - w_{IU}} > 1, \text{ weil } a < 1;$$

und

$$k_1 = -M - N, \qquad k_2 = M.$$

Stabilitätsbedingungen:

(1.IV): $1 - M - N + M \neq 0$, d. h. $1 \neq N$, da $N > 1$

(1.I): $1 - M - N + M > 0$, wenn $1 > N$; da aber $N > 1$, ist das System immer instabil. Eine weitere Prüfung ist nicht erforderlich.

(β.β) Nicht koordinierte Investitionspläne:

Die charakterliche Gleichung für (22.4) lautet:

$$x^2 - (M + N)\,x + M = 0$$

mit

$$M = b_{IU} + \frac{b_{KS} a w_{IU}}{1 - a w_{KS}}, \quad N = 1 - \frac{w_{IU} - a w_{IU}}{1 - a w_{KS}} < 1, \text{ wenn } a < 1,$$

und

$$k_1 = -M - N, \qquad k_2 = M.$$

Stabilitätsbedingungen:

(1.IV): $1 - M - N + M \neq 0$, wenn $1 \neq N$;

(1.I): $1 - M - N + M > 0$, wenn $1 > N$;

(1.II): $1 - M > 0$, nur wenn $1 > M$;

(1.III): $1 + M + N + M > 0$, wenn $2M + N > -1$.

Somit wird das System instabil, wenn $M > 1$ wird.

cc) Asynchronisation des erweiterten volkswirtschaftlichen Prozesses (b.γ):

Die charakteristische Gleichung für (23.5) lautet:

$$x^3 - (M + N)\,x^2 + (M - Q - R)\,x + R = 0$$

mit

$M = b_{IU} + a w_{KS}$ $\qquad$ $Q = a w_{IU}$

$N = i_{IU}$ $\qquad$ $R = a\,(w_{IU} b_{KS} - w_{KS} b_{IU})$

und

$$k_1 = -M - N \qquad k_2 = M - Q - R \qquad k_3 = R.$$

Stabilitätsbedingungen:

(2.V): $1 - M - N + M - Q - R + R \neq 0$, wenn $1 - i_{IU} \neq a w_{IU}$, also wenn $a \neq 1$;

(2.I): $1 - M - N + M - Q - R + R > 0$, wenn $1 > 1 - w_{IU} + a w_{IU}$, also wenn $a < 1$;

(2.II): $3 - M - N - M + Q + R - 3R > 0$, wenn also $3 - 2M - 2R - N + Q > 0$, d.h. zusammengefaßt angeschrieben, wenn:

$$2\,a\,(w_{KS} b_{IU} - w_{KS} - w_{IU} b_{KS}) + w_{IU}\,(1 + a) > 2\,(b_{IU} - 1)$$

ist.

Durch geeignete Aufbereitung kann diese Ungleichung untersucht und das Ergebnis der Diskussion wie folgt angeschrieben werden:

Wenn man annimmt, daß

entweder $b_{IU} \geqq 1$ ist, so braucht b_{KS} nur die Grenze $\frac{1 + a}{2a}$ zu übersteigen,

oder wenn $b_{KS} \geqq 1$, b_{IU} nur die Grenze $\frac{3}{2}$ zu überschreiten, um die Instabilität des Systems für jede beliebige Wahl der Variablen w_{IU}, w_{KS} und a hervorzurufen.

Um aus den Bedingungen (2.III) und (2.IV) weitere Aussagen über die Stabilität des Systems zu gewinnen, müßten speziellere Annahmen über die Größenverhältnisse der Akzeleratoren und der Wertschöpfungskoeffizienten eingeführt werden. Da solche Aussagen weniger allgemein würden als die vorstehenden, sei an dieser Stelle auf eine Betrachtung verzichtet.

Es bleibt zu prüfen, ob Instabilität durch reelle Wurzeln < -1 bedingt sein kann. Wenn keine Oszillationen wachsender Amplitude auftreten sollen, welche die Folge solcher Wurzeln sein würden, muß

$$\text{(2.VI):} \quad -M - N - M + Q + R + R \leqq 1$$

d. h.:

$$R - M \leqq 1 - \frac{w_{IU}(1 + a)}{2}$$

sein; da $w_{IU}(1 + a) < 2$, ist $1 - \frac{w_{IU}(1 + a)}{2} > 0$; da in

$$R - M = a - \frac{b_{IU}}{w_{IU}b_{KS} - w_{KS}(b_{IU} - 1)}$$

der Nenner des zweiten Gliedes nicht negativ sein wird, so daß der Bruch regelmäßig positiv und größer als a ist, ist $R - M < 0$. Die Ungleichung wird also nahezu immer erfüllt sein, so daß Wurzeln < -1 im allgemeinen nicht auftreten können.

Literatur

Aftalion, Albert: Les crises périodiques des surproduction; Paris 1913.

Alexander, Sidney S.: The Accelerator as a Generator of Steady Growth; Q.J.E., Vol. LXII, 1949, S. 174 ff.

Baumol, William J.: Notes on Some Dynamic Models; E.J., Vol. LVIII, 1948, S. 506 ff.

Baumol, William J. and *Turvey*, Ralph: Economic Dynamics; New York 1951.

Bentzel, R. and *Hansen*, B.: On Recursiveness and Interdependency in Economic Models; R.E.St., Vol. XXII, 1954/55, No. 59, S. 153 ff.

Bickerdike, C. F.: A Monetary Cause of Fluctuations in Employment; E.J., Vol. XXIV, 1914, S. 357 ff.

Bieri, Hermann G.: Entwicklung und Stand der Theorie von Keynes; in: Wirtschaftstheorie und Wirtschaftspolitik, Festschrift für A. Amonn, herausg. von Val. F. Wagner und Fritz Marbach, Bern 1953, S. 357 ff.

Bilimovič, Alexander: Das allgemeine Schema des wirtschaftlichen Kreislaufs; Z.f.N., Band X, 1942, S. 199 ff.

Bissell, R. M.: The Rate of Interest; A.E.R., 1938, Suppl.

Bodenhorn, Diran: The Stability of Growth Models; A.E.R., Vol. XLVI, 1956, No. 4, S. 607 ff.

Bombach, Gottfried: Zur Theorie des wirtschaftlichen Wachstums; Ww.A., Band 70, 1953, S. 110 ff.

Bouniatian, Mentor: Wirtschaftskrisen und Überkapitalisation; München 1908.

Burchardt, Fritz A.: Die Schemata des stationären Kreislaufes bei Böhm-Bawerk und Marx; Ww.A., Bd. 34, 1931, S. 525 ff., und Bd. 35, 1932, S. 116 ff.

Camus, Albert: Der Mythos von Sisyphos — Ein Versuch über das Absurde; Übers. d. franz. Ausg. durch Brenner & Rasch, Bad Salzig und Düsseldorf 1950.

Chipman, Somerset J.: The Theory of Intersectoral Money Flows and Income Formation; Baltimore 1951.

Clark, John M.: Business Acceleration and the Law of Demand; A Technical Factor in Economic Cycles; J.P.E., Vol. XXV, 1917, S. 217 ff.; wieder abgedruckt: Readings in Business Cycle Theory, Phil.-Toronto 1944, S. 235 ff.

— Capital Production and Consumer Taking, A Reply; J.P.E., 1931, Vol. XXXIX, S. 814 ff.

— Capital Production and Consumer Taking, A Further Word; J.P.E., 1932, Vol. XL, S. 691.

— Strategic Factors in Business Cycles; New York 1934.

Domar, Evsey D.: Capital Expansion, Rate of Growth, and Employment; Ec., Vol. 14, 1946, S. 137 ff.

— Expansion and Employment; A.E.R., Vol. XXXVII, 1947, S. 34 ff.

— The Problem of Capital Accumulation, A.E.R., Vol. XXXVIII, 1948, S. 777 ff.

— Capital Accumulation and the End of Prosperity; Cowles Commission Papers, N.S., No. 33, 1951, S. 307 ff.

Duesenberry, James S.: Income — Consumption Relations and their Implications; in: Essays in Honor of A. H. Hansen, New York 1948, S. 54 ff.

— Income, Saving and the Theory of Consumer Behavior; Cambridge (Mass.), 1949.

— Hicks' on the Trade Cycle; Q.J.E., Vol. LXIV, 1950, S. 464 ff.

Einarsen, Johan: Reinvestment Cycles, R.E.Stat., Vol. 20, 1938, S. 1 ff.; wieder abgedruckt: Readings in Business Cycles and National Income, London 1953, S. 293 ff.

Fisher, Allan G. B.: A Note on Tertiary Production; E.J., Vol. 62, 1952.

Föhl, Carl: Volkswirtschaftliche Regelkreise höherer Ordnung in Modelldarstellung; in: Volkswirtschaftliche Regelvorgänge; herausg. Geyer, H. und Oppelt, W., München 1957, S. 49 ff.

Fourastié, Jean: Le grand espoir de vingtième siècle, Paris 1950².

Frisch, Ragnar: The Interrelation between Capital Production and Consumer Taking; J.P.E., Vol. XXXIX, 1931, S. 646 ff.

— Capital Production and Consumer Taking, A Rejoinder; J.P.E., Vol. XL, April 1932, S. 253 ff.

— Capital Production and Consumer Taking, A Final Word; J.P.E., Vol. XL, S. 694 ff.

Gestrich, Hans: Kredit und Sparen; Bad Godesberg 1947².

Goodwin, Richard A.: Secular and Cyclical Aspects of the Multiplier and the Accelerator. Essays in Honor of A. H. Hansen, New York 1948, S. 108 ff.

— Econometrics in Business Cycle Analysis; in: A. H. *Hansen:* Business Cycles and National Income, New York 1951, S. 417 ff.

Gutenberg, Erich: Über den Verlauf von Kostenkurven und seine Begründung; Z.f.h.F., 5. Jg., 1953, S. 1 ff.

— Grundlagen der Betriebswirtschaftslehre; 1. Bd., Die Produktion; Berlin - Göttingen - Heidelberg 1955².

Haberler, Gottfried: Prosperität und Depression; Bern 1948.

— Diskussionsbeitrag zu Tjalling C. Koopmanns Econometric Approach; A.E.R., Vol. XXXIX, Pap. and Proc., 1949.

— Bemerkungen zum gegenwärtigen Stand der Konjunkturtheorie; in: Festschrift für A. Amonn, 1953, S. 225 ff.

Hamberg, D.: Economic Growth and Instability, New York 1956.

Hansen, Alvin H.: Business Cycles and National Income, New York 1951.

Harrod, Roy F.: The Trade Cycle; Oxford 1936.

— An Essay in Dynamic Theory; E.J., Vol. XLIX, 1939, S. 14 ff.; wieder abgedruckt: Readings in Bus. Cycles and Nat. Inc., London 1953, S. 200 ff.

— Dynamische Wirtschaft; Stuttgart 1949.

Hart, A. G.: Anticipations, Uncertainty, and Dynamic Planning; Chicago 1940.

Herzog, Richard: Wirtschaftliches Gleichgewicht, Akzelerationseffekt und Finanzpolitik; in: Festschrift für Wilhelm Gerloff: Beiträge zur Geld- und Finanztheorie, herausg. von Neumark, F. und Sauermann, H., Tübingen 1951, S. 13 ff.

Hicks, John R.: Mr. Keynes and the „Classics"; A Suggested Interpretation; Ec., Vol. 5, 1937, S. 147 ff.

— Mr. Harrods Dynamic Theory; Eca., 1949, S. 106 ff.; wieder abgedruckt: Readings in Business Cycles and National Income, London 1953, S. 249 ff.

— A Contribution to the Theory of the Trade Cycle; Oxford 1950.

Hoppmann, Erich: Die Periodenanalyse als Theorie der volkswirtschaftlichen Dynamik; Berlin 1956.

Jöhr, Walter A.: Theoretische Grundlagen der Wirtschaftspolitik, Band 2, Die Konjunkturschwankungen; Tübingen und Zürich 1952.

Juglar, C.: Des Crises commerciales et de leur retour périodique en France, en Angleterre et aux Etat-Unis; Paris 1889².

Kahn, R. F.: The Relation of Home Investment to Unemployment; E.J., Vol. XLI, 1931, S. 173 ff.; wieder abgedruckt: Readings in Bus. Cycles and Nat. Inc., London 1953, S. 175 ff.

Kaldor, Nicolas: A Model of the Trade Cycle; E.J., 1940, S. 78 ff.; wieder abgedruckt in: Readings in Bus. Cycles and Nat. Inc., London 1953, S. 314 ff.

Keynes, John M.: A Treatise on Money; London 1930.

— The General Theory of Employment, Interest and Money; London 1936, Neudruck: London 1951.

— Professor Tinbergens Method; E.J., 1939, S. 588 ff.; wieder abgedruckt: Readings in Business Cycles and National Income, London 1953, S. 330 ff.

Klein, Lawrence R.: The Keynesian Revolution; New York 1947.

Knox, A. D.: The Acceleration Principle and the Theory of Investment: A Survey; Eca., Vol. 19, 1952, S. 269 ff.

Kraus, Willy: Multiplikator, Akzelerator, Wachstumsrate und Konjunkturzyklus; Ww.A., Bd. 73, 1954, S. 59 ff.

Krelle, Wilhelm: Investitionsquote, Wachstum, Kapazitätsausnutzung und Disproportionalitäten in der fortschreitenden Wirtschaft; J.f.N.St., 1954, S. 261 ff.

Kuznets, Simon S.: Relations between Capital Goods and Finished Products in the Business Cycle; in: Economic Essays in Honour of Wesley Clair Mitchell, New York 1925, S. 209 ff.

— Cyclical Fluctuations (Retail and Wholesale Trade, United States, 1919—1925); New York 1926.

Lange, Oskar: The Rate of Interest and the Optimum Propensity to Consume; Eca., N.S., Vol. V, No. 17, 1938, S. 12 ff.

La Roche, Ch.: Empirische Konsum- und Sparfunktionen; Schw.Z.f.V.St., Jg. 86, 1950, S. 103 ff.

Leontief, Wassily W.: The Structure of the American Economy, 1919—1939; New York 1951.

Lowe, Adolph: A Structural Model of Production; S.R., Vol. 19, 1952, S. 135 ff.

— The Classical Theory of Economic Growth; S.R., Vol. 21, 1954, S. 127 ff.

Lutz, Friedrich A.: The Outcome of the Saving — Investment Discussion; Q.J.E., Vol. LII, S. 588 ff.; wieder abgedruckt: Readings in Bus. Cycle Theory, Philadelphia - Toronto 1944, S. 131 ff.

Machlup, Fritz: Period Analysis and Multiplier Theory; Q.J.E., Vol. LIV, 1939, S. 1 ff,; wieder abgedruckt in: Readings in Business Cycle Theory, Philadelphia - Toronto 1944, S. 203 ff.

Malthus, Thomas R.: Grundsätze der politischen Ökonomie mit Rücksicht auf ihre praktische Anwendung; Übersetzung der 2. Aufl.: V. Marinoff, Berlin 1910.

Mangold, Gerhard: Die Strukturanalyse des wirtschaftlichen Kreislaufs. — Ein Beitrag zur Dogmengeschichte der Kreislauftheorie; Schm.J., 73. Jg., 1953, T. I, S. 27 ff., T. II, S. 161 ff.

Marx, Karl: Das Kapital; Band 2, Ausgabe Dietz, Berlin 1953.

Meade, J. E.: A Simplified Model of Keynes' System; The New Economics, ed. S. E. Harris, New York 1950, S. 606 ff.

Meade, J. E. and *Andrews*, P. W. S.: Summary of Replies to Questions on Effects of Interest Rates; O.E.P., No. 1; wieder abgedruckt: Oxford Studies in the Price Mechanism, ed. T. Wilson and P. W. S. Andrews, Oxford 1952, S. 27 ff.

Mieth, Wolfram: Das Akzelerationsprinzip; Berlin 1954.

Modigliani, Franco: Liquidity Preference and the Theory of Interest and Money; Ec., Vol. 12, 1944, S. 45 ff.; wieder abgedruckt: Readings in Monetary Theory, London 1952, S. 186 ff.

Neißer, Hans: Critical Notes on the Acceleration Principle; Q.J.E., Vol. 68, 1954, S. 253 ff.

Neumark, Fritz: Antinomien interventionistischer Wirtschaftspolitik und Möglichkeiten ihrer Überwindung; Z.f.g.Stw., Band 108, 1952, Heft 4.

Ohlin, Bertil: Some Notes on the Stockholm Theory of Saving and Investment; E.J., Vol. XLVII, 1937, Part I, S. 53 ff., Part II, S. 221 ff.; wieder abgedruckt: Readings in Business Cycle Theory, Phil.-Toronto 1944, S. 87 ff.

O'Leary, James: Malthus and Keynes, J.P.E., Vol. L, 1942, S. 901 ff.

Oxford Institute of Statistics: National Survey of Personal Incomes and Savings; Bulletin of the University Institute of Statistics, Oxford, Part 1, 1952, Vol. 14, No. 11 und 12; Part 2—4, 1953, Vol. 15, No. 2 und 3, 6 und 7, 10 und 11.

Peter, Hans: Grundprobleme der theoretischen Nationalökonomie; Bd. 1 und 2, Stuttgart 1933 und 1934.

Preiser, Erich: Der Kapitalbegriff in der neueren Theorie; J.f.N.St., 1953, Bd. 165, H. 4, S. 241 ff.

Reichenbach, H.: Der Aufstieg der wissenschaftlichen Philosophie; Berlin; Übersetzung der amerikanischen Originalausgabe: The Rise of Scientific Philosophy; Berkeley and Los Angeles 1951.

Ricardo, David: Principles of Political Economy and Taxation; Neuausgabe nach d. 3. Aufl. v. 1821, London 1911 (Druck 1949).

Richter, Rudolf: Die Verteilung der Nettoinvestitionen auf die Konsumgüter- und Produktionsmittelindustrie; Z.f.g.Stw., Bd. 107, 1951, S. 460 ff., und Bd. 108, S. 257 ff.

Robertson, D. H.: Banking Policy and the Price Level; London 1949[4].

— Saving and Hoarding; E.J., Vol. XLIII, 1933, S. 399 ff.

Rose, Klaus: Die Bedeutung des Akzelerationsprinzips für die Dynamisierung des Keynesschen Systems; J.f.N.St., Bd. 165, 1953, S. 321 ff.

Ruggles, R.: Methodological Developments; A Survey of Contemporary Economics, Vol. II, 1952, S. 408 ff.

Sakai, Shozaburo: On the Method of Structural Analysis, Economic Papers, Nagoya 1953.

Samuelson, Paul A.: Interactions between the Multiplier Analysis and the Principle of Acceleration; R.E.Stat., Vol. XXI, No. 2, 1939, S. 75 ff.; wieder abgedruckt: Readings in Bus. Cycle Theory, Phil.-Toronto 1944, S. 261 ff.

— The Stability of Equilibrium: Comparative Statics and Dynamics; Ec., Vol. 9, No. 2, 1941, S. 97 ff.

— The Simple Mathematics of Income Determination; in: Essays in Honor of A. H. *Hansen:* Income, Employment and Public Policy, New York 1948, S. 133 ff.

— Dynamic Process Analysis; Survey of Contemporary Economics, Bd. I, 1948, S. 361 ff.
Foundations of Economic Analysis, Cambridge (Mass.) 1953.
Sauermann, Heinz: Kapitalbildung und Kapitalverwendung im volkswirtschaftlichen Wachstumsprozeß; Schriften des Vereins f. Soz. Pol., N.F., Bd. 5, Kapitalbildung und Kapitalverwendung, Berlin 1953, S. 25 ff.
— Über einige Probleme der Konjunkturtheorie. Bemerkungen z. W. A. Jöhrs „Konjunkturschwankungen"; Z.f.g.Stw., Band 111, 1955, S. 11 ff.
Schelling, T. C.: Capital Growth and Equilibrium; A.E.R., Vol. XXXVII, 1947, S. 864 ff.
— National Income Behavior; New York 1951.
Schneider, Erich: Zur dynamischen Theorie des Tausches; Z.f.N., Bd. XII, 1949, Heft 2—4, Festschrift für Hans Mayer, S. 236 ff.
— Einführung in die Wirtschaftstheorie; Bde. I—III, Tübingen 1952 u. f.
— Industrielles Rechnungswesen; Grundlagen und Grundfragen; Tübingen 1954^2.
Schumpeter, Joseph A.: Kapitalismus, Sozialismus und Demokratie; Übersetzung der amerik. Ausgabe (1942) durch S. Preiswerk, Bern 1946.
Shackle, G. L. S.: Twenty Years On: A Survey of the Multiplier; E.J., Vol. LXI, 1951, S. 241 ff.
— Expectations in Economics; Cambridge (Mass.) 1952.
Somers, Harold M.: A Theory of Income Determination; J.P.E., Vol. LVIII, 1950, S. 523 ff.
Tinbergen, Jan: Statistical Evidence of the Acceleration Principle; Eca., Vol. V, 1938, S. 164 ff.
— An Acceleration Principle for Commodity Stockholding and a Short Cycle Resulting from it; Studies in Mathematical Economics and Econometrics, In Memory of Henry Schultz, Chicago 1942, S. 255 ff.
Tsiang, S. C.: Accelerator, Theory of the Firm, and the Business Cycle; Q.J.E., Vol. 65, 1951, S. 327 ff.
Tustin, Arnold: The Mechanism of Economic Systems; London 1953.
Wicksell, Knut: Geldzins und Güterpreise; Jena 1898.
Wiener, Norbert: Cybernetics, or Control and Communication in the Animal and in the Machine; New York 1949.
— Mensch und Menschmaschine; Übersetzung, Frankfurt/M. 1952.
Zwiedineck-Südenhorst, Otto von: Die Arbeitslosigkeit und das Gesetz der zeitlichen Einkommensfolge; Ww.A., Bd. 34, 1931.
— Allgemeine Volkswirtschaftslehre, 1948.

FSC
www.fsc.org
MIX
Papier | Fördert
gute Waldnutzung
FSC® C083411

Kolibri 360 GmbH
Ferdinand-Jühlke-Straße 7
99095 Erfurt, Deutschland
produktsicherheit@kolibri360.de

Druck:
CPI Druckdienstleistungen GmbH
im Auftrag der
Kolibri 360 GmbH
Ferdinand-Jühlke-Str. 7
99095 Erfurt